Simon Singh
CODES

Simon Singh

CODES

Die Kunst der Verschlüsselung
Die Geschichte – Die Geheimnisse – Die Tricks

Aus dem Englischen
von Klaus Fritz

Carl Hanser Verlag

Titel der Originalausgabe:
The Code Book.
How to Make It, Break It, Hack It, Crack It.
Delacorte Press, New York

1 2 3 4 5   06 05 04 03 02

ISBN 3-446-20169-6
© 2001 by Simon Singh
Alle Rechte der deutschen Ausgabe:
© 2002 Carl Hanser Verlag München Wien
Satz: Fotosatz Reinhard Amann, Aichstetten
Druck und Bindung: Franz Spiegel Buch GmbH, Ulm
Printed in Germany

Für die Lehrer und Sterblichen,
die sich die Zeit nahmen, mich zu inspirieren.
                    XICYIQKMHR, VOIR RFH LKRQT

Der Drang, Geheimnisse aufzudecken, ist im Wesen des Menschen tief eingewurzelt; schon die einfachste Neugier beruht ja auf der Aussicht, ein Wissen zu teilen, das andere uns vorenthalten. Einige sind glücklich genug, einen Beruf zu finden, der in der Lösung von Rätseln besteht. Aber die meisten von uns müssen diesen Drang mit der Lösung künstlich zu unserer Unterhaltung ausgedachter Rätselaufgaben stillen. Detektivgeschichten und Kreuzworträtsel werden vielen nutzen; einige wenige mögen sich der Entschlüsselung von Geheimschriften hingeben.

John Chadwick
Linear B: Die Entzifferung der mykenischen Schrift

Liebe Leserinnen und Leser,

als mein Verlag mich nach einer Jugendbuchfassung meiner *Geheimen Botschaften* fragte, war ich erst sehr überrascht. Ich hatte nie daran gedacht, über das Thema Kryptographie auch für ein jüngeres Lesepublikum zu schreiben. Doch rückblickend leuchtet mir ein, daß die vielen geheimnisvollen Geschichten, die sich um die Arbeit der Codeknacker ranken, nicht nur für erwachsene Leser interessant sind.

Während der vergangenen zehn Jahre habe ich Radio, Fernsehen und Bücher gemacht, um das Verständnis und die Wertschätzung der Naturwissenschaften und der Mathematik in der Öffentlichkeit zu fördern. Auch deshalb freut es mich, daß diese Ausgabe der *Geheimen Botschaften* ein völlig neues Publikum erreichen wird – ein Publikum, das ich unbedingt ermuntern möchte, die Herausforderungen der Wissenschaft anzunehmen. In Europa ist die Zahl der Studierenden, die sich für ein naturwissenschaftliches Fach entscheiden,, rückläufig, und vermutlich gilt das auch für Nordamerika. Ich hoffe, daß dieses Buch seine jungen Leser ein klein wenig begeistert und sie dazu anregt, sich mit naturwissenschaftlichen Fragen zu beschäftigen.

Bei der Neubearbeitung war ich vor allem darauf bedacht, den roten Faden der *Geheimen Botschaften* zu erhalten, das heißt zu zeigen, wie die Entschlüsselungsverfahren sich über die Jahrhunderte entwickelten und in welchem Sinne sie in unserem Informationszeitalter wichtiger sind denn je. Gleichzeitig habe ich das Material so bearbeitet, daß die jungen Leser nicht durch einen weit über vierhundert Seiten starken Text eingeschüchtert werden. Ich hoffe, im Gegenteil, ihnen ein zugängliches und packendes Buch vorzulegen, das ihnen Einblicke in so unterschiedliche Gebiete wie Geschichte, Sprache, Mathematik, Computerwissenschaft und Politik gewährt.

Schließlich möchte ich an dieser Stelle allen danken, die mich und meine Bücher in den vergangenen Jahren unterstützt haben. Der Erfolg von *Fermats letzter Satz* und der *Geheimen Botschaften* ist in beträchtlichem Maße den Buchhändlern und Lehrern zu verdanken, die sich für diese und andere Wissenschaftsbücher eingesetzt haben.

Danke.

Simon Singh

Inhalt

Einleitung   11

1 Die Geheimschrift der Maria Stuart   15
*Die Geburt der Kryptographie, das Substitutionsverfahren und
die Erfindung der Entschlüsselung durch Häufigkeitsanalyse*

2 Der anonyme Codebrecher   64
*Die Vigenère-Verschlüsselung, warum Kryptographen für ihre
Erfolge selten Anerkennung finden und die Geschichte eines
vergrabenen Schatzes*

3 Die Mechanisierung der Verschlüsselung   112
Das Zimmermann-Telegramm, die Enigma und wie die Kryptographen den Ersten und Zweiten Weltkrieg beeinflußten

4 Die Sprachbarriere   175
*Das Dunkel unbekannter Sprachen, die Navajo-Codesprecher
im Zweiten Weltkrieg und die Entzifferung der ägyptischen
Hieroglyphen*

5 Alice und Bob gehen an die Öffentlichkeit   205
*Die moderne Kryptographie, die Lösung des sogenannten
Schlüsselverteilungsproblems und die geheime Geschichte der
nichtgeheimen Verschlüsselung*

6 Pretty Good Privacy   250
Politik und Privatsphäre, die Zukunft der Kryptographie und die Suche nach der unknackbaren Verschlüsselung

Das kleine Kryptorätsel   275

Anhang A–E   277

Glossar   285

Danksagung   289

Weiterführende Literatur   291

Bildnachweis   295

Personen- und Sachregister   297

Einleitung

Jahrtausende schon verlassen sich Herrscher und Generäle auf schnelle und sichere Nachrichtenwege, um ihre Länder und Armeen zu führen. Und seit jeher wissen sie, welch schwerwiegende Folgen es haben könnte, sollten ihre Botschaften in die falschen Hände geraten. Dann wären den rivalisierenden Staaten oder gegnerischen Streitkräften wohlgehütete Geheimnisse und entscheidende Informationen preisgegeben. Die Gefahr, daß ein Gegner solch wichtige Nachrichten abfangen könnte, war und ist Ansporn für die Entwicklung der Verschlüsselungsverfahren. Diese Techniken des Verbergens sollen gewährleisten, daß nur der eigentliche Empfänger die Botschaft lesen kann.

Der Wunsch, bestimmte Nachrichten geheimzuhalten, führte dazu, daß Staaten ihre eigenen Verschlüsselungsdienste einrichteten, die die bestmöglichen Codes entwickeln sollten und verantwortlich waren für den sicheren Nachrichtenverkehr. Zugleich versuchten die gegnerischen Codebrecher, diese Codes zu entschlüsseln und die Geheimnisse zu stehlen. Codebrecher sind Alchemisten der Sprache, ein mythenumwobener Stamm, der versucht, sinnvolle Worte aus bedeutungslosen Symbolreihen hervorzuzaubern. Die Geschichte der Geheimschriften, der Codes und Chiffren ist die Geschichte des jahrhundertealten Kampfes zwischen Verschlüßlern und Entschlüßlern, eines geistigen Rüstungswettlaufs, der dramatische Auswirkungen auf den Gang der Geschichte hat.

Bei der Arbeit an diesem Buch verfolgte ich hauptsächlich zwei Ziele. Zum einen wollte ich die Evolution der Codes nachzeichnen. Evolution ist ein durchaus angemessener Begriff, denn die Entwicklung von Codes kann als evolutionärer Kampf betrachtet werden. Ein Code ist ständigen Angriffen der Codebrecher ausgesetzt. Wenn die Codebrecher eine neue Waffe entwickelt haben, die die Schwäche eines Codes bloßlegt, ist dieser nutzlos geworden. Entweder stirbt er aus oder er entwickelt sich zu einem neuen, stärkeren Code fort. Dieser neue Code wiederum wird nur so lange überdauern, bis die Codebrecher seine Schwachpunkte ausfindig gemacht haben, und so weiter. Vergleichen läßt sich diese Lage etwa mit der eines Stammes infektiöser Bakterien. Die Bakterien leben und pflanzen sich nur so lange fort, bis die Mediziner ein Antibiotikum entdecken, das einen Schwachpunkt der Bakterien angreift und sie tötet. Die Bakterien sind gezwungen, sich zu verändern und dem Antibiotikum ein Schnippchen zu schlagen, und wenn dies gelingt, werden sie sich von neuem fortpflanzen und ausbreiten können. Die Bakterien sind ständig gezwungen, sich zu verändern, um die Angriffe neuer Antibiotika zu überleben.

Codes sind in die Geschichte eingewoben, sie haben Schlachten entschieden und den Tod gekrönter Häupter herbeigeführt. Deshalb kann ich aus einer Fülle von politischen Intrigen, von Dramen um Leben und Tod schöpfen und damit die entscheidenden Wendepunkte in der evolutionären Entwicklung der Codes anschaulich machen. So ungewöhnlich reichhaltig ist die Geschichte der Verschlüsselung, daß ich viele spannende Episoden weglassen mußte und meine Darstellung also keineswegs die endgültige ist. Ich bitte um Nachsicht, sollte ich eine Lieblingsgeschichte oder einen besonders geschätzten Codeknacker unerwähnt lassen. Im Anhang findet sich weiterführende Literatur, und ich hoffe, dies wird auch jene Leser besänftigen, die sich eingehender mit der Sache beschäftigen wollen.

Nach der Darstellung der Evolution der Codes und ihrer historischen Rolle ist es das zweite Ziel des Buches zu zeigen, daß dieses Thema heute bedeutsamer ist denn je. Information wird zu einer immer wertvolleren Ware, und die Kommunikationsrevolution verändert die Gesellschaft: Daher werden Techniken zur Verschlüsselung von Nachrichten eine wachsende Rolle im alltäglichen Leben spielen. Satelliten übermitteln heute unsere Telefongespräche, und unsere elektronische Post durchläuft verschiedene Computer. Und da beide ohne großen Aufwand belauscht oder abgefangen werden können, ist unsere Privatsphäre in Gefahr. Immer mehr Geschäfte werden über das Internet abgewickelt, und wenn Firmen und ihre Kunden geschützt werden sollen, müssen Sicherungen eingebaut werden. Die Verschlüsselung ist die einzige Möglichkeit, unsere Privatsphäre zu schützen und den Erfolg des digitalen Marktes zu gewährleisten. Die Kunst der geheimen Kommunikation, auch als Kryptographie bezeichnet, wird die Schlösser und die Schlüssel des Informationszeitalters bereitstellen.

Allerdings kollidiert der wachsende öffentliche Bedarf an Kryptographie mit den Notwendigkeiten der Strafverfolgung und dem Sicherheitsbedürfnis der Staaten. Seit Jahrzehnten zapfen Polizei und Geheimdienste Telefonleitungen an, um Beweismaterial gegen Terroristen und das organisierte Verbrechen zu sammeln, doch die jüngste Entwicklung ultrastarker Codes droht solche Abhörverfahren wertlos zu machen. Beim Eintritt ins 21. Jahrhundert fordern Bürgerrechtler den allgemeinen Gebrauch der Kryptographie, um das Privatleben der Bürger zu schützen. Ihr Mitstreiter ist die Wirtschaft, die starke kryptographische Verfahren braucht, um ihre Transaktionen in der rasch wachsenden Welt des Internet-Handels zu sichern. Zugleich jedoch verlangen die Sicherheitsbehörden von den Regierungen, den Gebrauch der Kryptographie einzuschränken. Die Frage lautet: Was schätzen wir höher ein, unser Privatleben oder eine wirksame Verbrechensbekämpfung, oder gibt es einen Kompromiß?

Zum Schluß möchte ich die Aufmerksamkeit des Lesers auf ein Problem lenken, vor dem jeder Autor steht, der sich mit dem Thema Kryptographie befaßt, die Tatsache nämlich, daß sie eine weitgehend geheime Wissenschaft ist. Viele Helden dieses Buches fanden zu ihren Lebzeiten nie Anerkennung für ihre Arbeit, weil ihre Leistungen öffentlich nie dargestellt werden durften, während ihre Erfindungen gleichwohl von diplomatischem oder militärischem Wert waren. Während der Recherchen für dieses Buch konnte ich mit Fachleuten im britischen Government Communications Headquarters (GCHQ) sprechen, die mir Einzelheiten erstaunlicher Forschungsarbeiten aus den siebziger Jahren enthüllten, die erst vor kurzem freigegeben wurden. Dank dieser Aufhebung der Geheimhaltung können jetzt drei der besten Kryptographen der Welt die Anerkennung erhalten, die sie verdienen. Allerdings hat mir diese jüngste Enthüllung nur deutlich gemacht, daß noch eine Menge mehr vor sich geht, von dem weder ich noch irgendein anderer Wissenschaftsautor Ahnung haben. Organisationen wie das GCHQ und die amerikanische National Security Agency (NSA) betreiben auch weiterhin geheime kryptographische Forschung, und das heißt, ihre bahnbrechenden Erkenntnisse bleiben geheim und die Menschen, denen sie gelingen, bleiben anonym. Die Wissenschaft der geheimen Botschaften ist eine geheime Wissenschaft.

1
Die Geheimschrift der Maria Stuart

Die Geburt der Kryptographie, das Substitutionsverfahren und die Erfindung der Entschlüsselung durch Häufigkeitsanalyse

Am Morgen des 15. Oktober 1586 betrat die schottische Königin Maria Stuart den überfüllten Gerichtssaal von Fotheringhay Castle. Jahrelange Haft und eine beginnende rheumatische Erkrankung hatten ihr schwer zugesetzt, doch ihre Würde, ihre Fassung und ihr unverkennbar herrschaftliches Auftreten hatte sie nicht verloren. Gestützt auf ihren Arzt, schritt sie an den Richtern, Hofbeamten und Zuschauern vorbei auf den Thron in der Mitte des langen, schmalen Saals zu. Sie hielt ihn für eine Geste der Hochachtung, doch sie irrte. Der leere Thron vertrat die abwesende Königin Elisabeth, Marias Gegnerin und Anklägerin. Mit sanfter Gewalt führte man Maria weiter auf die andere Seite des Saals, zu dem scharlachroten Samtstuhl, der für die Angeklagten bestimmt war.

Maria Stuart, Königin von Schottland, war des Verrats angeklagt. Sie wurde beschuldigt, an einer Verschwörung zur Ermordung von Königin Elisabeth I. beteiligt gewesen zu sein, mit dem Ziel, selbst die englische Krone an sich zu reißen. Sir Francis Walsingham, der für die Sicherheit zuständige Minister Elisabeths, hatte die anderen Verschwörer bereits verhaften lassen, ihnen Geständnisse abgepreßt und sie hingerichtet. Nun wollte er beweisen, daß Maria das Herz des Komplotts war, damit gleichermaßen schuldig und des Todes würdig.

Walsingham wußte genau, daß er Königin Elisabeth von der Schuld Marias überzeugen mußte, wenn er sie hinrichten lassen wollte. Zwar verabscheute Elisabeth Maria, doch sie hatte gute Gründe, vor einem Todesurteil zurückzuschrecken. Zum einen war Maria eine schottische Königin, und viele bezweifelten, daß ein englisches Gericht befugt war, ein ausländisches Staatsoberhaupt zum Tode zu verurteilen. Zum andern würde die Hinrichtung Marias einen peinlichen Präzedenzfall schaffen – wenn

Abbildung 1: Maria Stuart.

es dem Staat erlaubt war, diese Königin zu töten, dann würden die Aufständischen vielleicht weniger Skrupel haben, eine andere Monarchin zu töten, nämlich Elisabeth selbst. Zudem waren Elisabeth und Maria Kusinen, und diese Blutsverwandtschaft ließ Elisabeth erst recht vor der letzten Konsequenz zurückscheuen. Kurz, Elisabeth würde Marias Hinrichtung nur gutheißen, wenn Walsingham ohne einen Hauch des Zweifels beweisen konnte, daß sie in die Mordverschwörung verstrickt war.

Die Verschwörer waren eine Gruppe junger katholischer englischer Adliger, die Elisabeth, eine Protestantin, beseitigen und an ihrer Stelle die Katholikin Maria auf den Thron setzen wollten. Für das Gericht stand außer Zweifel, daß Maria für die Verschwörer eine Lichtgestalt war, doch daß sie dem Vorhaben wirklich ihren Segen erteilt hatte, war nicht bewiesen. Tatsächlich hatte Maria das Mordkomplott abgesegnet. Walsingham stand nun vor der Aufgabe, eine greifbare Verbindung zwischen Maria und den Verschwörern nachzuweisen.

Maria, in trauerschwarze Seide gekleidet, saß allein vor ihren Richtern. In Verratsfällen waren den Angeklagten weder Rechtsbeistände erlaubt, noch durften sie Zeugen benennen. Zur Vorbereitung ihrer Verteidigung war Maria nicht einmal die Hilfe eines Sekretärs zugestanden worden. Allerdings wußte sie, daß ihre Lage nicht hoffnungslos war, denn umsichtigerweise hatte sie die gesamte Korrespondenz mit den Verschwörern in Geheimschrift geführt. Diese Geheimschrift verwandelte Wörter in Ketten von Symbolen, die keinen Sinn ergaben. Walsingham mochte die Briefe erbeutet haben, doch Maria war fest davon überzeugt, daß er die Symbolfolgen niemals würde entziffern können. Wenn ihr Sinn verborgen blieb, dann konnten die Briefe nicht als Beweise gegen sie verwendet werden. Allerdings beruhte all dies auf der Voraussetzung, daß die Geheimschrift nicht entziffert worden war.

Zu Marias Unglück war Walsingham nicht nur der Erste Minister Elisabeths, sondern auch Englands oberster Agentenführer. Er hatte Marias Briefe an die Verschwörer abgefangen und wußte genau, wer das Zeug dazu hatte, sie zu entziffern. Thomas Phelippes war der beste Fachmann des Landes für die Entschlüsselung chiffrierter Texte; seit Jahren bereits entzifferte er die Botschaften der Verschwörer und trug die Beweise für ihre Verurteilung zusammen. Wenn er auch die belastenden Briefe zwischen Maria und den Verschwörern entschlüsseln konnte, dann war sie dem Tode geweiht. Wenn Marias Geheimschrift jedoch stark genug war, um ihre Geheimnisse zu bewahren, dann konnte sie vielleicht mit dem Leben davonkommen. Nicht zum ersten Mal entschied die Stärke einer Geheimschrift über Leben und Tod.

Die Entwicklung der Geheimschriften

Die ersten Beschreibungen von Geheimschriften finden sich schon bei Herodot, dem »Vater der Geschichtsschreibung«, wie ihn der römische Philosoph und Staatsmann Cicero nennt. Der Autor der *Historien* war Chronist der Kriege zwischen Griechenland und Persien im 5. Jahrhundert v. Chr., die er als Auseinandersetzung zwischen Freiheit und Sklaverei verstand. Herodot zufolge rettete die Kunst der Geheimschrift Griechenland vor der Eroberung durch Xerxes, den König der Könige und despotischen Führer der Perser.

Der weit zurückreichende Zwist zwischen Griechenland und Persien erreichte seinen Höhepunkt, als Xerxes begann, bei Persepolis eine neue Stadt zu bauen, die künftige Hauptstadt seines Königreichs. Aus dem ganzen Reich und den angrenzenden Staaten trafen Abgaben und Geschenke ein, nur Athen und Sparta hielten sich auffällig zurück. Entschlossen, diese Überheblichkeit zu rächen, verkündete Xerxes: »Wir werden den Himmel des Zeus zur Grenze des Perserreichs machen; denn dann soll die Sonne kein Land, das an unseres grenzt, mehr bescheinen.« Während der nächsten fünf Jahre stellte er die größte Streitmacht der Geschichte zusammen, und 480 v. Chr. schließlich war er zu einem Überraschungsangriff bereit.

Einem Griechen jedoch, der aus seiner Heimat verstoßen worden war und der in der persischen Stadt Susa lebte, war die Aufrüstung der Perser nicht entgangen. Demaratos lebte zwar im Exil, doch tief in seinem Herzen fühlte er sich Griechenland noch immer verbunden. So beschloß er, den Spartanern eine Nachricht zu schicken und sie vor Xerxes' Invasion zu warnen. Die Frage war nur, wie er diese Botschaft übermitteln sollte, ohne daß sie in die Hände der persischen Wachen gelangen würde. Herodot schreibt:

> Da er das auf andere Weise nicht konnte – er mußte fürchten, dabei ertappt zu werden –, half er sich durch eine List. Er nahm nämlich eine zusammengefaltete kleine Schreibtafel, schabte das Wachs ab und schrieb auf das Holz der Tafel, was der König vorhatte. Darauf goß er wieder Wachs über die Schrift, damit die Wachen an den Straßen die leere Tafel unbedenklich durchließen. Sie kam auch an, doch man wußte nicht, was man damit anfangen sollte, bis, wie man sagt, Kleomenes' Tochter Gorgo, die Gemahlin des Leonidas, dahinterkam und riet, das Wachs abzukratzen, damit man dann die Schrift auf dem Holz fände. Das tat man, und nachdem man die Nachricht gefunden und gelesen hatte, schickte man diese auch den anderen Griechen.

Aufgrund dieser Warnung begannen die bis dahin wehrlosen Griechen, sich zu bewaffnen. So wurden etwa die Erträge der athenischen Silberbergwerke nicht unter den Bürgern verteilt, sondern verwendet, um eine Flotte von 200 Kriegsschiffen zu bauen.

Xerxes hatte den entscheidenden Vorteil des Überraschungsangriffs verloren, und als die persische Flotte am 23. September 480 v. Chr. auf die Bucht von Salamis bei Athen zulief, spornten die Griechen die persischen Schiffe auch noch an, in die Bucht einzufahren. Die Griechen wußten, daß ihre Schiffe, kleiner und der Zahl nach unterlegen, auf offener See zerstört worden wären, doch im Schutz der Bucht konnten sie die Perser möglicherweise ausstechen. Als nun noch der Wind drehte, sahen sich die Perser plötzlich in die Bucht getrieben, und jetzt mußten sie sich auf einen Kampf nach den Spielregeln der Griechen einlassen. Das Schiff der persischen Prinzessin Artemisia, von drei Seiten eingeschlossen, wollte zurück auf die offene See, doch es rammte dabei nur eines der eigenen Schiffe. Daraufhin brach Panik aus, noch mehr persische Schiffe stießen zusammen, und die Griechen starteten einen erbitterten Angriff. Binnen eines Tages wurde die gewaltige Streitmacht der Perser auf demütigende Weise geschlagen.

Demaratos' Verfahren der geheimen Nachrichtenübermittlung bestand einfach darin, die Botschaft zu verbergen. Bei Herodot findet sich auch eine andere Episode, bei der das Verbergen der Nachricht ebenfalls genügte, um ihre sichere Übermittlung zu gewährleisten. Er schildert die Geschichte des Histiaeus, der Aristagoras von Milet zum Aufstand gegen den persischen König anstacheln wollte. Um seine Botschaft sicher zu übermitteln, ließ Histiaeus den Kopf des Boten rasieren, brannte die Nachricht auf seine Kopfhaut und wartete dann ab, bis das Haar nachgewachsen war. Offensichtlich haben wir es mit einer historischen Epoche zu tun, in der man es nicht so eilig hatte. Der Bote jedenfalls hatte dem Augenschein nach nichts Verdächtiges bei sich und konnte ungehindert reisen. Als er am Ziel ankam, rasierte er sich den Kopf und hielt ihn dem Empfänger der Botschaft hin.

Die Übermittlung geheimer Nachrichten, bei der verborgen wird, daß überhaupt eine Botschaft existiert, heißt *Steganographie*, abgeleitet von den griechischen Wörtern *steganos*, bedeckt, und *graphein*, schreiben. In den zwei Jahrtausenden seit Herodot wurden rund um den Globus mannigfaltige Spielarten der Steganographie eingesetzt. Die alten Chinesen etwa schrieben Botschaften auf feine Seide, rollten sie zu Bällchen und tauchten sie in Wachs. Diese Wachskügelchen schluckte dann der Bote. Im 15. Jahrhundert beschrieb der italienische Wissenschaftler Giovanni Porta, wie man eine Nachricht in einem hartgekochten Ei verbergen kann. Man mische eine Unze Alaun in einen Becher Essig und schreibe mit dieser Tinte auf die Eischale. Die Lösung dringt durch die poröse Schale und hinterläßt eine Botschaft auf der Oberfläche des gehärteten Eiweißes, die nur gelesen werden kann, wenn die Schale entfernt wird. Zur Steganographie gehört auch der Gebrauch unsichtbarer Tinte. Schon im 1. Jahrhundert n. Chr. erläutert Plinius der Ältere, wie die »Milch« der Thithymallus-Pflanze als unsichtbare Tinte verwendet werden kann. Sie ist nach dem Trocknen durchsichtig, doch durch leichtes Erhitzen verfärbt sie sich braun. Viele organische Flüssigkeiten verhalten sich ähnlich, weil sie viel Kohlenstoff enthalten und daher leicht verrußen. Tatsächlich weiß man von einigen Spionen des 20. Jahrhunderts, daß sie, wenn ihnen die gewöhnliche unsichtbare Tinte ausgegangen war, ihren eigenen Urin verwendet haben.

Daß sich die Steganographie so lange gehalten hat, zeigt, daß sie immerhin ein gewisses Maß an Sicherheit bietet. Doch leidet sie unter einer entscheidenden Schwäche. Wenn der Bote durchsucht und die Nachricht entdeckt wird, liegt der Inhalt der geheimen Mitteilung sofort zutage. Wird die Botschaft abgefangen, ist alle Sicherheit dahin. Ein gewissenhafter Grenzposten wird routinemäßig alle Personen durchsuchen, alle Wachstäfelchen abschaben, leere Blätter erwärmen, gekochte Eier schälen, Köpfe scheren und so weiter, und bisweilen wird er eine geheime Botschaft entdecken.

Daher entstand zugleich mit der Steganographie auch die *Kryptographie,* abgeleitet vom griechischen *kryptos,* verborgen. Nicht die Existenz einer Botschaft zu verschleiern ist Ziel der Kryptographie, sondern ihren Sinn zu verbergen, und dies mittels eines Verfahrens der Verschlüsselung. Um eine Nachricht unverständlich zu machen, muß sie nach einem bestimmten Verfahren »verwürfelt« werden, das zuvor zwischen dem Sender und dem Empfänger abgesprochen wurde. Dann kann der Empfänger dieses Verfahren umgekehrt anwenden und die Botschaft lesbar machen. Der Vorteil einer kryptographisch verschlüsselten Botschaft ist, daß der Gegner, der sie abfängt, nichts damit anfangen kann. Ohne Kenntnis des Verschlüsselungsverfahrens wird es ihm schwerfallen oder gar unmöglich sein, aus dem Geheimtext die ursprüngliche Nachricht herauszulesen.

In der Kryptographie gebraucht man hauptsächlich zwei Verfahren, die *Transposition* und die *Substitution*. Bei der Transposition werden die Buchstaben einer Botschaft einfach anders angeordnet, was nichts anderes ergibt als ein Anagramm. Bei sehr kurzen Mitteilungen, etwa einem einzigen Wort, ist dieses Verfahren relativ unsicher, weil es nur eine begrenzte Zahl von Möglichkeiten gibt, einige wenige Buchstaben umzustellen. Ein Wort mit drei Buchstaben etwa kann nur auf sechs verschiedene Weisen umgestellt werden, zum Beispiel nur, nru, rnu, run, urn, unr. Steigert man jedoch die Zahl der Buchstaben allmählich, explodiert gleichsam die Zahl der möglichen neuen Anordnungen, und es wird fast unmöglich, die ursprüngliche Botschaft wiederherzustellen, wenn man das Umstellungsverfahren nicht genau kennt. **Betrachten wir zum Beispiel diesen Satz.** Er enthält nur 34 Buchstaben, und doch gibt es mehr als 14 830 000 000 000 000 000 000 000 000 verschiedene Anordnungsmöglichkeiten. Könnte ein Mensch eine Anordnung pro Sekunde prüfen, und arbeiteten alle Menschen der Erde Tag und Nacht, dann würde immer noch die fünfhundertfache Lebensspanne des Universums nötig sein, um alle Möglichkeiten durchzuprüfen.

Eine Zufallstransposition von Buchstaben scheint ein sehr hohes Maß an Sicherheit zu bieten, weil es für einen gegnerischen Abhörer praktisch unmöglich wäre, selbst einen kurzen Satz wiederherzustellen. Doch die Sache hat einen Haken. Die Transposition erzeugt im Grunde ein unglaublich schwieriges

Anagramm, und wenn die Buchstaben einfach ohne Sinn und Verstand nach dem Zufallsprinzip durcheinandergewürfelt werden, dann kann der eigentliche Empfänger ebensowenig wie der gegnerische Abhörer die Nachricht entschlüsseln. Damit eine Transposition brauchbar ist, müssen die Buchstaben nach einem handhabbaren System umgestellt werden, über das sich Sender und Empfänger zuvor geeinigt haben. Schulkinder zum Beispiel schicken sich manchmal Botschaften mittels der »Gartenzaun«- Transposition. Dabei werden die Buchstaben des Texts abwechselnd auf zwei Zeilen geschrieben. Um die endgültige Geheimbotschaft herzustellen, wird die Reihe der Buchstaben auf der unteren Zeile an die Buchstabenreihe der oberen Zeile angehängt. Zum Beispiel:

NAHT IHR EUCH WIEDER, SCHWANKENDE GESTALTEN
↓
N H I R U H I D R C W N E D G S A T N
 A T H E C W E E S H A K N E E T L E
↓
NHIRUHIDRCWNEDGSATN ATHECWEESHAKNEETLE

Eine andere Form der Transposition ist das erste militärische Kryptographie-Verfahren, die *Skytale,* wie sie schon im 5. Jahrhundert die Spartaner gebrauchten. Die Skytale ist ein Holzstab, um den ein Streifen Leder oder Pergament gewickelt wird (Abbildung 2). Der Sender schreibt die Nachricht der Länge des Stabes nach auf den Streifen und wickelt ihn dann ab. Danach scheint er nur eine sinnlose Aufreihung von Buchstaben zu enthalten. Der Nachrichtentext wurde also durcheinandergewirbelt. Der Bote übernahm den Streifen und gab der Sache vielleicht noch einen kleinen steganographischen Dreh, indem er ihn als Gürtel mit nach innen gekehrten Buchstaben benutzte. Um die Nachricht wiederherzustellen, wickelte der Empfänger den Lederstreifen einfach um eine Skytale mit demselben Durchmesser, den der Sender benutzt hatte. Im Jahre 404 v. Chr.

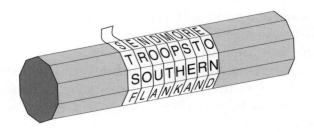

Abbildung 2: Wenn der Lederstreifen von der Skytale (Holzstab) des Absenders gelöst wird, scheint er mit einer willkürlichen Reihe von Buchstaben bedruckt; S, T, S, F,... Nur wenn der Streifen um eine andere Skytale mit dem richtigen Durchmesser gewickelt wird, taucht die Nachricht wieder auf: SEND MORE TROOPS TO SOUTHERN FLANK AND (schickt Verstärkung zur Südflanke).

traf Lysander von Sparta auf einen blutig geschundenen Boten, einen von nur fünfen, die den kräftezehrenden Marsch von Persien überlebt hatten. Der Bote überreichte Lysander seinen Gürtel, der ihn um seine Skytale wickelte und sogleich erfuhr, daß Pharnabasus von Persien einen Angriff gegen ihn plante. Dank der Skytale konnte sich Lysander auf den Angriff vorbereiten und wehrte ihn ab.

Die Alternative zur Transposition ist die Substitution. Eine der frühesten Beschreibungen der Verschlüsselung durch Substitution erschien im *Kāmasūtra*, einem Text, den der brahmanische Gelehrte Wātsjājana im 4. Jahrhundert n. Chr. schrieb, allerdings unter Rückgriff auf Handschriften, die auf das 4. Jahrhundert v. Chr. zurückgingen. Das *Kāmasūtra* empfiehlt, daß Frauen 64 Künste studieren sollen, darunter Kochen, Bekleidung, Massage und die Zubereitung von Parfümen. Die Liste enthält auch etwas weniger bekannte Künste, darunter Beschwörung, Schach, Buchbinderei und Teppichweberei. Die Nummer 45 auf der Liste ist *Mlecchita-vikalpā*, die Kunst der Geheimschrift, den Frauen anheimgelegt, um ihre Affären geheimzuhalten. Ein Vorschlag lautet, die Buchstaben des Alphabets nach dem Zufallsprinzip zu paaren und dann jeden Buchstaben in der Nachricht durch sein Gegenüber zu ersetzen. Wenden wir dieses Verfahren auf das deutsche Alphabet an, könnten wir die Buchstaben wie folgt paaren:

A	D	H	I	K	M	O	R	S	U	W	Y	Z
↕	↕	↕	↕	↕	↕	↕	↕	↕	↕	↕	↕	↕
V	X	B	G	J	C	Q	L	N	E	F	P	T

Dann würde der Sender statt »Treffen um Mitternacht« »zluwwus ec cgzzulsvmbz« schreiben. Dieser Geheimtext entstand mittels Substitution, denn jeder Buchstabe im Klartext wird durch einen anderen Buchstaben ersetzt, ein Verfahren, das gleichsam spiegelverkehrt zur Transposition ist. Bei dieser bleibt sich jeder Buchstabe gleich, doch er wechselt seinen Platz, während bei der Substitution jeder Buchstabe seine Gestalt wechselt, doch seinen Platz behält.

Diese Form der Verschlüsselung für militärische Zwecke beschreibt erstmals Julius Caesar im *Gallischen Krieg*. Er verfaßt eine Nachricht an den mit seinen Leuten belagerten Quintus Cicero, der kurz davor ist, sich zu ergeben. Caesar ersetzt die Buchstaben des römischen Alphabets durch griechische und macht damit die Botschaft für den Gegner unlesbar. Er schildert die dramatische Überbringung: »Wenn (der gallische Bote) nicht persönlich herankommen könne, solle er, wie ich ihm riet, einen Wurfspieß mit dem am Wurfriemen befestigten Brief in das befestigte Lager schleudern ... Aus Furcht vor der Gefahr schleuderte der Gallier auftragsgemäß den Wurfspieß hinein. Dieser blieb durch Zufall in einem Turme stecken, wurde zwei Tage lang von niemandem bemerkt. Erst am dritten Tag sah ein Soldat den Brief, nahm ihn ab und brachte ihn zu Cicero. Er las die Mitteilung, gab sie dann den Soldaten bekannt und löste größte Freude im Lager aus.«

Caesar benutzte so häufig Geheimschriften, daß Valerius Probus eine ganze Abhandlung darüber schrieb, die leider nicht erhalten geblieben ist. Allerdings verdanken wir dem im zweiten Jahrhundert verfaßten *Caesarenleben* des Sueton die genaue Beschreibung der von Caesar eingesetzten Substitutions-Chiffre. Der Kaiser ersetzte einfach jeden Buchstaben der Nachricht durch den Buchstaben, der drei Stellen weiter im Alphabet folgt. Kryptographen sprechen häufig vom *Klartextalphabet,* mit dem die ursprüngliche Nachricht geschrieben ist, und dem *Geheimtextalphabet,* der Buchstabenfolge, die an die Stelle der Klarbuchstaben tritt. Wenn das Klartextalphabet über das Geheimtextalphabet gelegt wird, wie in Abbildung 3, wird deutlich, daß das Geheimtextalphabet um drei Stellen verschoben ist. Von daher wird diese Form der Substitution oft als *Caesar-Verschiebung* oder einfach als *Caesar* bezeichnet. Geheimschrift oder Chiffre nennen wir das Ergebnis einer Substitution, bei der jeder Buchstabe durch einen anderen Buchstaben oder ein Symbol ersetzt wird.

Klartextalphabet	a b c d e f g h i j k l m n o p q r s t u v w x y z
Geheimtextalphabet	D E F G H I J K L M N O P Q R S T U V W X Y Z A B C

Klartext	v e n i, v i d i, v i c i
Geheimtext	Y H Q L, Y L G L, Y L F L

Abbildung 3: Die Caesar-Verschiebung, angewandt auf einen kurzen Text. Der »Caesar« beruht auf einem Geheimtextalphabet, das um eine bestimmte Stellenzahl gegenüber dem Klartextalphabet verschoben ist, in diesem Falle um drei Stellen. In der Kryptographie ist es üblich, das Klartextalphabet in Kleinbuchstaben, das Geheimtextalphabet in Großbuchstaben zu schreiben, was es dem Leser erleichtert, zwischen den beiden zu unterscheiden. Auch die ursprüngliche Botschaft, der Klartext, wird klein, und die verschlüsselte Botschaft, der Geheimtext, groß geschrieben.

Obwohl Sueton nur eine Caesar-Verschiebung um drei Stellen erwähnt, liegt es auf der Hand, daß es mit Verschiebungen zwischen einer und 25 Stellen möglich ist, 25 verschiedene Geheimschriften zu erzeugen. Und wenn wir uns nicht darauf beschränken, das Alphabet zu verschieben, und als Geheimtextalphabete beliebige Umstellungen des Klartextalphabets zulassen, dann können wir eine sehr viel größere Zahl unterschiedlicher Geheimschriften erzeugen. Es gibt über 400 000 000 000 000 000 000 000 000 solcher Neuanordnungen und damit eine entsprechend hohe Zahl unterschiedlicher Geheimschriften.

Jede einzelne Geheimschrift entsteht aus der Verknüpfung einer allgemeinen Verschlüsselungsmethode, dem *Algorithmus,* mit einem *Schlüssel,* der die Einzelheiten jeder bestimmten Verschlüsselung festlegt. Im vorliegenden Fall besteht der Algorithmus aus der Ersetzung jedes Buchstabens des Klartextalphabets durch einen Buchstaben eines Geheimtextalphabets, wobei letzteres eine beliebige Neuanordnung des Klartextalphabets sein kann. Der Schlüssel ist das jeweilige Geheimtextalphabet, das für eine bestimmte Verschlüsselung verwendet wird. Das Verhältnis von Algorithmus und Schlüssel ist in Abbildung 4 dargestellt.

Wenn der Gegner eine verschlüsselte Nachricht abfängt, mag er zwar plausible Vermutungen über den Algorithmus anstellen, doch besteht durchaus Hoffnung, daß er den genauen Schlüssel nicht kennt. So könnte er vermuten, daß jeder Buch-

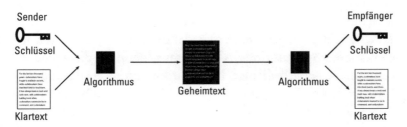

Abbildung 4: Um einen Klartext zu verschlüsseln, führt ihn der Sender durch einen Verschlüsselungs-Algorithmus. Der Algorithmus ist ein allgemeines Verfahren zur Verschlüsselung, das durch die Wahl eines Schlüssels genau bestimmt werden muß. Wendet man Schlüssel und Algorithmus zusammen auf einen Klartext an, erhält man die verschlüsselte Botschaft, die auch als Geheimtext oder als Chiffre bezeichnet wird. Der Geheimtext kann von einem Gegner abgefangen werden, doch er sollte nicht in der Lage sein, die Botschaft zu entschlüsseln. Der Empfänger jedoch kennt den Schlüssel und den Algorithmus und kann den Geheimtext in den Klartext zurückverwandeln.

stabe des Klartexts durch einen anderen Buchstaben eines Geheimtextalphabets ersetzt wurde, doch wird er wahrscheinlich nicht wissen, welches bestimmte Geheimtextalphabet verwendet wurde. Wenn das Geheimtextalphabet, der Schlüssel, ein streng bewachtes Geheimnis zwischen Sender und Empfänger bleibt, dann kann der Gegner die abgefangene Nachricht nicht entschlüsseln. Die Bedeutung des Schlüssels im Gegensatz zum Algorithmus ist ein bis heute unumstrittener Grundsatz der Kryptographie, dem der holländische Linguist Auguste Kerckhoff von Nieuwenhof in seinem Buch *La Cryptograhie Militaire* die endgültige Gestalt gab. Kerckhoffs Maxime: »Die Sicherheit eines Kryptosystems darf nicht von der Geheimhaltung des Algorithmus abhängen. Die Sicherheit gründet sich nur auf die Geheimhaltung des Schlüssels.«

Die Sicherheit eines Verschlüsselungssystems wird nicht allein durch die Geheimhaltung des jeweiligen Schlüssels gewährleistet, nötig ist auch eine Vielzahl möglicher Schlüssel. Verwendet der Sender zum Beispiel die Caesar-Verschiebung, um eine Nachricht zu verschlüsseln, dann ist die Verschlüsselung recht schwach, weil es nur 25 mögliche Schlüssel gibt. Wenn der Gegner die Nachricht abfängt und vermutet, daß die Caesar-Verschiebung als Algorithmus gebraucht wurde, muß er nur diese 25 Möglichkeiten prüfen. Verwendet der Sender jedoch den allgemeineren Substitutions-Algorithmus, bei dem das Geheimtextalphabet eine beliebige Neuanordnung des Klartextalphabets sein kann, dann gibt es 400 000 000 000 000 000 000 000 000 mögliche Schlüssel, aus denen er wählen kann. Fängt der Gegner die Nachricht ab und kennt den Algorithmus, dann steht er immer noch vor der überwältigenden Aufgabe, alle möglichen Schlüssel durchzuprobieren. Könnte ein gegnerischer Agent jede Sekunde einen der 400 000 000 000 000 000 000 000 000 möglichen Schlüssel prüfen, würde er grob gerechnet die milliardenfache Lebensdauer des Universums benötigen, um sie alle zu testen und die Nachricht zu entschlüsseln.

Klartextalphabet   a b c d e f g h i j k l m n o p q r s t u v w x y z
Geheimtextalphabet J L P A W I Q B C T R Z Y D S K E G F X H U O N V M

Klartext   e t   t u,   b r u t u s ?
Geheimtext   W X   X H,   L G H X H F ?

Abbildung 5: Ein Beispiel für den Substitutions-Algorithmus, ein monoalphabetisches Verfahren, bei dem jeder Buchstabe des Klartexts durch einen anderen Buchstaben gemäß einem Schlüssel ersetzt wird. Dieser Schlüssel ist das Geheimtextalphabet.

Das Schöne an dieser Verschlüsselung ist, daß sie leicht anzuwenden ist und zugleich ein hohes Maß an Sicherheit gewährleistet. Für den Sender ist es einfach, den Schlüssel festzulegen, er muß nur die Reihenfolge der 26 Buchstaben im Geheimtextalphabet bestimmen. Und doch ist es für den Gegner praktisch unmöglich, mit der sogenannten Exhaustionsmethode, also buchstäblich bis zur Erschöpfung, alle möglichen Schlüssel durchzuprobieren. Wichtig ist, daß der Schlüssel einfach ist, weil Sender und Empfänger sich über den Schlüssel verständigen müssen, und je simpler er ist, desto geringer ist die Gefahr von Mißverständnissen.

Tatsächlich ist es möglich, einen noch einfacheren Schlüssel zu erzeugen, wenn der Sender bereit ist, eine leichte Verringerung der Zahl möglicher Schlüssel in Kauf zu nehmen. Anstatt die Buchstaben des Klartextalphabets einfach zufällig anzuordnen, wählt der Sender ein *Schlüsselwort* oder einen *Schlüsselsatz*. Wenn wir zum Beispiel »Julius Caesar« als Schlüsselwort nehmen, lassen wir im ersten Schritt die Wortzwischenräume und die wiederholten Buchstaben weg (JULISCAER). Dann verwenden wir das Wort als Beginn des Geheimtextalphabets. Die restliche Buchstabenfolge ist nichts weiter als ein verschobenes Alphabet, das dort beginnt, wo das Schlüsselwort endet, wobei die Buchstaben, die schon im Schlüsselwort vorkommen, weggelassen werden. Das Geheimtextalphabet würde daher wie folgt aussehen:

Klartextalphabet   a b c d e f g h i j k l m n o p q r s t u v w x y z
Geheimtextalphabet   J U L I S C A E R T VWX Y Z B D F G H KMN O P Q

Dies hat den Vorteil, daß man sich das Schlüsselwort oder den Schlüsselsatz und damit das ganze Geheimtextalphabet leicht einprägen kann. Wenn der Sender das Geheimtextalphabet auf einem Blatt Papier aufbewahren muß, könnte es dem Gegner in die Hände fallen, dem dann alle Geheimbotschaften preisgegeben wären.

Diese Verbindung von Einfachheit und Stärke ließ das Substitutionsverfahren im ersten Jahrtausend zur Königin der Verschlüsselungskunst werden. Die Verschlüßler hatten ein Verfahren entwickelt, das den sicheren Nachrichtenverkehr gewährleistete, und weil man damit gute Erfahrungen machte, fehlte der Druck, etwas Besseres zu erfinden. Den Schwarzen Peter hatte man den Codebrechern zugeschoben, die versuchen mußten, diese Verschlüsselung zu knacken. Hatte ein Gegner überhaupt die Chance, eine chiffrierte Botschaft zu entschlüsseln? Viele Gelehrte der alten Zeit hielten die Substitution dank der gigantischen Zahl möglicher Schlüssel für unüberwindlich, und über die Jahrhunderte schien sich diese Annahme zu bestätigen. Allerdings sollten die Codebrecher schließlich doch einen Weg finden, der ihnen die erschöpfende Prüfung aller Schlüssel ersparte. Es würde nun nicht mehr Milliarden von Jahren dauern, bis eine Geheimschrift geknackt war, sondern ein paar Minuten. Der Durchbruch gelang im Orient und verdankte sich einer genialen Mischung aus Sprachwissenschaft, Statistik und religiöser Hingabe.

Die arabischen Kryptoanalytiker

Im Alter von rund vierzig Jahren begann Mohammed regelmäßig eine abgelegene Höhle am Berg Hira unweit von Mekka zu besuchen. Es war eine Einsiedelei, ein Ort des Gebets, des Nachdenkens und der Meditation. Um 610 n. Chr., in einer Zeit tiefer Reflexion, erschien Mohammed dort der Erzengel Gabriel, der ihm verkündete, er solle der Prophet Gottes werden. Dies war die erste einer ganzen Folge von Offenbarungen, die Mohammed bis zu seinem Tod zwei Jahrzehnte später zuteil werden sollten.

Die Offenbarungen wurden von verschiedenen Schreibern zu Lebzeiten des Propheten festgehalten, allerdings nur bruchstückhaft, und es blieb Abū Bakr, dem ersten Kalifen des Islam, überlassen, sie in einer Schrift zusammenzufassen. Omar, der zweite Kalif, und seine Tochter Hafsa setzten dieses Werk fort, und Othmān, der dritte Kalif, vollendete es schließlich. Jede Offenbarung wurde zu einem der 114 Kapitel des *Koran*.

Der amtierende Kalif hatte die Aufgabe, das Werk des Propheten fortzusetzen, seine Lehren zu verteidigen und sein Wort zu verbreiten. Zwischen der Ernennung von Abū Bakr im Jahr 632 und dem Tod des vierten Kalifen, Alī, im Jahr 661, verbreitete sich der Islam so schnell, daß schließlich die Hälfte der bekannten Welt unter muslimischer Herrschaft stand. Im Jahr 750 dann, nach einem Jahrhundert der Festigung, läutete der Beginn des abbasidischen Kalifats (oder Dynastie) das »Goldene Zeitalter« der islamischen Kultur ein. Künste und Wissenschaften erblühten gleichermaßen. Die islamischen Künstler und Handwerker hinterließen uns herrliche Gemälde, opulente Schnitzereien und die raffiniertesten Webstoffe der Geschichte, und das Vermächtnis der islamischen Wissenschaftler kommt in der Vielzahl der arabischen Wörter zum Ausdruck, die den Wortschatz der modernen Wissenschaft würzen, etwa *Algebra, alkalisch* und *Zenit*.

Der Reichtum der islamischen Kultur verdankte sich zu

einem großen Teil einer wohlhabenden und friedlichen Gesellschaft. Die abbasidischen Kalifen waren weniger an Eroberungszügen interessiert als ihre Vorgänger und setzten ihre Kräfte statt dessen für ein wohlgeordnetes und florierendes Gemeinwesen ein. Niedrigere Steuern ließen die Wirtschaft gedeihen, Handel und Handwerk blühten auf, während strengere Gesetze die Korruption eindämmten und die Bürger schützten. All dies war nicht denkbar ohne eine effiziente Verwaltung, bei der man auch schon Verschlüsselungsverfahren anwandte. Nicht allein geheime Angelegenheiten der Obrigkeit unterlagen der Verschlüsselung, es ist dokumentiert, daß die Beamten auch die Steuerunterlagen schützten, was auf einen verbreiteten und regelmäßigen Gebrauch der Verschlüsselung schließen läßt. Weitere Hinweise liefern viele Verwaltungshandbücher, etwa das *Adab al-Kuttāb* (Handbuch des Sekretärs) aus dem zehnten Jahrhundert mit einem eigenen Abschnitt über Kryptographie.

Die Bürokraten nahmen als Schlüssel meist ein umgestelltes Alphabet, doch auch andere Symbole fanden Verwendung. So mochte zum Beispiel das a im Klartextalphabet durch ein # im Geheimtextalphabet ersetzt werden, ein b durch + und so weiter. Der Oberbegriff für eine Substitution, bei der das Geheimtextalphabet aus Buchstaben, anderen Symbolen oder aus Zahlen bestehen kann, lautet *monoalphabetische Verschlüsselung*. Alle Verschlüsselungen durch Substitution, die wir in diesem Buch bisher kennengelernt haben, gehören zu dieser Gattung des monoalphabetischen Verschlüsselungsverfahrens.

Hätten die Araber allein die monoalphabetische Verschlüsselung gebraucht, dann hätten sie keine besondere Erwähnung in der Geschichte der Kryptographie verdient. Allerdings waren die arabischen Gelehrten nicht nur in der Lage, Geheimschriften zu verwenden, sie konnten deren Gebrauch genausogut auch wertlos machen. Sie erfanden die *Kryptoanalyse,* die Wissenschaft von der Entschlüsselung ohne Kenntnis des Schlüssels. Während der Kryptograph neue Methoden der

Verschlüsselung entwickelt, sucht der Kryptoanalytiker nach Schwächen in ebendiesen Verfahren, um in die geheimen Botschaften einzubrechen. Den arabischen Kryptoanalytikern gelang es, ein Verfahren zu entwickeln, das es erlaubte, die monoalphabetische Verschlüsselung, die mehrere Jahrhunderte lang als uneinnehmbar gegolten hatte, endlich zu stürmen.

Die Kryptoanalyse konnte erst erfunden werden, als die kulturelle Entwicklung in mehreren Wissenschaften, vor allem in der Mathematik, Statistik und Sprachwissenschaft, eine gewisse Stufe erreicht hatte. Die islamische Kultur war ein fruchtbarer Schoß für die Kryptoanalyse, denn der Islam verlangt Gerechtigkeit in allen Bereichen menschlicher Tätigkeit, und dazu ist Wissen oder *ilm* erforderlich. Jeder Muslim ist verpflichtet, Wissen auf allen Gebieten zu erwerben, und der wirtschaftliche Erfolg des abbasidischen Kalifats bot den Gelehrten die Zeit, das Geld und die stofflichen Voraussetzungen, um dieser Pflicht nachzukommen. Sie bemühten sich, das Wissen vorangegangener Kulturen zu erwerben, und verschafften sich ägyptische, babylonische, indische, chinesische, neupersische, syrische, armenische, hebräische und römische Schriften und übersetzten sie ins Arabische. Im Jahre 815 errichtete der Kalif al-Ma'mūn in Bagdad das Bait al-Hikmah (Haus der Weisheit), eine Bibliothek und ein Übersetzungszentrum.

Die Erfindung der Kryptoanalyse verdankte sich nicht nur einem besseren Verständnis weltlicher Dinge, sondern auch der Blüte des religiösen Gelehrtentums. In Basra, Kufa und Bagdad entstanden bedeutende theologische Schulen, in denen man die Offenbarungen Mohammeds, wie sie im Koran standen, eifrig studierte. Die Theologen wollten die zeitliche Reihenfolge dieser Offenbarungen erkunden, und sie taten dies, indem sie die Häufigkeit der einzelnen Wörter in jeder Offenbarung zählten. Dahinter steckte der Gedanke, daß bestimmte Wörter erst in jüngster Zeit entstanden waren. Wenn eine Offenbarung eine höhere Zahl dieser seltenen Wörter enthielt, dann würde dies darauf hindeuten, daß sie chronologisch später einzuordnen war. Die Theologen studierten auch die *Hadīth,* in der die täglichen Äußerungen des Propheten festgehalten sind. Sie versuchten zu zeigen, daß tatsächlich jede dieser Aussagen Mohammed selbst zuzuschreiben war. Zu diesem Zweck untersuchten sie die Herkunft der Wörter und den Aufbau der Sätze, um zu prüfen, ob bestimmte Texte mit den Sprachmustern des Propheten in Einklang standen.

Wichtig ist nun, daß es die Religionsgelehrten mit ihrer Untersuchung nicht auf der Ebene der Wörter beließen. Sie überprüften auch einzelne Buchstaben und entdeckten dabei insbesondere, daß einige davon häufiger vorkommen als andere. Die Buchstaben »a« und »l« kommen im Arabischen am häufigsten vor, zum Teil wegen des bestimmten Artikels »al«, während der Buchstabe »j« zehnmal weniger auftaucht. Diese scheinbar harmlose Beobachtung sollte zum ersten großen Durchbruch in der Kryptoanalyse führen.

Die früheste bekannte Beschreibung dieser Technik stammt von einem Gelehrten des neunten Jahrhunderts namens Abū Yūsuf Ya'qūb ibn Is-hāq ibn as-Sabbāh ibn 'omrān ibn Ismaīl al-Kindī. Al-Kindī, Abū Yūsuf, der als »Philosoph der Araber« bezeichnet wurde, hat 290 Bücher über Medizin, Astronomie, Mathematik, Linguistik und Musik verfaßt. Seine bedeutendste Abhandlung, die erst 1987 im Istanbuler Süleiman-Osman-Archiv wiederentdeckt wurde, trägt den Titel »Abhandlung über die Entzifferung kryptographischer Botschaften«. Sie enthält eingehende Untersuchungen über Statistik, arabische Phonetik und arabische Syntax, doch die revolutionäre Methode der Kryptoanalyse liegt in zwei kurzen Abschnitten verborgen:

> Eine Möglichkeit, eine verschlüsselte Botschaft zu entziffern, vorausgesetzt, wir kennen ihre Sprache, besteht darin, einen anderen Klartext in derselben Sprache zu finden, der lang genug ist, um ein oder zwei Blätter zu füllen, und dann zu zählen, wie oft jeder Buchstabe vorkommt. Wir nennen

den häufigsten Buchstaben den »ersten«, den zweithäufigsten den »zweiten«, den folgenden den »dritten« und so weiter, bis wir alle Buchstaben in der Klartextprobe durchgezählt haben.
Dann betrachten wir den Geheimtext, den wir entschlüsseln wollen, und ordnen auch seine Symbole. Wir finden das häufigste Symbol und geben ihm die Gestalt des »ersten« Buchstabens der Klartextprobe, das zweithäufigste Symbol wird zum »zweiten« Buchstaben, das dritthäufigste zum »dritten« Buchstaben und so weiter, bis wir alle Symbole des Kryptogramms, das wir entschlüsseln wollen, auf diese Weise zugeordnet haben.

Am einfachsten ist es, al-Kindīs Verfahren anhand des deutschen Alphabets zu erläutern. Zunächst müssen wir einen gewöhnlichen deutschen Text von einiger Länge untersuchen, vielleicht auch mehrere, um die Vorkommenshäufigkeit eines jeden Buchstabens im Alphabet festzustellen. Im Deutschen ist das e der häufigste Buchstabe, ihm folgt das n, dann das i und so weiter, wie in Tabelle 1 zusammengestellt. Als nächstes untersuchen wir den fraglichen Geheimtext und stellen die Häufigkeit jedes Buchstabens fest. Wenn der häufigste Buchstabe im Text etwa J ist, dann steht er wahrscheinlich für e. Und wenn der zweithäufigste Buchstabe im Geheimtext P ist, dann ist er wahrscheinlich Stellvertreter für n und so weiter. Al-Kindīs Verfahren, auch als *Häufigkeitsanalyse* bezeichnet, zeigt, daß es nicht nötig ist, jeden einzelnen der Milliarden möglicher Schlüssel durchzuprüfen. Vielmehr läßt sich der Inhalt einer chiffrierten Nachricht einfach durch die Analyse der Häufigkeit der Buchstaben im Geheimtext entschlüsseln.

Allerdings sollte man al-Kindīs Gebrauchsanleitung für die Kryptoanalyse nicht einfach schablonenhaft anwenden, denn die Häufigkeitstabelle gibt nur die Durchschnittswerte und nicht die genaue Buchstabenhäufigkeit jedes beliebigen Textes wider. Zum Beispiel ließe sich der Zungenbrecher »In Ulm

Buchstabe	Häufigkeit in %	Buchstabe	Häufigkeit in %
a	6,51	n	9,78
b	1,89	o	2,51
c	3,06	p	0,79
d	5,08	q	0,02
e	17,40	r	7,00
f	1,66	s	7,27
g	3,01	t	6,15
h	4,76	u	4,35
i	7,55	v	0,67
j	0,27	w	1,89
k	1,21	x	0,03
l	3,44	y	0,04
m	2,53	z	1,13

Tabelle 1: Häufigkeitsverteilung der Buchstaben des deutschen Alphabets. (Nach A. Beutelspacher, *Kryptologie*, Braunschweig 1993.)

Buchstabe	Häufigkeit in %	Buchstabe	Häufigkeit in %
a	8,2	n	6,7
b	1,5	o	7,5
c	2,8	p	1,9
d	4,3	q	0,1
e	12,7	r	6,0
f	2,2	s	6,3
g	2,0	t	9,1
h	6,1	u	2,8
i	7,0	v	1,0
j	0,2	w	2,4
k	0,8	x	0,2
l	4,0	y	2,0
m	2,4	z	0,1

Tabelle 1a: Zum Vergleich die Häufigkeitsverteilung der Buchstaben des englischen Alphabets. (Ausgewertet wurden über 100 000 Zeichen aus Zeitungstexten und Romanen. Nach H. Beker und F. Piper, *Cipher Systems: The Protection of Communication.*)

und um Ulm und um Ulm herum« durch schlichte Häufigkeitsanalyse nicht entschlüsseln. Häufig weichen kurze Texte von der Normalverteilung ab, und wenn sie weniger als hundert Buchstaben haben, wird die Entschlüsselung sehr schwierig. Hingegen werden längere eher, wenn auch nicht immer, der Normalverteilung entsprechen. Im Jahr 1969 schrieb der französische Schriftsteller Georges Perec *La Disparition*, einen Roman von 200 Seiten, in dem kein einziges Mal der Buchstabe e vorkommt. Um so bemerkenswerter ist, daß es seinem deutschen Übersetzer Eugen Helmlé gelang, das Werk ins Deutsche zu übertragen und Perecs Originalfassung darin treu zu bleiben, daß das e nicht auftaucht. Helmlés Übertragung mit dem Titel *Anton Voyls Fortgang* liest sich überraschend gut (siehe Anhang A). Wenn das gesamte Buch monoalphabetisch verschlüsselt wäre, würde ein naiver Versuch, es zu dechiffrieren, ins Leere laufen, weil der im Deutschen häufigste Buchstabe überhaupt nicht vorkommt.

Nun, da wir das wichtigste Werkzeug der Kryptoanalyse kennengelernt haben, fahre ich mit einem Beispiel fort, das zeigt, wie die Häufigkeitsanalyse zur Entschlüsselung eines Textes eingesetzt werden kann. Ich wollte das Buch mit solchen Beispielen nicht vollstopfen, doch im Falle der Häufigkeitsanalyse will ich eine Ausnahme machen. Der Grund ist zum einen, daß sie nicht so schwierig ist, wie es sich anhören mag, zum andern, daß sie ein erstrangiges kryptoanalytisches Werkzeug ist. Zudem verdeutlicht das folgende Beispiel die Gedankengänge eines Kryptoanalytikers. Gewiß verlangt die Häufigkeitsanalyse einigen Aufwand an logischem Denken, doch man wird sehen, daß Schlauheit, Spürsinn und schlichte Knobelarbeit auch nicht fehl am Platze sind.

Die Entschlüsselung eines Geheimtextes

PR ISRSQ YSPUD SYOCREBS GPS NFRZB GSY NCYBVEYCWDPS
SPRS ZVOUDS HVOONVQQSRDSPB, GCZZ GPS NCYBS SPRSY
SPRMPESR WYVHPRM GSR YCFQ SPRSY ECRMSR ZBCGB
SPRRCDQ FRG GPS NCYBS GSZ YSPUDZ GSR SPRSY WYVHPRM.
QPB GSY MSPB ASTYPSGPEBSR GPSZS FSASYQCSZZPE EYVZZSR
NCYBSR RPUDB OCSRESY, FRG QCR SYZBSOOBS SPRS NCYBS
GSZ YSPUDZ, GPS ESRCF GPS EYVSZZS GSZ YSPUDZ DCBBS.

AVYESZ, HVR GSY ZBYSRES GSY JPZZSRZUDCTB

Stellen wir uns vor, wir hätten diesen verschlüsselten Text abgefangen und müßten ihn dechiffrieren. Wir wissen, daß es sich um einen deutschen Text handelt, der mittels monoalphabetischer Substitution verschlüsselt wurde, doch vom Schlüssel wissen wir nichts. Alle möglichen Schlüssel durchzuprobieren ist praktisch unmöglich, also müssen wir die Häufigkeitsanalyse einsetzen. Ich gebe im folgenden eine schrittweise Anleitung zur Entschlüsselung dieses Geheimtextes, doch wer es sich zutraut, kann es natürlich auch auf eigene Faust versuchen.

Die erste Reaktion jedes Kryptoanalytikers wäre, die Häufigkeit jedes Buchstabens festzustellen. Dann ergibt sich Tabelle 2.

Wie erwartet, kommen die Buchstaben unterschiedlich oft vor. Die Frage ist nur, ob wir aufgrund dieser Häufigkeiten wirklich ausfindig machen können, wofür zumindest einige dieser Buchstaben stehen? Es wäre naiv zu glauben, wir könnten alle Buchstaben auf mechanische Weise identifizieren und etwa sagen, der achthäufigste Buchstabe im Geheimtext, E, stehe für den achthäufigsten Buchstaben im Deutschen, nämlich d. Eine sture Anwendung der Häufigkeitsanalyse würde zu Kauderwelsch führen.

Wir können jedoch beginnen, indem wir uns den fünf häufigsten Buchstaben zuwenden, nämlich S, R, P, Y und Z. Wir können mit guten Gründen davon ausgehen, daß der bei weitem

Buchstabe	Häufigkeit	in %	Buchstabe	Häufigkeit	in %
A	3	0,9	N	7	2,1
B	20	6,1	O	7	2,1
C	18	5,5	P	30	9,1
D	11	3,3	Q	8	2,4
E	12	3,6	R	32	9,7
F	6	1,8	S	67	20,4
G	20	6,1	T	2	0,6
H	4	1,2	U	7	2,1
I	1	0,3	V	10	3,1
J	1	0,3	W	3	0,9
K	0	0,0	X	0	0,0
L	0	0,0	Y	29	8,8
M	5	1,5	Z	24	7,3

Tabelle 2: Häufigkeitsanalyse der verschlüsselten Botschaft (gerundete Prozentwerte).

häufigste Buchstabe, S, für den mit Abstand häufigsten Klartextbuchstaben im Deutschen, nämlich e steht. Bei den folgenden vier Buchstaben können wir zwar annehmen, daß es sich um die zweit- bis fünfthäufigsten Buchstaben handelt, doch nicht unbedingt in der richtigen Reihenfolge. Mit anderen Worten, wir können nicht sicher sein, daß R = n, P = i, Y = s und Z = r.

Wir können jedoch die Annahme wagen, daß es sich um die nach e häufigsten Buchstaben im deutschen Alphabet handelt, also:

R = n, i, s oder r, P = n, i, s oder r Y = n, i, s oder r, Z = n, i, s oder r.

Um auf einigermaßen sicherem Grund weiterzugehen, müssen wir die Häufigkeitsanalyse ein wenig verfeinern. Anstatt einfach von der Häufigkeit dieser vier Geheimbuchstaben auf die Klartextbuchstaben zu schließen, suchen wir nach den im Deutschen häufigsten sogenannten *Bigrammen,* Zweierkombinationen von Buchstaben. Wir nehmen den mutmaßlichen Geheimtextbuchstaben für e, also S, und fragen, wie oft er zusammen mit den oben genannten zweit- bis fünfthäufigsten Geheimbuchstaben auftritt. Dann ergibt sich folgende Häufung von Bigrammen:

Bigramme	RS / SR	PS / SP	YS / SY	ZS / SZ
Häufigkeit	7 / 13	8 / 13	5 / 11	4 / 7

Zu vermuten ist, daß die drei häufigsten Bigramme, nämlich SR, SP und SY, den häufigsten Bigrammen mit e im Deutschen, er, en und ei entsprechen. Damit wäre unsere Annahme abgesichert. Von den beiden weniger häufigen Bigrammen, ZS und SZ, können wir annehmen, daß es sich um *se* und *es* handelt, und sie zunächst beiseite lassen.

Wir gehen nun einen Schritt weiter und versuchen, n und i ausfindig zu machen, indem wir nach dem im Deutschen häufigsten Trigramm, nämlich ein suchen. Hier ist das Ergebnis eindeutig: SPR kommt siebenmal vor, SRP, SPY, SYP, SRY und SYR überhaupt nicht. Wir entschlüsseln also P = i und R = n. Zusammen mit S = e haben wir nun mit einiger Sicherheit drei Buchstaben dingfest gemacht. Wie finden wir nun heraus, ob die verbleibenden häufigen Buchstaben Y und Z für r und s oder für s und r stehen? Am besten, wir gehen einen Umweg und machen zunächst den Buchstaben d ausfindig. Da in der Kryptoanalyse alle Mittel erlaubt sind, nutzen wir den Umstand aus, daß im Geheimtext die Wortzwischenräume beibehalten wurden. Das häufigste Wort im Deutschen ist die, und da wir PS als ie identifiziert haben, sehen wir fast auf den ersten Blick, daß es sich bei G um d handeln muß, denn GPS kommt im Geheimtext allein fünfmal als Einzelwort vor.

Zurück zur Unterscheidung von r und s. Das zweithäufigste Wort im Deutschen ist der, es kommt jedenfalls nach der Statistik sehr viel öfter vor als des. Wir überprüfen die in Frage kommenden Kombinationen GSY und GSZ und stellen fest, daß GSY viermal auftaucht, GSZ jedoch immerhin dreimal. Festigen können wir unsere Vermutung, daß Y = r und Z = s, indem wir uns noch einmal die Häufigkeit anschauen, mit der diese Buchstaben zusammen mit S auftreten. SY, das mutmaßliche er, kommt elfmal vor, SZ, das mutmaßliche es, siebenmal. Da er das häufigste Bigramm im Deutschen ist, können wir nun mit guten Gründen sagen, daß Y = r und Z = s.

Wir haben nun mit einiger Sicherheit fünf Buchstaben identifiziert und können die entsprechenden Geheimbuchstaben durch die Klarbuchstaben ersetzen:

in IeneQ reiUD erOCnEBe die NFnsB der NCrBVErCWDie eine sVOUDe HVOONVQQenDeiB, dCss die NCrBe einer einMiEen WrVHinM den rCFQ einer ECnMen sBCdB einnCDQ Fnd die NCrBe des reiUDs den einer WrVHinM. QiB der MeiB AeTriediEBen diese FeAerQCessiE ErVssen NCrBen niUDB OCenEer, Fnd QCn ersBeOOBe eine NCrBe des reiUDs, die EenCF die ErVesse des reiUDs DCBBe.
      AVrEes, HVn der sBrenEe der JissensUDCTB

Dieser Schritt hilft uns, einige der anderen Buchstaben einfach zu erraten. Das Wort reiUD etwa wird, da e und n für die letzten beiden Buchstaben ausgeschlossen sind, das Klarwort Reich ergeben. Und dCss wird mit Sicherheit dass bedeuten. Wir bekommen:

in IeneQ reich erOanEBe die NFnsB der NarBVEraWhie eine sVOche HVOONVQQenheiB, dass die NarBe einer einMiEen WrVHinM den raFQ einer EanMen sBadB einnahQ Fnd die NarBe des reichs den einer WrVHinM. QiB der MeiB AeTriediEBen diese FeAerQaessiE ErVssen NarBen nichB OaenEer Fnd Qan ersBeOOBe eine NarBe des reichs die EenaF die ErVesse des reichs haBBe
      AVrEes, HVn der sBrenEe der JissenschaTB

Sobald einige Buchstaben klar sind, geht es mit der Entschlüsselung zügig weiter. Zum Beispiel ergibt sich aus sBadB eindeutig stadt, denn die beiden fehlenden Vokale o und u einzusetzen ergäbe keinen Sinn, und der einzige Konsonant, der nach d noch folgen kann, ist t. Dann allerdings sehen wir auch, daß das letzte Wort wissenschaft lauten muß.

Wir könnten auf diese Weise weitermachen, doch fassen wir statt dessen einmal zusammen, was wir über das Klartextalphabet und das Geheimtextalphabet wissen. Diese beiden Alphabete bilden den Schlüssel, und der Verschlüßler hat sie benutzt, um eine Substitution auszuführen, mit der er die Botschaft unkenntlich gemacht hat. Wir haben bereits einige Buchstaben identifiziert und können sie zusammenstellen:

Klartextalphabet   a b c d e f g h i j k l m n o p q r s t u v w x y z
Geheimtextalphabet   C – U G S T E D P – – – – – – – – Y Z B – – – – – –

Kenner der Detektivliteratur werden vielleicht erraten, daß der Verschlüßler als Schlüsselwort einen berühmten Namen gewählt hat: C. Auguste Dupin wird uns in Poes Erzählung *Der Doppelmord in der Rue Morgue* erstmals als Meisterdetektiv vorgestellt. Das rätselhafte Kürzel »C.« kam dem Kryptographen entgegen, denn er konnte dadurch vermeiden, den Buchstaben a mit A zu chiffrieren. Endlich können wir das vollständige Geheimtextalphabet erstellen und den gesamten Geheimtext entschlüsseln.

Klartextalphabet   a b c d e f g h i j k l m n o p q r s t u v w x y z
Geheimtextalphabet   C A U G S T E D P I N O Q R V W X Y Z B F H J K L M

In jenem Reich erlangte die Kunst der Kartographie eine solche Vollkommenheit, dass die Karte einer einzigen Provinz den Raum einer ganzen Stadt einnahm und die Karte des Reichs den einer Provinz. Mit der Zeit befriedigten diese uebermaessig grossen Karten nicht laenger, und man erstellte eine Karte des Reichs, die genau die Groesse des Reichs hatte.

(Jorge Luis) Borges, *Von der Strenge der Wissenschaft*

Die Renaissance im Westen

Für die arabischen Gelehrten waren die Jahre von 800 bis 1200 n. Chr. eine Epoche großartiger intellektueller Leistungen. Europa steckte damals noch tief im Mittelalter. Während al-Kindī die Kryptoanalyse erfand, kämpften die Europäer immer noch mit den grundlegenden Verfahren der Kryptographie. Die einzigen europäischen Institutionen, die das Studium der Geheimschriften vorantrieben, waren die Klöster. Die Mönche suchten in der Bibel nach verborgenen Bedeutungen, ein Unterfangen, das bis heute seinen Reiz nicht verloren hat (siehe Anhang C).

Erst im 15. Jahrhundert wurde aus der europäischen Kryptographie ein blühendes Gewerbe. Die Wiederbelebung der Künste, Wissenschaften und des Gelehrtentums in der Renaissance war auch für die Kryptographie fruchtbar, während die wuchernden politischen Intrigen auch gute Gründe für die Geheimhaltung des Nachrichtenverkehrs lieferten. Das denkbar beste Erprobungsfeld für die Kryptographie war Italien. Es war nicht nur das Herz der Renaissance, es bestand auch aus unabhängigen Stadtstaaten, die sich gegenseitig auszustechen suchten. Jeder dieser Staaten schickte seine Botschafter an fremde Höfe, und es entstand ein reges diplomatisches Leben. Die Gesandten erhielten Botschaften von ihren Monarchen, in denen die Einzelheiten der Außenpolitik, die sie durchzusetzen hatten, festgehalten waren. Und die Botschafter mußten alle Informationen, die ihnen zu Ohren kamen, an die Herrscherhäuser weiterleiten. So herrschte Anlaß genug, den Nachrichtenverkehr in beiden Richtungen zu verschlüsseln. Die Höfe legten sich kryptographische Dienste zu, und bald hatte jeder Botschafter seinen eigenen Geheimsekretär.

Nun, da die Kryptographie zum gängigen diplomatischen Handwerkszeug gehörte, machte die wissenschaftliche Kryptoanalyse auch im Westen die ersten Schritte. Gerade hatten die Diplomaten die Fertigkeiten erworben, die für einen sicheren

Nachrichtenverkehr nötig waren, traten auch schon Leute auf den Plan, die ebendiese Sicherheit zu zerstören trachteten. Es ist durchaus wahrscheinlich, daß die Kryptoanalyse in Europa unabhängig vom Orient entdeckt wurde, möglich ist jedoch auch, daß man sie aus Arabien einführte. Islamische Entdeckungen in der Wissenschaft und Mathematik hatten starken Einfluß auf die Wiedergeburt der Wissenschaft in Europa, und die Kryptoanalyse könnte zu diesem importierten Wissen gehört haben.

Als erster großer europäischer Kryptoanalytiker wird zu Recht Giovanni Soro bezeichnet, der im Jahre 1506 zum Geheimsekretär Venedigs ernannt wurde. Soros Ruf verbreitete sich in ganz Italien, und befreundete Staaten schickten ihm abgefangene Botschaften zur Entschlüsselung nach Venedig. Selbst der Vatikan, das wahrscheinlich umtriebigste Zentrum der Kryptoanalyse, übermittelte Soro vermeintlich unentschlüsselbare Botschaften, die man in die Hände bekommen hatte.

Dies war eine Zeit des Übergangs, in der die Kryptographen sich immer noch auf die monoalphabetische Substition verließen, während die Kryptoanalytiker zunehmend die Häufigkeitsanalyse einsetzten, um sie zu brechen. Wer noch nicht entdeckt hatte, welch starkes Werkzeug die Häufigkeitsanalyse war, setzte weiter auf die monoalphabetische Verschlüsselung, nicht ahnend, wie leicht es Kryptoanalytikern wie Soro fiel, solche Botschaften zu lesen.

Unterdessen mühte man sich dort, wo man die Schwäche der monoalphabetischen Chiffrierung kannte, nach Kräften um eine bessere Verschlüsselung, die den eigenen Nachrichtenverkehr vor der Entschlüsselung durch gegnerische Kryptoanalytiker schützen sollte. Eine ganz einfache Verbesserung der Sicherheit monoalphabetischer Substitution war die Einführung von sogenannten Füllern: Symbolen oder Buchstaben, die keine Klartextbuchstaben vertraten, sondern schlicht für nichts standen. So könnte man etwa jeden Klartextbuchstaben durch eine

Zahl zwischen 1 und 99 ersetzen, dann hätte man immer noch 73 Zahlen, die für nichts stehen, und diese könnten nach Gusto mit unterschiedlicher Häufigkeit über den Geheimtext verstreut werden. Die Füller würden für den eigentlichen Empfänger kein Problem darstellen, der ja wissen würde, daß er sie ignorieren mußte. Einen gegnerischen Entschlüßler allerdings sollten sie zur Weißglut treiben, weil sie einen Angriff per Häufigkeitsanalyse erheblich erschweren.

Ein weiterer Versuch, die Sicherheit der monoalphabetischen Chiffrierung zu verbessern, war die Einführung von Codewörtern. Der Begriff »Code« hat in der Umgangssprache vielfältige Bedeutungen und steht häufig für irgendeine Art geheimer Kommunikation. Wie ich jedoch in der Einführung bemerkt habe, bezeichnet er strenggenommen nur eine bestimmte Form der Substitution. Bislang haben wir uns bei der Substitution auf ein Verfahren beschränkt, bei dem jeder Buchstabe durch einen anderen Buchstaben, eine Zahl oder ein Symbol ersetzt wird. Allerdings ist es auch möglich, diese Methode auf höherer Ebene anzuwenden und jedes Wort durch ein anderes Wort oder Symbol zu ersetzen. Dies wäre ein Code. Ein Beispiel:

ermorden	= D,	General = Σ,	sofort	= 08,
Erpressung	= P,	König = Ω,	heute	= 73,
Gefangennahme	= J,	Minister = ψ,	heute nacht	= 28,
beschützen	= Z,	Prinz = θ,	morgen	= 43

Klarbotschaft	= Ermordet den König heute nacht
Codierte Botschaft	= D–Ω–28

Fachleute bestimmen die *Codierung* als Substitution auf der Ebene der Wörter oder Sätze, die *Chiffrierung* dagegen als Substitution auf der Ebene der Buchstaben. Im Deutschen können *Codierung* und *Chiffrierung* unter dem Begriff Verschlüsselung zusammengefaßt werden, die Ergebnisse dieser Verfahren sind die *Geheimschriften* oder *Chiffren*. Decodieren und *Dechiffrieren* sind die Entschlüsselungsvorgänge. Abbildung 6 enthält eine kurze Zusammenfassung der Definitionen. Im folgenden verwenden wir *verschlüsseln* und *chiffrieren* beziehungsweise *entschlüsseln* und *dechiffrieren* als gleichwertige Begriffe.

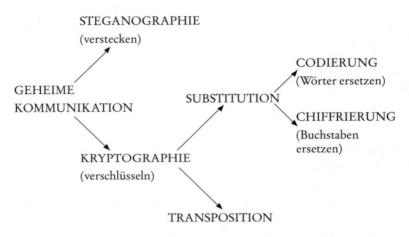

Abbildung 6: Die Kunst der Geheimhaltung von Botschaften in ihren Hauptzweigen.

Auf den ersten Blick bieten Codes größere Sicherheit als Chiffren, weil Wörter der Häufigkeitsanalyse weniger zugänglich sind als Buchstaben. Um eine mittels monoalphabetischer Substitution angefertige Geheimschrift zu dechiffrieren, muß man nur den Klarbuchstaben für jeden der 26 Geheimbuchstaben ausfindig machen, während man zur Entschlüsselung eines Codes die Klarwörter für Hunderte oder gar Tausende von Codewörtern herausfinden muß. Wenn wir uns solche Codes jedoch genauer ansehen, erkennen wir im Vergleich zu den Chiffren zwei schwerwiegende praktische Mängel. Sobald sich Sender und Empfänger auf die 26 Buchstaben des Geheimtextalphabets (den Schlüssel) geeinigt haben, können sie jede Botschaft chiffrieren, doch um bei einem Code das gleiche Maß an Mitteilungsmöglichkeiten zu erreichen, müssen sie zunächst die mühselige Aufgabe bewältigen, ein Codewort für jedes einzelne der vielen tausend möglichen Klartextwörter festzulegen. Das Codebuch wird dann Hunderte von Seiten lang und ist ein wörterbuchdicker Wälzer. Kurz, die Erstellung eines Codebuchs ist eine langwierige Angelegenheit.

Zudem hat es verheerende Folgen, wenn das Codebuch in die Hände des Gegners fällt. Er könnte sofort alle verschlüsselten Nachrichten lesen. Sender und Empfänger müßten sich von neuem die Mühe machen, ein völlig anderes Codebuch zu erstellen, und dieser neue Wälzer müßte dann auf sicherem Wege an alle Menschen im Nachrichtennetz verteilt werden, also zum Beispiel an die eigenen Botschafter in aller Herren Länder. Wenn es der anderen Seite hingegen gelingen sollte, ein Geheimtextalphabet in die Hände zu bekommen, kann man ohne weiteres ein neues mit 26 Buchstaben erstellen, das sich einprägen und leicht verteilen läßt.

Schon im 16. Jahrhundert kannten die Kryptographen durchaus die unvermeidlichen Schwächen der Codes und verwendeten überwiegend Chiffren und manchmal *Nomenklatoren*. Ein Nomenklator ist ein Verschlüsselungssystem, das auf einem Geheimtextalphabet beruht, mit dem der Großteil der Nachricht chiffriert wird, sowie einer begrenzten Zahl von Codewörtern. Eine Nomenklator-Liste kann zum Beispiel aus einer Titelseite mit einem Geheimschriftalphabet bestehen und aus einer zweiten Seite mit der Liste der Codewörter. Trotz dieser zusätzlichen Codewörter ist ein Nomenklator nicht viel sicherer als eine schlichte monoalphabetische Chiffre, denn der Großteil der Nachricht kann durch Häufigkeitsanalyse entschlüsselt und die verbleibenden Codewörter können aus dem Zusammenhang erschlossen werden.

Die besten Kryptoanalytiker überwanden nicht nur die Hürde des Nomenklators, sie kamen auch mit absichtlich falsch geschriebenen Botschaften und mit Füllern zurecht. Ihrem Geschick verdankten ihre Herren und Meisterinnen einen nicht abreißenden Strom enthüllter Geheimnisse, der ihre Entscheidungen und damit an entscheidenden Punkten auch die europäische Geschichte beeinflußte.

Nirgends zeigte sich dieser Einfluß der Kryptoanalyse auf dramatischere Weise als im Falle der Maria Stuart. Der Ausgang ihres Prozesses hing allein ab vom Kampf zwischen ihren Verschlüßlern und den Codebrechern Königin Elisabeths. Maria war eine der bedeutendsten Gestalten des 16. Jahrhunderts, Königin von Schottland, Königin von Frankreich und Aspirantin auf den englischen Thron, und doch sollte ihr Schicksal von einem Blatt Papier abhängen und von der Frage, ob die darauf geschriebene Botschaft entschlüsselt werden konnte.

Das Babington-Komplott

Am 24. November 1542 vernichteten die englischen Truppen Heinrichs VIII. in der Schlacht von Solway Moss das schottische Heer. Es sah ganz so aus, als wäre Heinrich auf bestem Wege, Schottland zu erobern und König Jakob V. die Krone zu entreißen. Nach der Schlacht erlitt der verzweifelte schottische König einen schweren seelischen und körperlichen Zusammenbruch und zog sich in den Palast von Falkland zurück. Selbst die Geburt seiner Tochter Maria nur zwei Wochen später konnte die Lebensgeister des leidenden Königs nicht wieder beflügeln. Als hätte er auf die Nachricht von der Geburt eines Erben gewartet, um in Frieden und in der Gewißheit sterben zu können, seine Pflicht getan zu haben, starb der König nur eine Woche nach Marias Geburt im Alter von nur dreißig Jahren. Die kleine Prinzessin Maria war nun die Königin der Schotten.

Maria war vorzeitig zur Welt gekommen, und anfangs herrschte beträchtliche Angst um ihr Leben. In England waren schon Gerüchte im Umlauf, das Kind sei gestorben, doch am englischen Hof schenkte man nur allzu gerne allem Glauben, was auf eine Schwächung Schottlands hindeutete. In Wahrheit kam Maria bald zu Kräften und wurde am 9. September 1543 in der Kapelle von Stirling Castle gekrönt, im Kreise von drei Earls, die an ihrer Statt die königliche Krone, das Zepter und das Schwert trugen.

Weil Königin Maria noch so jung war, ließ der Eroberungsdruck der Engländer gegen Schottland eine gewisse Zeit lang nach. Es hätte als unehrenhaft gegolten, wenn Heinrich VIII. versucht hätte, das Land eines jüngst verstorbenen Königs zu unterwerfen, das unter der Herrschaft einer Kinderkönigin stand. Statt dessen beschloß der englische König, Maria zu umwerben in der Hoffnung, eine Ehe zwischen ihr und seinem Sohn Edward arrangieren zu können und damit die beiden Nationen unter einem Tudor-Regenten zu vereinen. Er begann seine Winkelzüge mit der Freilassung der schottischen Edelmänner, die bei Solway Moss in Gefangenschaft geraten waren, unter der Bedingung, daß sie sich für eine Union mit England einsetzten.

Der schottische Hof erwog zwar zunächst Heinrichs Angebot, doch dann verwarf er es zugunsten einer Heirat Marias mit Franz, dem Dauphin von Frankreich. Schottland entschied sich damit für ein Bündnis mit einer ebenfalls katholischen Nation, was Marias Mutter, Maria von Guise, entgegenkam, deren eigene Heirat mit Jakob V. die Verbindung zwischen Schottland und Frankreich unverbrüchlich festigen sollte. Maria und Franz waren noch Kinder, doch es war geplant, daß Franz eines Tages den Thron besteigen und Maria seine Königin sein sollte, um damit Schottland und Frankreich zu vereinen. In der Zwischenzeit sollte Frankreich Schottland gegen den englischen Ansturm verteidigen.

Das Schutzversprechen war beruhigend, besonders da Heinrich VIII. nun von der Diplomatie auf Einschüchterung überging, um den Schotten nahezulegen, daß sein eigener Sohn eine lohnendere Partie für Maria Stuart wäre. Seine Truppen unternahmen Raubzüge, zerstörten Ernten, brannten Dörfer nieder und griffen Städte und Dörfer entlang der Grenze an. Die »rauhe Brautwerbung«, wie es hieß, wurde nach Heinrichs Tod im Jahr 1547 fortgesetzt. Unter Führung seines Sohnes, König Eduard VI. (dem Möchtegern-Gatten), fanden die Attacken ihren Höhepunkt in der Schlacht von Pinkie Cleugh, in der das schottische Heer vernichtend geschlagen wurde. In der Folge dieses Gemetzels beschloß man, daß Maria zu ihrer Sicherheit nach Frankreich gehen solle, wo sie vor der englischen Bedrohung sicher war und sich auf ihre Heirat mit Franz vorbereiten konnte. Am 7. August 1548 stach das Schiff mit der sechsjährigen Maria in See und landete beim bretonischen Dorf Roscoff. Marias erste Jahre am französischen Hof waren die geruhsamste Zeit ihres Lebens. In Sicherheit und umgeben von Luxus wuchs sie auf und lernte dabei ihren künftigen Gatten, den Dauphin, kennen und lieben. Mit sechzehn Jahren heirateten sie, und im folgenden Jahr wurden Franz und Maria König und Königin von Frankreich. Alles schien auf eine triumphale Rückkehr nach Schottland hinzudeuten, doch dann wurde ihr Mann, der immer von schwacher Gesundheit gewesen war, schwer krank. Eine Ohreninfektion, unter der er seit seiner Kindheit gelitten hatte, verschlimmerte sich, die Entzündung griff auf das Gehirn über und führte zu einem Abszeß. Im Jahre 1560, ein Jahr nach der Krönung, starb Franz, und Maria war Witwe geworden.

Seit dieser Zeit trafen Maria immer wieder tragische Schicksalsschläge. Sie kehrte 1561 nach Schottland zurück, wo sie eine verwandelte Nation vorfand. Während ihrer langen Abwesenheit hatte Maria ihren katholischen Glauben gefestigt, ihre schottischen Untertanen jedoch hatten sich zunehmend der protestantischen Kirche zugewandt. Maria duldete die Wünsche der Mehrheit und herrschte anfangs recht erfolgreich, doch als sie 1565 Heinrich Stewart, den Earl von Darnley, heiratete, war dies der Anfang ihres unaufhaltsamen Niedergangs. Darnley war ein hinterhältiger und brutaler Mann, dessen rücksichtslose Machtgier Maria die Treue des schottischen Adels kostete. Im Jahr darauf wurde Maria Zeugin der fürchterlichen Auswüchse des barbarischen Wesens ihres Gemahls, als dieser vor ihren Augen David Riccio, ihren Sekretär, ermordete. Jedem wurde klar, daß man Darnley loswerden mußte, um Schottland zu retten. Es ist eine offene Frage, ob Maria selbst oder die schottischen Adligen die Verschwörung in Gang setzten, doch in der Nacht des 9. Februar 1567 wurde Darnleys Haus gesprengt, und als er versuchte zu fliehen, wurde er erwürgt. Das einzig Gute, das dieser Heirat entsprungen war, war der Sohn und Erbe Jakob.

Marias nächste Heirat, mit James Hepburn, dem vierten Earl von Bothwell, war kaum erfolgreicher. Schon im Sommer 1567 waren die protestantischen Adligen von ihrer katholischen Königin restlos enttäuscht. Sie schickten Bothwell ins Exil, setzten Maria gefangen und zwangen sie, zugunsten ihres vierzehn Monate alten Sohnes Jakob VI. abzudanken, während ihr Halbbruder, der Earl von Moray, als Regent fungierte. Ein Jahr später, 1568, floh Maria aus der Gefangenschaft, stellte ein Heer von 6000 Royalisten zusammen und unternahm einen letzten Versuch, die Krone wiederzugewinnen. Ihre Soldaten stellten sich dem Heer des Regenten bei dem kleinen Dorf Langside entgegen, und Maria beobachtete die Schlacht von einem nahen Hügel aus. Obwohl ihre Truppen zahlenmäßig überlegen waren, mangelte es ihnen an Disziplin, und Maria mußte zusehen, wie sie auseinandergerissen wurden. Als die Niederlage unvermeidlich war, ergriff sie die Flucht. Der Weg nach Osten zur Küste und dann weiter nach Frankreich hätte nahegelegen, doch dann hätte sie einen Landstrich durchqueren müssen, dessen Bewohner ihrem Halbbruder ergeben waren. So wandte sie sich nach Süden, England zu, in der Hoffnung, ihre Kusine Königin Elisabeth I. würde ihr Obhut gewähren.

Maria hatte sich fürchterlich geirrt. Elisabeth hatte Maria nur erneute Gefangenschaft zu bieten. Der offizielle Grund dafür war ihre Verstrickung in den Mord an Darnley, doch in

Wahrheit stellte Maria eine Gefahr für Elisabeth dar, denn englische Katholiken betrachteten sie als die wahre Königin von England. Durch ihre Großmutter, Margaret Tudor, die ältere Schwester von Heinrich VIII., hatte Maria in der Tat Anspruch auf den Thron, doch Heinrichs letzter noch lebender Nachkomme, Elisabeth I., schien den Vorrang zu haben. Aus Sicht der Katholiken jedoch saß Elisabeth zu Unrecht auf dem Thron, weil sie die Tochter von Anna Boleyn war, der zweiten Gemahlin Heinrichs nach seiner gegen den päpstlichen Willen vollzogenen Scheidung von Katharina von Aragon. Die englischen Katholiken erkannten Heinrichs Scheidung nicht an, sie hießen seine folgende Heirat mit Anna Boleyn nicht gut und akzeptierten natürlich auch nicht ihre Tochter Elisabeth als Königin. Die Katholiken hielten Elisabeth für eine uneheliche Usurpatorin.

Maria verbrachte ihre Gefangenschaft in verschiedenen Schlössern und Palästen. Zwar hielt Elisabeth ihre Kusine für eine der gefährlichsten Personen in England, doch viele Engländer bekundeten offen, daß sie ihre sanfte Art, ihre erstaunliche Klugheit und ihre große Schönheit bewunderten. William Cecil, Erster Minister Elisabeths, sprach von ihrer »klugen und hinreißenden« Kunst, die Männer zu unterhalten, und Nicholas White, der Gesandte Cecils, stellte Ähnliches fest: »Sie besitzt durchaus verlockenden Charme, einen hübschen schottischen Akzent und einen forschenden Verstand, durchdrungen von Sanftmut.« Doch Jahr um Jahr verging. Ihre Schönheit verblaßte, ihre Gesundheit nahm Schaden, und sie verlor zusehends die Hoffnung. Ihr Bewacher, Sir Amyas Paulet, ein Puritaner, war ihren Reizen nicht zugänglich und behandelte sie zunehmend roher.

Im Jahre 1586, nach achtzehn Jahren Haft, hatte sie alle Vorrechte verloren. Man hielt sie in Chartley Hall in Staffordshire gefangen, und sie durfte nun nicht mehr die Bäder von Buxton aufsuchen, die ihre häufigen Krankheiten immer wieder gelindert hatten. Bei ihrem letzten Besuch in Buxton schrieb sie mit einem Diamanten eine Botschaft auf eine Fensterscheibe: »Buxton, dessen warme Wasser deinen Namen berühmt machten, vielleicht werde ich dich nie mehr wiedersehen – leb wohl.« Offenbar hatte sie damit gerechnet, alle kleinen Freiheiten zu verlieren, die sie noch genoß. Ihr neunzehnjähriger Sohn, König Jakob VI. von Schottland, verschlimmerte noch Marias Trauer. Sie hatte immer gehofft, eines Tages fliehen zu können, um nach Schottland zurückzukehren und die Macht mit ihrem Sohn zu teilen, den sie zum letzten Mal gesehen hatte, als er noch ein einjähriges Kind gewesen war. Allerdings hegte Jakob für seine Mutter keine zarten Gefühle. Erzogen hatten ihn Marias Feinde, und sie hatten ihm eingeprägt, daß seine Mutter seinen Vater ermordet habe, um ihren Liebhaber zu heiraten. James haßte sie und fürchtete, sie wolle nur zurückkehren, um den Thron an sich zu reißen. Seinen Haß auf Maria bewies er damit, daß er keine Skrupel hatte, eine Heirat mit Elisabeth I. anzustreben, der Frau, die für die Gefangenschaft seiner Mutter verantwortlich war (und dreißig Jahre älter war als er). Elisabeth lehnte das Ansinnen ab.

Maria schrieb Briefe an ihren Sohn, mit denen sie ihn auf ihre Seite ziehen wollte, doch sie gelangten nie zur schottischen Grenze. Inzwischen war es um Maria einsamer geworden als je zuvor; alle Briefe, die sie schrieb, wurden beschlagnahmt, und alle für sie bestimmte Post wurde von ihrem Bewacher verwahrt. Marias Moral war auf dem Tiefpunkt, und es schien, als wäre alle Hoffnung verloren. Und dann, am 6. Januar 1568, in dieser schweren und hoffnungslosen Zeit, erhielt sie einen Packen erstaunlicher Briefe.

Sie stammten von Marias Anhängern auf dem Kontinent. Zu ihr in die Gefangenschaft geschmuggelt hatte sie Gilbert Gifford, ein Katholik, der England 1577 verlassen hatte und am englischen Kolleg in Rom zum Priester ausgebildet wurde. Bei seiner Rückkehr nach England 1585 war er offenbar ganz erpicht darauf, Maria zu Diensten zu sein, und wandte sich sofort an die französische Botschaft in London, wo sich ein ganzer Stapel Korrespondenz angesammelt hatte. Wenn man sie auf offiziellem Wege zustellen würde, das wußte man in der Botschaft, dann würde Maria die Briefe nie zu sehen bekommen, und man war von Giffords Angebot, die Briefe nach Chartley Hall zu schmuggeln, durchaus beeindruckt. Diese Lieferung war die erste von vielen, und Gifford trat nun als eine Art Kurier auf, der Maria die Botschaften überbrachte und auch ihre Antworten mitnahm. Dabei stellte er sich recht pfiffig an. Er nahm die Briefe mit zu einem ortsansässigen Brauer, der sie in einen Lederumschlag wickelte und diesen dann in einem ausgehöhlten Spund verbarg, mit dem man damals ein Bierfaß versiegelte. Dann lieferte der Brauer das Bier nach Chartley Hall, wo einer von Marias Dienern den Spund in Augenschein nahm und den Inhalt der Königin der Schotten überbrachte.

Unterdessen heckte man in den Wirtshäusern Londons einen Plan zu Marias Rettung aus, von dem sie nichts wußte. Die Fäden der Verschwörung liefen bei Anthony Babington zusammen, der mit seinen vierundzwanzig Jahren in der Stadt bereits gut bekannt war als hübscher, charmanter und geistreicher Bonvivant. Seinen damaligen Bewunderern entging allerdings, daß er das Establishment zutiefst haßte, weil es ihn, seine Familie und seinen Glauben verfolgt hatte. Die katholikenfeindliche Politik des Staates hatte neue Dimensionen des Schreckens erreicht; man beschuldigte die Priester des Verrats, und jeder, der ihnen Obdach bot, wurde auf die Folterbank gestreckt, verstümmelt und bei lebendigem Leib ausgenommen. Die Messe wurde offiziell verboten, und Familien, die dem Papst treu blieben, zwang man unter eine unerträgliche Steuerlast. Babingtons Haß wurde noch angestachelt durch den Tod seines Urgroßvaters Lord Darcy, der wegen seiner Beteiligung am Pilgerzug der Gnade, einem katholischen Aufstand gegen Heinrich VIII., geköpft wurde.

Die Verschwörung begann an einem Abend im März 1586, als Babington und sechs seiner Vertrauten im einem Londoner

Wirtshaus, dem »Pflug«, zusammentrafen. Der Historiker Philip Caraman schildert das Geschehen: »Er zog dank seines außergewöhnlichen Charmes und seiner Persönlichkeit viele junge katholische Gentlemen in seinen Bann, galant wie er selbst, abenteuerlustig und wagemutig, wenn es um die Verteidigung des katholischen Glaubens in Zeiten der Bedrängnis ging, und zu jedem gefährlichen Unternehmen bereit, das die gemeinsame katholische Sache voranbringen konnte.« In den nächsten Monaten entstand ein ehrgeiziger Plan, Maria Stuart zu befreien, Königin Elisabeth umzubringen und einen Aufstand anzuzetteln, der durch eine Invasion von außen unterstützt werden sollte.

Die Verschwörer kamen überein, daß das Babington-Komplott, wie es später genannt wurde, nicht ohne den Segen Marias ausgeführt werden durfte, doch es gab scheinbar keine Möglichkeit, mit ihr Verbindung aufzunehmen. Dann, am 6. Juli 1586, stand Gifford vor Babingtons Tür. Er überbrachte ihm einen Brief von Maria, in dem sie schrieb, sie habe über ihre Anhänger in Paris von Babington gehört und freue sich auf eine Botschaft von ihm. Babington schrieb ihr einen ausführlichen Brief, in dem er seinen Plan darlegte und auf die Exkommunikation Elisabeths durch Papst Pius V. im Jahr 1570 hinwies, die seiner Meinung nach das Attentat rechtfertigte:

> Zur Beseitigung der Usurpatorin, deren Exkommunikation uns von der Gehorsamspflicht entbunden hat, stehen sechs Edelleute zur Verfügung, allesamt gute und verläßliche Freunde von mir, die dank ihres Eifers für die katholische Sache und des Willens, Ihrer Majestät zu dienen, diese tragische Hinrichtung ausführen werden.

Wie schon zuvor steckte Gifford die Botschaft in den Spund eines Bierfasses, um sie an Marias Bewachern vorbeizuschmuggeln. Dies läßt sich als steganographisches Vorgehen betrachten, denn der Brief wurde verborgen. Als zusätzliche Vor-

a	b	c	d	e	f	g	h	i	k	l	m	n	o	p	q	r	s	t	u	x	y	z
O	ǂ	∧	⧣	α	◻	θ	∞	ı	ō	⅀	//	ø	∇	ʃ	m	f	△	ε	c	7	8	9

Nulles ff. ⊢. —. d.   Dowbleth σ

and	for	with	that	if	but	where	as	of	the	from	by
2	3	4	4	4	3	ϓ	ƻ	m̲	8	✕	∽

so	not	when	there	this	in	wich	is	what	say	me	my	wyrt
♂	✕	⧺	ꙮ	₢	x	♄	β	m	ɲ	ɱ	m	♂

send	lr̄e	receave	bearer	I	pray	you	Mte	your name	myne
?	♪	⟊	T	⊥	⊢	⊣	⋈	⋺	ss

Abbildung 7: Maria Stuarts Nomenklator. Er besteht aus einem Geheimtextalphabet und Codewörtern.

sichtsmaßnahme verschlüsselte Babington den Brief, so daß er, selbst wenn er von Marias Aufseher abgefangen würde, unverständlich wäre und die Verschwörung nicht auffliegen würde. Für die Verschlüsselung wählte er keine einfache monoalphabetische Substitution, sondern einen Nomenklator, wie ihn Abbildung 7 zeigt. Er bestand aus 23 Symbolen, die für die Buchstaben des Alphabets (ohne j, v und w) standen, sowie 36 Symbolen für Wörter oder Sätze. Zusätzlich gab es vier Füller oder »Nullen« (siehe Abbildung) und ein Symbol (σ), das anzeigte, daß das folgende Symbol für einen Doppelbuchstaben stand (»dowbleth«).

Gifford war noch jünger als Babington, und dennoch erwies er sich als furchtloser und beflissener Bote. Unter seinen Decknamen, etwa Mr. Colerdin, Mr. Pietro oder Mr. Cornelys, konnte er durchs Land reisen, ohne Verdacht auf sich zu ziehen, und seine Beziehungen zur katholischen Gemeinde verhalfen ihm zu einer Reihe sicherer Unterkünfte zwischen London und Chartley Hall. Jedesmal allerdings, wenn Gifford nach

Chartley Hall reiste oder von dort kam, machte er einen Umweg. Nur scheinbar stand er nämlich in Marias Diensten; in Wahrheit war er ein Agent der anderen Seite. Schon 1585, vor seiner Rückkehr nach England, hatte Gifford an Sir Francis Walsingham, den Sicherheitsminister Königin Elisabeths, geschrieben und ihm seine Dienste angeboten. Gifford war klar, daß sein katholischer Hintergrund eine perfekte Tarnung wäre, um in die Verschwörungszirkel gegen Königin Elisabeth einzudringen. In einem Brief an Walsingham schrieb er: »Ich habe von Ihrer Arbeit gehört, und ich möchte Ihnen dienen. Ich habe keine Skrupel und fürchte keine Gefahr. Was immer Sie mir befehlen, ich werde es ausführen.«

Walsingham war Elisabeths skrupellosester Minister. Er war eine machiavellische Gestalt und als Agentenführer für die Sicherheit der Monarchin verantwortlich. Von seinem Vorgänger hatte er ein kleines Netz aus Spionen übernommen, das er rasch auf den Kontinent ausdehnte, wo viele Verschwörungen ausgeheckt wurden. Nach seinem Tod wurde entdeckt, daß er regelmäßig Berichte aus zwölf französischen Orten erhalten hatte, dazu aus neun deutschen, vier italienischen und drei holländischen. Zudem saßen seine Informanten in Konstantinopel, Algier und Tripolis.

Walsingham rekrutierte Gifford als Spion, und tatsächlich war es Walsingham, der Gifford befahl, in der französischen Botschaft vorstellig zu werden und seine Dienste als Kurier anzubieten. Folglich brachte Gifford die Botschaften, die er bei Maria abgeholt hatte, erst einmal zu Walsingham. Der wachsame Agentenführer leitete sie an seine Fälscher weiter, die die Briefsiegel erbrachen, eine Abschrift anfertigten und den Originalbrief dann mit einem perfekt gefälschten Stempel versiegelten, bevor sie ihn an Gifford zurückgaben. Die scheinbar unberührten Briefe konnten dann Maria oder ihren Korrespondenzpartnern zugestellt werden, die keine Ahnung hatten, was vor sich ging.

Als Gifford Walsingham den Brief Babingtons an Maria vorlegte, ging es zuerst darum, ihn zu entschlüsseln. Walsingham stellte Thomas Phelippes als seinen Geheimsekretär ein, einen Mann »von kleiner Statur, mager in jeder Hinsicht, mit dunkelgelbem Haar auf dem Kopf und hellgelbem Bart, das Gesicht von Pockennarben zerfressen, kurzsichtig und dem Anschein nach um die dreißig Jahre alt«. Phelippes war ein Sprachwissenschaftler, der Französisch, Italienisch, Spanisch, Latein und Deutsch beherrschte – und vor allem war er einer der besten Kryptoanalytiker Europas.

Kaum hatte er eine Botschaft an oder von Maria erhalten, nahm Phelippes sie unter seine Fittiche. Er war ein Meister der Häufigkeitsanalyse, und es war nur eine Frage der Zeit, bis er die Lösung fand. Er stellte fest, wie oft jeder Geheimbuchstabe vorkam und probierte dann vorsichtig einen möglichen Klartextbuchstaben aus. Wenn ein bestimmter Versuch nur Unsinn ergab, fing er von neuem und mit anderen Klartextbuchstaben an. Schrittweise machte er die Füller ausfindig, das Blendfeuerwerk der Kryptographie, und legte sie beiseite. Am Ende blieb nur noch die Handvoll Codewörter, deren Bedeutung aus dem Zusammenhang erschlossen werden konnte.

Phelippes entschlüsselte Babingtons Botschaft an Maria, in der unzweideutig die Ermordung Elisabeths vorgeschlagen wurde, und schickte den verhängnisvollen Text umgehend an seinen Meister. An diesem Punkt hätte Walsingham sofort die Schlinge um Babingtons Hals zuziehen können, doch er wollte mehr als die Hinrichtung einer Handvoll Rebellen. Geduldig wartete er ab, in der Hoffnung, Maria würde antworten, die Verschwörung absegnen und sich damit selbst zur Mittäterin machen. Schon lange wünschte Walsingham den Tod Maria Stuarts, doch er wußte, daß es Elisabeth widerstrebte, ihre Kusine hinrichten zu lassen. Wenn er allerdings beweisen konnte, daß Maria Stuart einen Anschlag auf das Leben Elisabeths guthieß, dann würde seine Königin die Hinrichtung ihrer katholischen Rivalin gewiß erlauben.

Am 17. Juli antwortete Maria und unterschrieb damit im

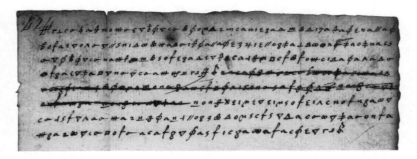

Abbildung 8: Das gefälschte Postskriptum, das Thomas Phelippes Marias Nachricht hinzufügte. Es kann anhand von Marias Nomenklator (Abbildung 7) entziffert werden.

Grunde ihr eigenes Todesurteil. Sie schrieb offene Worte über Babingtons »Vorhaben« und legte besonderen Wert darauf, noch vor oder während des Attentats auf Elisabeth befreit zu werden. Andernfalls könnte ihrem Bewacher die Nachricht zu Ohren kommen, und sie liefe Gefahr, umgebracht zu werden. Bevor der Brief zu Babington gelangte, machte er seinen üblichen Umweg über Phelippes. Da er die erste Botschaft schon entschlüsselt hatte, dechiffrierte er mühelos auch die neue, las ihren Inhalt und setzte ein »Π« hinzu – das Zeichen für den Galgen.

Walsingham hatte jetzt genügend Beweise in der Hand, um Maria und Babington zu verhaften, doch noch immer war er nicht zufrieden. Um die Verschwörung mit der Wurzel auszureißen, brauchte er die Namen aller Beteiligten. Er bat Phelippes, ein Postskriptum zu Marias Brief zu fälschen, das Babington veranlassen würde, die gewünschten Namen zu enthüllen. Phelippes war auch ein begnadeter Fälscher, es hieß, er könne »in der Handschrift eines jeden Menschen schreiben, wenn er sie einmal gesehen hatte, als ob dieser Mensch selber geschrieben hätte«. Abbildung 8 zeigt das Postskriptum, das zu Marias Brief an Babington hinzugefügt wurde. Es kann anhand von Marias Nomenklator (Abbildung 7) entschlüsselt werden und ergibt folgenden Klartext:

Ich wüßte gern den Namen und den Rang eines jeden der sechs Männer, die den Plan ausführen sollen, denn nur so wird es möglich sein, Ihnen weitere Ratschläge in dieser Frage zukommen zu lassen. Ferner bitte ich Sie, mir von Zeit zu Zeit zu berichten, wie es um Ihre Pläne steht, und mir so bald wie möglich mitzuteilen, welche Personen von dem Vorhaben unterrichtet sind.

Babington mußte bald nach Erhalt der Nachricht ins Ausland gehen, um die Invasion vorzubereiten, und um einen Paß zu erhalten, mußte er sich in Walsinghams Ministerium melden. Dies wäre der ideale Zeitpunkt gewesen, um den Verräter festzusetzen, doch der zuständige Beamte, John Scudamore, hatte natürlich nicht erwartet, daß sich der meistgesuchte Verräter Englands in seinem Büro melden würde. Scudamore hatte keine Hilfe zur Verfügung, und um Zeit zu gewinnen, nahm er den ahnungslosen Babington mit in ein nahe gelegenes Gasthaus, während sein Gehilfe eine Gruppe Soldaten auftrieb. Binnen kurzem wurde im Wirtshaus eine Nachricht abgegeben, in der Scudamore angewiesen wurde, Babington sofort zu verhaften. Dieser jedoch konnte einen kurzen Blick auf das Blatt werfen. Er erhob sich mit der beiläufigen Entschuldigung, er wolle nur eben sein Bier und sein Essen bezahlen, und ließ Schwert und Mantel am Tisch. Er kam jedoch nicht zurück, sondern entwischte durch die Hintertür und entkam, erst nach St. John's Wood und dann nach Harrow. Er versuchte seine Erscheinung zu ändern, schnitt sich das Haar kurz und befleckte seine Haut mit Walnußsaft, um seine aristokratische Herkunft zu verbergen. Zehn Tage lang gelang es ihm, der Gefangennahme zu entgehen, doch am 15. August waren Babington und seine sechs Mitverschwörer gefangen und wurden nach London gebracht. Kirchenglocken im ganzen Land läuteten zur Feier dieses Triumphs. Ihre Hinrichtungen waren äußerst grauenhaft, wie der elisabethanische Historiker William Camden schreibt: »Sie wurden gehenkt und noch lebend wieder heruntergeholt, dann schnitt man ihre Geschlechtsteile ab, kochte sie bei lebendigem Leib und vierteilte sie.«

Unterdessen war Maria Stuart und ihrer Entourage am 11. August das außergewöhnliche Privileg gewährt worden, auf den Ländereien von Chartley Hall auszureiten. Als Maria das Moor überquerte, sah sie in der Ferne einige Reiter, und sie glaubte sofort, es wären Babingtons Männer, gekommen, um sie zu retten. Bald jedoch wurde klar, daß diese Männer nicht gekommen waren, um sie zu befreien, sondern um sie zu verhaften. Maria war in das Babington-Komplott verstrickt und wurde nach dem »Gesetz für die Sicherheit der Königin« angeklagt, das 1585 eigens zur Abwehr solcher Verschwörungen eingeführt worden war.

Der Prozeß fand in Fotheringhay Castle statt, einem düsteren, bedrückenden Gebäude inmitten der endlosen Marschlandschaft der Fens in East Anglia. Er begann am Mittwoch, dem 15. Oktober, vor zwei Lordrichtern, vier beisitzenden Richtern, dem Lordkanzler, dem Schatzminister, Walsingham und verschiedenen Earls, Rittern und Baronen. Im Hintergrund des Gerichtssaals gab es Platz für die Zuschauer, etwa die örtlichen Dorfbewohner und die Diener der Würdenträger, alle erpicht darauf mitzuerleben, wie die gedemütigte schottische Königin um Vergebung bat und um ihr Leben flehte. Allerdings blieb Maria während des ganzen Prozesses würdevoll und gefaßt. Zu ihrer Verteidigung bestritt sie vor allem jede Verbindung zu Babington. »Kann ich verantwortlich sein«, rief sie aus, »für die verbrecherischen Pläne einiger verzweifelter Männer, die sie ohne mein Wissen und meine Beteiligung ausgeheckt haben?« Ihre Aussage hatte wenig Gewicht, verglichen mit der Beweislast gegen sie.

Auch am zweiten Prozeßtag leugnete Maria jedes Wissen vom Babington-Komplott. Am Ende überließ sie es den Richtern, über ihr Schicksal zu entscheiden, wobei sie ihnen im voraus ihre unvermeidliche Entscheidung verzieh. Zehn Tage später trat die Sternkammer in Westminster zusammen und kam zu dem Schluß, Maria habe »seit dem 1. Juni mit Leidenschaft die Vernichtung der Königin von England betrieben«. Sie empfahl die Todesstrafe, und Elisabeth unterschrieb das Todesurteil.

Am 8. Februar 1587 versammelte sich in der Großen Halle von Fotheringhay Castle eine dreihundertköpfige Menge, um der Enthauptung beizuwohnen. Walsingham war entschlossen, Marias Rolle als Märtyrerin möglichst kleinzuhalten, und ordnete an, den Richtblock, Marias Kleidung und alles, was mit der Hinrichtung zu tun hatte, zu verbrennen, damit keine heiligen Reliquien in die Welt gesetzt würden. Er plante zudem für die folgende Woche eine großangelegte Beerdigungsfeier für seinen Schwiegersohn, Sir Philip Sidney. Sidney, eine populäre Heldengestalt, war im Kampf gegen die Katholiken in den Niederlanden gestorben, und Walsingham glaubte, eine glanzvolle Parade zu seinen Ehren würde die Sympathien für Maria dämpfen. Allerdings war Maria gleichermaßen darauf bedacht, aus ihrem letzten Auftritt eine Geste des Widerstands zu machen, ihren katholischen Glauben noch einmal zu bekräftigen und ihre Gefolgsleute anzufeuern.

Während der Dekan von Peterborough die Fürbitte anstimmte, sprach Maria mit lauter Stimme ihre eigenen Gebete zur Rettung der katholischen Kirche Englands, für ihren Sohn und für Elisabeth. In Gedanken an den Wahlspruch der Familie, »In meinem Ende ist mein Anfang«, faßte sie sich ein Herz und trat auf den Richtblock zu. Die Henker baten sie um Vergebung, und sie antwortete: »Ich vergebe Euch von ganzem Herzen, denn ich hoffe, Ihr werdet nun all meinem Leiden ein Ende bereiten.« In seiner *Schilderung der letzten Tage der Königin der Schotten* beschreibt Richard Wingfield ihre letzten Augenblicke:

> Dann legte sie sich ganz ruhig auf den Block und rief, die Arme und Beine ausstreckend, *In manus tuas domine*, drei

Abbildung 9: Maria Stuarts Hinrichtung.

oder vier Mal, und endlich, während einer der Henker sie sacht mit einer Hand festhielt, schlug der andere zweimal mit der Axt zu, erst dann hatte er ihren Kopf abgeschnitten. Und doch blieb ein kleiner Knorpel zurück, und nun machte sie sehr leise Geräusche und lag ganz reglos da ... Ihre Lippen zuckten noch fast eine Viertelstunde, nachdem ihr Kopf abgeschlagen worden war.

Als dann einer der Henker ihr die Strümpfe löste, da sah er ihr Hündchen, das unter ihren Rock gekrochen war, und man konnte es nur mit Gewalt hervorholen, und hinfort wollte es sich nicht von ihrer Leiche trennen. Es kam herbei und legte sich zwischen ihren Kopf und ihre Schulter, was aufmerksam beobachtet wurde.

2

Der anonyme Codebrecher

Die Vigenère-Verschlüsselung, warum Kryptographen für ihre Erfolge selten Anerkennung finden und die Geschichte eines vergrabenen Schatzes

Die einfache monoalphabetische Verschlüsselung gewährte jahrhundertelang ausreichend Sicherheit, bis sie durch die Entwicklung der Häufigkeitsanalyse in Arabien und Europa untergraben wurde. Das tragische Ende Maria Stuarts machte die Schwächen dieser Verschlüsselung dramatisch deutlich. Im Kampf zwischen den Kryptographen und Kryptoanalytikern hatten letztere offenbar die Oberhand gewonnen. Wer immer eine verschlüsselte Botschaft verschickte, mußte damit rechnen, daß ein fachkundiger Codebrecher des Gegners die Nachricht abfangen und die heikelsten Geheimnisse entschlüsseln würde.

Jetzt waren wieder die Kryptographen gefordert. Sie mußten eine neue, stärkere Verschlüsselung entwickeln, eine Nuß, die die Kryptoanalytiker nicht knacken konnten. Zwar wurde dieses neue Verfahren erst Ende des 16. Jahrhunderts zur Reife entwickelt, doch seine Ursprünge reichen zurück ins 15. Jahrhundert zu dem Florentiner Mathematiker Leon Battista Alberti. Der 1404 geborene Alberti war eine herausragende Gestalt der Renaissance: Maler, Komponist, Dichter und Philosoph sowie Verfasser der ersten wissenschaftlichen Analyse der Perspektive, einer Abhandlung über die Hausfliege und einer Grabrede für seinen Hund. Am besten bekannt ist er wohl als Architekt, der den ersten römischen Trevi-Brunnen entwarf und *De Re Aedificatoria* verfaßte, das erste gedruckte Werk über Architektur, das als Katalysator des Übergangs vom gotischen Baustil zur Renaissance wirkte.

Um das Jahr 1460 wandelte Alberti durch die Gärten des Vatikans und traf dabei auf seinen Freund Leonardo Dato, den Geheimsekretär des Papstes. Sie plauderten ein wenig über Fragen der Kryptographie, und Alberti sah sich schließlich veranlaßt, eine Abhandlung über das Thema zu schreiben, in der er nach eigenem Bekunden eine neue Form der Verschlüsselung entwickelte. Bis dahin hatte man im Substitutionsverfahren ein einziges Geheimtextalphabet zur Verschlüsselung der Botschaft verwendet. Alberti schlug nun vor, zwei oder mehr Geheimtextalphabete zu verwenden und während der Verschlüsselung zwischen ihnen hin und her zu springen, was die etwaigen Entschlüßler erheblich verwirren dürfte.

Klartextalphabet   a b c d e f g h i j k l m n o p q r s t u v w x y z
Geheimtextalphabet 1   F Z B V K I X A Y M E P L S D H J O R G N Q C U T W
Geheimtextalphabet 2   G O X B F W T H Q I L A P Z J D E S V Y C R K U H N

Hier zum Beispiel haben wir zwei mögliche Geheimtextalphabete, und wir könnten eine Botschaft verschlüsseln, indem wir sie abwechselnd verwenden. Um die Botschaft Hallo zu verschlüsseln, würden wir den ersten Buchstaben mit dem ersten Geheimtextalphabet chiffrieren, so daß aus h der Buchstabe A wird. Den zweiten Klarbuchstaben jedoch chiffrieren wir anhand des zweiten Geheimtextalphabets, und aus a wird G. Beim dritten Buchstaben kehren wir zum ersten und beim vierten wiederum zum zweiten Geheimtextalphabet zurück. Das erste l würde dann zu P, das zweite würde als A verschlüsselt. Der letzte Buchstabe, o, wird anhand des ersten Geheimtextalphabets mit D chiffriert. Der gesamte Geheimtext lautet AGPAD. Der entscheidende Vorteil von Albertis Verfah-

Abbildung 10: Blaise de Vigenère.

ren besteht darin, daß der gleiche Buchstabe im Klartext nicht unbedingt immer mit dem gleichen Buchstaben im Geheimtext chiffriert wird.

Der französische Diplomat Blaise de Vigenère (*1523), war sechsundzwanzig, als er während einer zweijährigen Mission in Rom auf die Schriften Albertis stieß. Anfangs hatte er aufgrund seiner diplomatischen Tätigkeit nur praktisches Interesse an der Kryptographie. Dann, im Alter von neununddreißig Jahren, beschloß Vigenère, daß er nun genügend Vermögen erworben habe und sein Leben künftig der Wissenschaft widmen wolle. Erst jetzt studierte er die Ideen Albertis gründlicher, und es gelang ihm, daraus ein in sich stimmiges und mächtiges Chiffriersystem zu entwickeln: die Vigenère-Verschlüsselung.

Die Stärke der Vigenère-Verschlüsselung beruht darauf, daß nicht nur ein, sondern 26 verschiedene Geheimtextalphabete benutzt werden, um eine Botschaft zu verschlüsseln. Im ersten Schritt zeichnet man ein sogenanntes Vigenère-Quadrat, wie in Tabelle 3 dargestellt. Unter einem Klartextalphabet sind 26 Geheimtextalphabete aufgelistet, jedes davon um einen Buchstaben gegenüber dem vorhergehenden verschoben. So enthält Zeile 1 ein Geheimtextalphabet mit einer Caesar-Verschiebung von 1, es könnte also für eine Caesar-Verschlüsselung verwendet werden, bei der jeder Buchstabe im Klartext durch den Buchstaben ersetzt wird, der eine Stelle später im Alphabet folgt. Zeile 2 stellt ein Geheimtextalphabet mit einer Caesar-Verschiebung von 2 dar und so weiter. Die oberste Zeile des Quadrats enthält die kleingeschriebenen Klarbuchstaben, so daß man jeden Klarbuchstaben anhand jedes beliebigen der 26 Geheimtextalphabete verschlüsseln könnte. Wenn zum Beispiel das Geheimtextalphabet in Reihe 2 verwendet wird, dann wird der Buchstabe a als C verschlüsselt, wenn jedoch Reihe 12 benutzt wird, dann wird a zu M.

Wenn der Sender nur eines der Geheimtextalphabete verwenden würde, um eine ganze Botschaft zu verschlüsseln, handelte es sich im Grunde nur um einen einfachen »Caesar«, eine

Klar	a	b	c	d	e	f	g	h	i	j	k	l	m	n	o	p	q	r	s	t	u	v	w	x	y	z
1	B	C	D	E	F	G	H	I	J	K	L	M	N	O	P	Q	R	S	T	U	V	W	X	Y	Z	A
2	C	D	E	F	G	H	I	J	K	L	M	N	O	P	Q	R	S	T	U	V	W	X	Y	Z	A	B
3	D	E	F	G	H	I	J	K	L	M	N	O	P	Q	R	S	T	U	V	W	X	Y	Z	A	B	C
4	E	F	G	H	I	J	K	L	M	N	O	P	Q	R	S	T	U	V	W	X	Y	Z	A	B	C	D
5	F	G	H	I	J	K	L	M	N	O	P	Q	R	S	T	U	V	W	X	Y	Z	A	B	C	D	E
6	G	H	I	J	K	L	M	N	O	P	Q	R	S	T	U	V	W	X	Y	Z	A	B	C	D	E	F
7	H	I	J	K	L	M	N	O	P	Q	R	S	T	U	V	W	X	Y	Z	A	B	C	D	E	F	G
8	I	J	K	L	M	N	O	P	Q	R	S	T	U	V	W	X	Y	Z	A	B	C	D	E	F	G	H
9	J	K	L	M	N	O	P	Q	R	S	T	U	V	W	X	Y	Z	A	B	C	D	E	F	G	H	I
10	K	L	M	N	O	P	Q	R	S	T	U	V	W	X	Y	Z	A	B	C	D	E	F	G	H	I	J
11	L	M	N	O	P	Q	R	S	T	U	V	W	X	Y	Z	A	B	C	D	E	F	G	H	I	J	K
12	M	N	O	P	Q	R	S	T	U	V	W	X	Y	Z	A	B	C	D	E	F	G	H	I	J	K	L
13	N	O	P	Q	R	S	T	U	V	W	X	Y	Z	A	B	C	D	E	F	G	H	I	J	K	L	M
14	O	P	Q	R	S	T	U	V	W	X	Y	Z	A	B	C	D	E	F	G	H	I	J	K	L	M	N
15	P	Q	R	S	T	U	V	W	X	Y	Z	A	B	C	D	E	F	G	H	I	J	K	L	M	N	O
16	Q	R	S	T	U	V	W	X	Y	Z	A	B	C	D	E	F	G	H	I	J	K	L	M	N	O	P
17	R	S	T	U	V	W	X	Y	Z	A	B	C	D	E	F	G	H	I	J	K	L	M	N	O	P	Q
18	S	T	U	V	W	X	Y	Z	A	B	C	D	E	F	G	H	I	J	K	L	M	N	O	P	Q	R
19	T	U	V	W	X	Y	Z	A	B	C	D	E	F	G	H	I	J	K	L	M	N	O	P	Q	R	S
20	U	V	W	X	Y	Z	A	B	C	D	E	F	G	H	I	J	K	L	M	N	O	P	Q	R	S	T
21	V	W	X	Y	Z	A	B	C	D	E	F	G	H	I	J	K	L	M	N	O	P	Q	R	S	T	U
22	W	X	Y	Z	A	B	C	D	E	F	G	H	I	J	K	L	M	N	O	P	Q	R	S	T	U	V
23	X	Y	Z	A	B	C	D	E	F	G	H	I	J	K	L	M	N	O	P	Q	R	S	T	U	V	W
24	Y	Z	A	B	C	D	E	F	G	H	I	J	K	L	M	N	O	P	Q	R	S	T	U	V	W	X
25	Z	A	B	C	D	E	F	G	H	I	J	K	L	M	N	O	P	Q	R	S	T	U	V	W	X	Y
26	A	B	C	D	E	F	G	H	I	J	K	L	M	N	O	P	Q	R	S	T	U	V	W	X	Y	Z

Tabelle 3: Ein Vigenère-Quadrat

sehr schwache Form der Verschlüsselung, die von einem gegnerischen Entschlüßler mühelos geknackt werden könnte. Allerdings geht man bei der Vigenère-Verschlüsselung anders vor. Jeden Buchstaben der Botschaft verschlüsselt man anhand einer anderen Zeile des Vigenère-Quadrats (also mit einem anderen Geheimtextalphabet). So kann der Sender den ersten Buchstaben nach Zeile 5, den zweiten nach Zeile 14, den dritten nach Zeile 21 und so weiter verschlüsseln.

Um die Botschaft zu entschlüsseln, muß der Empfänger wissen, welche Zeile des Vigenère-Quadrats für den jeweiligen Buchstaben benutzt wurde. Deshalb müssen Sender und Empfänger zuvor abstimmen, nach welcher Regel zwischen den Zeilen hin und her gewechselt wird. Diese Übereinkunft legen sie anhand eines Schlüsselworts fest. Um zu zeigen, wie ein solches Schlüsselwort in Verbindung mit dem Vigenère-Quadrat benutzt wird, verschlüsseln wir die Meldung **Truppenabzug nach Osten** anhand des Schlüsselworts **LICHT**.

Zunächst wird das Schlüsselwort über die Nachricht geschrieben und so lange wiederholt, bis jeder Buchstabe der Nachricht mit einem Buchstaben des Schlüsselworts verknüpft ist. Der Geheimtext wird dann folgendermaßen erzeugt: Um den ersten Buchstaben, t, zu verschlüsseln, stellen wir zunächst fest, daß über ihm der Buchstabe L steht, der wiederum auf eine bestimmte Zeile des Vigenère-Quadrats verweist. Die mit L beginnende Reihe 11 enthält das Geheimtextalphabet, das wir benutzen, um den Stellvertreter des Klarbuchstabens t zu finden. Also folgen wir der Spalte unter t bis zum Schnittpunkt mit der Zeile L, und dort befindet sich der Buchstabe E. Daher steht für den Buchstaben t im Klartext der Buchstabe E im Geheimtext.

Schlüsselwort	L I C H T L I C H T L I C H T L
Klartext	t r u p p e n a b z u g n a c h o s t e n
Geheimtext	E Z W W I P V C I S F O E H V S W U A X Y

Genauso gehen wir vor, um den zweiten Buchstaben der Botschaft, r, zu verschlüsseln. Der Schlüsselbuchstabe über r ist I und verweist auf eine andere Zeile der Vigenère-Tafel, nämlich die achte, die mit I beginnt und ein anderes Geheimtextalphabet enthält. Um r zu verschlüsseln, folgen wir der Spalte r, bis sie sich mit der Zeile I kreuzt, und dieser Schnittpunkt liegt

Klar	a	b	c	d	e	f	g	h	i	j	k	l	m	n	o	p	q	r	s	t	u	v	w	x	y	z
1	B	C	D	E	F	G	H	I	J	K	L	M	N	O	P	Q	R	S	T	U	V	W	X	Y	Z	A
2	C	D	E	F	G	H	I	J	K	L	M	N	O	P	Q	R	S	T	U	V	W	X	Y	Z	A	B
3	D	E	F	G	H	I	J	K	L	M	N	O	P	Q	R	S	T	U	V	W	X	Y	Z	A	B	C
4	E	F	G	H	I	J	K	L	M	N	O	P	Q	R	S	T	U	V	W	X	Y	Z	A	B	C	D
5	F	G	H	I	J	K	L	M	N	O	P	Q	R	S	T	U	V	W	X	Y	Z	A	B	C	D	E
6	G	H	I	J	K	L	M	N	O	P	Q	R	S	T	U	V	W	X	Y	Z	A	B	C	D	E	F
7	H	I	J	K	L	M	N	O	P	Q	R	S	T	U	V	W	X	Y	Z	A	B	C	D	E	F	G
8	I	J	K	L	M	N	O	P	Q	R	S	T	U	V	W	X	Y	Z	A	B	C	D	E	F	G	H
9	J	K	L	M	N	O	P	Q	R	S	T	U	V	W	X	Y	Z	A	B	C	D	E	F	G	H	I
10	K	L	M	N	O	P	Q	R	S	T	U	V	W	X	Y	Z	A	B	C	D	E	F	G	H	I	J
11	L	M	N	O	P	Q	R	S	T	U	V	W	X	Y	Z	A	B	C	D	E	F	G	H	I	J	K
12	M	N	O	P	Q	R	S	T	U	V	W	X	Y	Z	A	B	C	D	E	F	G	H	I	J	K	L
13	N	O	P	Q	R	S	T	U	V	W	X	Y	Z	A	B	C	D	E	F	G	H	I	J	K	L	M
14	O	P	Q	R	S	T	U	V	W	X	Y	Z	A	B	C	D	E	F	G	H	I	J	K	L	M	N
15	P	Q	R	S	T	U	V	W	X	Y	Z	A	B	C	D	E	F	G	H	I	J	K	L	M	N	O
16	Q	R	S	T	U	V	W	X	Y	Z	A	B	C	D	E	F	G	H	I	J	K	L	M	N	O	P
17	R	S	T	U	V	W	X	Y	Z	A	B	C	D	E	F	G	H	I	J	K	L	M	N	O	P	Q
18	S	T	U	V	W	X	Y	Z	A	B	C	D	E	F	G	H	I	J	K	L	M	N	O	P	Q	R
19	T	U	V	W	X	Y	Z	A	B	C	D	E	F	G	H	I	J	K	L	M	N	O	P	Q	R	S
20	U	V	W	X	Y	Z	A	B	C	D	E	F	G	H	I	J	K	L	M	N	O	P	Q	R	S	T
21	V	W	X	Y	Z	A	B	C	D	E	F	G	H	I	J	K	L	M	N	O	P	Q	R	S	T	U
22	W	X	Y	Z	A	B	C	D	E	F	G	H	I	J	K	L	M	N	O	P	Q	R	S	T	U	V
23	X	Y	Z	A	B	C	D	E	F	G	H	I	J	K	L	M	N	O	P	Q	R	S	T	U	V	W
24	Y	Z	A	B	C	D	E	F	G	H	I	J	K	L	M	N	O	P	Q	R	S	T	U	V	W	X
25	Z	A	B	C	D	E	F	G	H	I	J	K	L	M	N	O	P	Q	R	S	T	U	V	W	X	Y
26	A	B	C	D	E	F	G	H	I	J	K	L	M	N	O	P	Q	R	S	T	U	V	W	X	Y	Z

Tabelle 4: Bei diesem Vigenère-Quadrat sind die Zeilen hervorgehoben, die durch das Schlüsselwort LICHT bestimmt sind. Bei der Verschlüsselung wechselt man zwischen den Geheimtextalphabeten, die mit L, I, C, H und T beginnen.

beim Buchstaben Z. Jeder Buchstabe des Schlüsselworts verweist auf ein bestimmtes Geheimtextalphabet des Vigenère-Quadrats, und weil das Schlüsselwort aus fünf Buchstaben besteht, verschlüsselt der Sender die Nachricht, indem er zwischen fünf Reihen des Quadrats hin und her springt. Der fünfte Buchstabe der Botschaft wird also gemäß dem fünften Buchstaben des Schlüsselworts, T, verschlüsselt, doch um den sechsten Buchstaben zu chiffrieren, müssen wir zum ersten Buchstaben des Schlüsselworts zurückkehren. Ein längeres Schlüsselwort oder gar ein Schlüsselsatz würde noch mehr Zeilen in den Chiffriervorgang einbeziehen und die Komplexität der Verschlüsselung steigern. Tabelle 4 zeigt eine Vigenère-Tafel, bei der die fünf Zeilen (also die fünf Geheimtextalphabete) hervorgehoben sind, die dem Schlüsselwort LICHT entsprechen.

Der große Vorteil der Vigenère-Verschlüsselung besteht nun darin, daß sie anhand der im ersten Kapitel erläuterten Häufigkeitsanalyse nicht zu knacken ist. Ein Kryptoanalytiker, der diese Methode auf einen Geheimtext anwendet, wird normalerweise zunächst den häufigsten Buchstaben im Geheimtext feststellen, in diesem Falle W, und dann annehmen, es handle sich um e, den im Deutschen häufigsten Buchstaben. In Wahrheit steht der Buchstabe W für drei verschiedene Buchstaben, nämlich u, p und o. Offensichtlich eine harte Nuß für den Kryptoanalytiker. Daß ein Buchstabe, der mehrmals im Geheimtext auftaucht, jeweils für einen anderen Klarbuchstaben stehen kann, bereitet ihm gewaltige Schwierigkeiten. Gleichermaßen verwirrend ist, daß ein Buchstabe, der mehrmals im Klartext vorkommt, durch unterschiedliche Buchstaben im Geheimtext dargestellt werden kann. Zum Beispiel kommt der Buchstabe p in »truppen« doppelt vor, doch wird er von zwei verschiedenen Buchstaben dargestellt – das pp wird mit WI verschlüsselt.

Gegen die Vigenère-Verschlüsselung läßt sich mit der Häufigkeitsanalyse nichts ausrichten, und hinzu kommt, daß sie auch eine enorme Zahl von Schlüsseln bietet. Sender und Empfänger können sich auf ein Wort aus dem Wörterbuch einigen, auf irgendeine Wortverbindung oder auch eigene Wörter bilden. Ein Kryptoanalytiker wäre nicht in der Lage, die Nachricht zu entschlüsseln, indem er alle möglichen Wörter durchprobiert, weil die Zahl der Möglichkeiten einfach zu groß ist.

Die traditionellen Substitutionsverfahren, die vor der Vigenère-Verschlüsselung gebräuchlich waren, werden als monoalphabetische Verschlüsselungen bezeichnet, weil hier nur jeweils ein Geheimtextalphabet für jede Nachricht eingesetzt wird. Hingegen gilt die Vigenère-Methode als polyalphabetische Verschlüsselung, weil mehrere Geheimtextalphabete für eine Nachricht verwendet werden.

Vigenère krönte sein Werk 1586 mit dem *Traicté des Chiffres*, einer Abhandlung über die Geheimschriften. Die Vigenère-Verschlüsselung fand im siebzehnten und achtzehnten Jahrhundert wachsende Verbreitung, und die Entwicklung des Telegrafen machte sie sehr rasch auch im Geschäftsleben beliebt.

Die polyalphabetische Vigenère-Verschlüsselung war ganz offensichtlich das brauchbarste Verfahren, um den geschäftlichen Nachrichtenverkehr geheimzuhalten. Sie galt als »le chiffre indéchiffrable«, als Verschlüsselung, die nicht zu brechen war. Zumindest für absehbare Zeit hatten die Kryptographen einen klaren Vorsprung gegenüber den Kryptoanalytikern errungen.

Mr. Babbage gegen die Vigenère-Verschlüsselung

Die faszinierendste Gestalt der Kryptographie des 19. Jahrhunderts ist das exzentrische britische Genie Charles Babbage, der vor allem für den ersten Entwurf eines modernen Computers bekannt ist. Babbage wurde 1791 als Sohn des reichen Londoner Bankiers Benjamin Babbage geboren. Als Charles sich ohne Erlaubnis des Vaters verheiratete, verlor er zwar den Zugang zu dessen Vermögen, doch er hatte immer noch genug Geld, um finanziell auf dem trockenen zu sein, und führte das Leben eines geistig vagabundierenden Gelehrten, der sich über jedes Problem hermachte, das seinen Verstand reizte. Unter

Abbildung 11: Charles Babbage.

anderem erfand er den Tachometer und den »Kuhfänger«, einen Schienenräumer für die Stirnseite von Dampflokomotiven. Ein wissenschaftlicher Durchbruch gelang ihm, indem er nachwies, daß die Breite eines Jahresrings vom Wetter des jeweiligen Jahres beeinflußt wird und es damit auch möglich ist, anhand uralter Bäume das Klima längst vergangener Zeiten zu bestimmen. Auch die Statistik schlug ihn in den Bann. So stellte er die ersten Sterblichkeitstabellen zusammen, ein unentbehrliches Werkzeug für die heutige Versicherungswirtschaft.

Der Wendepunkt in Babbages wissenschaftlicher Laufbahn kam 1821. Er überprüfte zusammen mit dem Astronomen John Herschel eine Reihe mathematischer Tabellen, wie sie als Grundlage für astronomische, technische und navigatorische Berechnungen verwendet wurden. Die beiden waren entsetzt über die Vielzahl von Fehlern in den Tabellen, die wiederum zu Fehlern in wichtigen Berechnungen führten. Eine der Zahlentafeln, die *Nautischen Ephemeriden zur Bestimmung von Länge und Breite auf See,* enthielt über tausend Fehler. In der Tat schrieb man den mangelhaften Tabellen viele Schiffsuntergänge und technische Katastrophen zu.

Diese mathematischen Tabellen wurden von Hand berechnet, und die Fehler waren einfach menschliche Rechenfehler. Das veranlaßte Babbage zu dem Ausruf: »Ich wünschte bei Gott, diese Berechnungen wären per Dampf ausgeführt worden!« Dies war der Beginn des erstaunlichen Unternehmens, eine Maschine zu bauen, die in der Lage war, die Tabellenwerte fehlerlos und hochgradig genau zu berechnen. Babbage entwarf 1823 die »Differenz-Maschine No. 1«, einen gewaltigen Rechner aus 25000 Präzisionsteilen, der mit staatlichen Mitteln gebaut werden sollte. Babbage war zwar ein brillanter Erfinder, doch kein großer Praktiker. Nach zehn Jahren mühseliger Arbeit gab er die »Differenz-Maschine No. 1« auf, zeichnete einen völlig neuen Entwurf und machte sich an den Bau der »Differenz-Maschine No. 2«.

Als Babbage die erste Maschine aufgab, verlor die Regierung das Vertrauen in ihn und beschloß, die Verluste zu kappen und sich aus dem Projekt zurückzuziehen. Man hatte bereits 17470 Pfund ausgegeben, genug, um zwei Schlachtschiffe zu bauen. Vermutlich war es dieser Schritt, der Babbage später zu der Klage veranlaßte: »Schlage einem Englände rirgendeinen Grundsatz oder ein Werkzeug vor, und du wirst feststellen, daß er die ganze Kraft seines englischen Schädels daransetzen wird, ein

Hindernis, einen Mangel oder eine Unmöglichkeit darin zu finden. Schlägst du ihm eine Maschine zum Kartoffelschälen vor, wird er verkünden, sie sei unmöglich: Schälst du damit vor seinen Augen eine Kartoffel, wird er sie für nutzlos erklären, weil sie keine Ananas in Scheiben schneiden kann.«

Wegen der fehlenden staatlichen Gelder stellte Babbage die »Differenz-Maschine No. 2« nie fertig. Eine wissenschaftliche Tragödie, denn Babbages Maschine hätte den einzigartigen Vorzug gehabt, programmierbar zu sein. Sie hätte nicht nur die Werte einer bestimmten Tabelle berechnet, sondern je nach Einstellung eine ganze Reihe verschiedener mathematischer Berechnungen ausgeführt. Tatsächlich war die »Differenz-Maschine No. 2« der erste Entwurf eines modernen Computers. Er sah einen »Speicher« und eine »Mühle« (Prozessor) vor, der es ihm erlauben würde, Entscheidungen zu fällen und Vorgänge zu wiederholen, vergleichbar den »WENN – DANN«-Anweisungen und den »Schleifen« in den heutigen Programmen.

Ein Jahrhundert später, während des Ersten Weltkriegs, sollten die ersten elektronischen Verkörperungen von Babbages Maschine tiefgreifende Wirkung auf die Kryptoanalyse haben, doch noch zu Lebzeiten leistete er einen gleichermaßen wichtigen Beitrag zur Entschlüsselung von Geheimschriften. Charles Babbage gelang es, die Vigenère-Verschlüsselung zu brechen, und dies war der größte Durchbruch in der Kryptoanalyse seit den arabischen Gelehrten des 9. Jahrhunderts, die die monoalphabetische Verschlüsselung mittels der Häufigkeitsanalyse brachen. Babbage brauchte dafür keine mechanischen Berechnungen oder komplizierte Mathematik, sondern nichts weiter als puren Scharfsinn.

Schon als kleiner Junge hatte sich Babbage für Geheimschriften interessiert. Später dann erinnerte er sich, wie die Leidenschaft seiner Kindheit ihm damals Ärger eingebracht hatte: »Die größeren Jungen fertigten Geheimschriften an, doch wenn ich ein paar Worte zu Gesicht bekam, fand ich meist den

Schlüssel heraus. Die Folge dieser Fähigkeit war gelegentlich schmerzhaft: Die Besitzer der geknackten Schlüssel schlugen mich manchmal windelweich, obwohl alles an ihrer eigenen Dummheit lag.« Diese Abreibungen entmutigten ihn jedoch nicht, die Kryptoanalyse fesselte ihn auch weiterhin. In seiner Autobiographie schrieb er: »Die Entschlüsselung ist in meinen Augen eine der faszinierendsten Künste.«

Die meisten Kryptoanalytiker hatten inzwischen die Hoffnung aufgegeben, die Vigenère-Verschlüsselung zu brechen, doch ein Briefwechsel mit einem Zahnarzt aus Bristol regte Babbage dazu an, es selbst zu versuchen. John Hall Brock Thwaites, in Sachen Kryptographie mit Vorwissen nicht allzusehr belastet, behauptete 1854, eine neue Verschlüsselungsmethode entdeckt zu haben, die allerdings der Vigenère-Verschlüsselung entsprach. Er schrieb an das *Journal of the Society of Arts* mit der Absicht, seine Idee patentieren zu lassen, offenbar ohne zu wissen, daß er mehrere Jahrhunderte zu spät kam. Babbage teilte der Gesellschaft mit, die Verschlüsselung sei »sehr alt und findet sich in den meisten Büchern«. Thwaites war empört und forderte Babbage heraus, seine Verschlüsselung zu knacken. Ob dies möglich war, hatte zwar nichts mit der Frage zu tun, ob sie neu war, doch Babbages Neugier war jetzt angestachelt, und er machte sich auf die Suche nach einem Schwachpunkt in der Vigenère-Verschlüsselung.

Eine schwierige Verschlüsselung zu knacken ist vergleichbar mit dem Aufstieg an einer glatten Felswand. Der Kryptoanalytiker sucht nach jeder Unebenheit, nach jedem Spalt, die den kleinsten Halt bieten könnten. Bei einer monoalphabetischen Verschlüsselung stützt er sich auf die Häufigkeit der Buchstaben, denn die häufigsten Lettern wie e, n und i werden ins Auge fallen, wie sie auch verkleidet sein mögen. Bei der polyalphabetischen Vigenère-Verschlüsselung sind die Häufigkeiten stark ausgeglichen, da ja anhand des Schlüsselworts zwischen den Alphabeten hin und her gewechselt wird. Auf den ersten Blick scheint die Felswand daher vollkommen glatt.

Wie wir schon wissen, besteht die große Stärke der Vigenère-Verschlüsselung darin, daß der gleiche Buchstabe auf verschiedene Weise chiffriert wird. Wenn das Schlüsselwort zum Beispiel GELB ist, kann jeder Buchstabe im Klartext auf vier verschiedene Weisen verschlüsselt werden, denn das Schlüsselwort enthält vier Buchstaben. Jeder Buchstabe des Schlüsselworts verweist auf ein anderes Geheimtextalphabet der Vigenère-Tafel, wie Tabelle 5 zeigt. Ich habe die Spalte e hervorgehoben, um zu verdeutlichen, daß dieser Buchstabe unterschiedlich verschlüsselt wird, je nachdem, welcher Buchstabe des Schlüsselworts das Geheimtextalphabet festlegt:

Wenn das G von GELB benutzt wird, um e zu verschlüsseln,
dann ergibt sich der Geheimtextbuchstabe K;
wenn das E von GELB benutzt wird, um e zu verschlüsseln,
dann ergibt sich der Geheimtextbuchstabe I;
wenn das L von GELB benutzt wird, um e zu verschlüsseln,
dann ergibt sich der Geheimtextbuchstabe P;
wenn das B von GELB benutzt wird, um e zu verschlüsseln,
dann ergibt sich der Geheimtextbuchstabe F.

Auf die gleiche Weise werden ganze Wörter unterschiedlich verschlüsselt – das Wort die könnte als JMP, EOI, OJK und HTF verschlüsselt werden, je nach seiner Stellung zum Schlüsselwort. Zwar erschwert dies die Entschlüsselung erheblich, doch ist sie nicht unmöglich. Der entscheidende Punkt ist folgender: Wenn es nur vier Möglichkeiten gibt, das Wort die zu verschlüsseln, und in der ursprüngliche Nachricht das Wort die mehrmals auftaucht, dann ist es höchst wahrscheinlich, daß einige der vier möglichen Verschlüsselungen im Geheimtext wiederholt auftauchen. Dies zeigt das folgende Beispiel, in dem der Text »die Lilie, die Rose und die Tulpe« anhand der Vigenère-Tafel mit dem Schlüsselwort GELB verschlüsselt wurden:

Schlüsselwort	G E L B G E L B G E L B G E L B G E L B G E
Klartext	d i e l i l i e d i e r o s e u n d d i e t u l p e
Geheimtext	J M P M O P T F J M P S UWP V T H O J K X FMV I

Das Wort **die** wird beim ersten und beim zweiten Mal mit **JMP**, beim dritten Mal mit **OJK** verschlüsselt. Der Grund für die Wiederholung von **JMP** ist, daß das zweite **die** um acht Buchstaben gegenüber dem ersten **die** verschoben ist, und acht ist ein Vielfaches der Länge des Schlüsselworts, das vier Buchstaben lang ist. Anders gesagt, das erste **die** wurde nach seiner Stellung zum Schlüsselwort chiffriert, und wenn wir zum zweiten **die** gelangen, ist das Schlüsselwort genau zweimal umgelaufen, es ergibt sich exakt dieselbe Stellung des **die**, und die Verschlüsselung wird wiederholt.

Babbage erkannte, daß ihm diese Art der Wiederholung genau den Ansatzpunkt lieferte, den er brauchte, um die Vigenère-Verschlüsselung zu knacken. Es gelang ihm mit einigen recht einfachen Schritten, die jeder Kryptoanalytiker nachvollziehen konnte, die vermeintlich unentzifferbare Chiffre zu brechen. Ein Beispiel mag zeigen, wie dieses pfiffige Verfahren funktioniert. Stellen wir uns vor, wir hätten die verschlüsselte Botschaft von Abbildung 12 abgefangen. Wir wissen, daß es sich diesmal um einen englischen Text handelt, der mit dem Vigenère-Verfahren chiffriert wurde, doch wir haben keine Ahnung, um was es im Klartext geht, und auch das Schlüsselwort kennen wir nicht.

Die erste Stufe der Kryptoanalyse von Babbage besteht darin, nach Buchstabenfolgen zu suchen, die mehr als einmal im Geheimtext vorkommen. Solche Wiederholungen können auf zwei Weisen zustande kommen. Am wahrscheinlichsten ist, daß dieselben Buchstabenfolgen im Klartext mit demselben Teil des Schlüssels chiffriert wurden. Zudem kommt es in seltenen Fällen vor, daß zwei verschiedene Buchstabenfolgen im Klartext mit verschiedenen Teilen des Schlüsselworts chiffriert wurden und zufällig identische Folgen im Geheimtext ergeben

Klar	a	b	c	d	e	f	g	h	i	j	k	l	m	n	o	p	q	r	s	t	u	v	w	x	y	z
1	B	C	D	E	F	G	H	I	J	K	L	M	N	O	P	Q	R	S	T	U	V	W	X	Y	Z	A
2	C	D	E	F	G	H	I	J	K	L	M	N	O	P	Q	R	S	T	U	V	W	X	Y	Z	A	B
3	D	E	F	G	H	I	J	K	L	M	N	O	P	Q	R	S	T	U	V	W	X	Y	Z	A	B	C
4	E	F	G	H	I	J	K	L	M	N	O	P	Q	R	S	T	U	V	W	X	Y	Z	A	B	C	D
5	F	G	H	I	J	K	L	M	N	O	P	Q	R	S	T	U	V	W	X	Y	Z	A	B	C	D	E
6	G	H	I	J	K	L	M	N	O	P	Q	R	S	T	U	V	W	X	Y	Z	A	B	C	D	E	F
7	H	I	J	K	L	M	N	O	P	Q	R	S	T	U	V	W	X	Y	Z	A	B	C	D	E	F	G
8	I	J	K	L	M	N	O	P	Q	R	S	T	U	V	W	X	Y	Z	A	B	C	D	E	F	G	H
9	J	K	L	M	N	O	P	Q	R	S	T	U	V	W	X	Y	Z	A	B	C	D	E	F	G	H	I
10	K	L	M	N	O	P	Q	R	S	T	U	V	W	X	Y	Z	A	B	C	D	E	F	G	H	I	J
11	L	M	N	O	P	Q	R	S	T	U	V	W	X	Y	Z	A	B	C	D	E	F	G	H	I	J	K
12	M	N	O	P	Q	R	S	T	U	V	W	X	Y	Z	A	B	C	D	E	F	G	H	I	J	K	L
13	N	O	P	Q	R	S	T	U	V	W	X	Y	Z	A	B	C	D	E	F	G	H	I	J	K	L	M
14	O	P	Q	R	S	T	U	V	W	X	Y	Z	A	B	C	D	E	F	G	H	I	J	K	L	M	N
15	P	Q	R	S	T	U	V	W	X	Y	Z	A	B	C	D	E	F	G	H	I	J	K	L	M	N	O
16	Q	R	S	T	U	V	W	X	Y	Z	A	B	C	D	E	F	G	H	I	J	K	L	M	N	O	P
17	R	S	T	U	V	W	X	Y	Z	A	B	C	D	E	F	G	H	I	J	K	L	M	N	O	P	Q
18	S	T	U	V	W	X	Y	Z	A	B	C	D	E	F	G	H	I	J	K	L	M	N	O	P	Q	R
19	T	U	V	W	X	Y	Z	A	B	C	D	E	F	G	H	I	J	K	L	M	N	O	P	Q	R	S
20	U	V	W	X	Y	Z	A	B	C	D	E	F	G	H	I	J	K	L	M	N	O	P	Q	R	S	T
21	V	W	X	Y	Z	A	B	C	D	E	F	G	H	I	J	K	L	M	N	O	P	Q	R	S	T	U
22	W	X	Y	Z	A	B	C	D	E	F	G	H	I	J	K	L	M	N	O	P	Q	R	S	T	U	V
23	X	Y	Z	A	B	C	D	E	F	G	H	I	J	K	L	M	N	O	P	Q	R	S	T	U	V	W
24	Y	Z	A	B	C	D	E	F	G	H	I	J	K	L	M	N	O	P	Q	R	S	T	U	V	W	X
25	Z	A	B	C	D	E	F	G	H	I	J	K	L	M	N	O	P	Q	R	S	T	U	V	W	X	Y
26	A	B	C	D	E	F	G	H	I	J	K	L	M	N	O	P	Q	R	S	T	U	V	W	X	Y	Z

Tabelle 5: Eine Vigenère-Tafel, bei der das Schlüsselwort GELB verwendet wird. Für den Buchstaben e ergeben sich vier Verschlüsselungsvarianten, F, I, K und P.

haben. Wenn wir uns auf längere Folgen beschränken, dann schließen wir diese zweite Möglichkeit weitgehend aus, und im folgenden Beispiel berücksichtigen wir nur Wiederholungen, die aus mindestens vier Buchstaben bestehen. In Tabelle 6 sind diese Wiederholungen aufgelistet, zusammen mit den Abstän-

```
W U B E F I Q L Z U R M V O F E H M Y M W T
I X C G T M P I F K R Z U P M V O I R Q M M
W O Z M P U L M B N Y V Q Q Q M V M V J L E
Y M H F E F N Z P S D L P P S D L P E V Q M
W C X Y M D A V Q E E F I Q C A Y T Q O W C
X Y M W M S E M E F C F W Y E Y Q E T R L I
Q Y C G M T W C W F B S M Y F P L R X T Q Y
E E X M R U L U K S G W F P T L R Q A E R L
U V P M V Y Q Y C X T W F Q L M T E L S F J
P Q E H M O Z C I W C I W F P Z S L M A E Z
I Q V L Q M Z V P P X A W C S M Z M O R V G
V V Q S Z E T R L Q Z P B J A Z V Q I Y X E
W W O I C C G D W H Q M M V O W S G N T J P
F P P A Y B I Y B J U T W R L Q K L L L M D
P Y V A C D C F Q N Z P I F P P K S D V P T
I D G X M Q Q V E B M Q A L K E Z M G C V K
U Z K I Z B Z L I U A M M V Z
```

Abbildung 12: Der Geheimtext, verschlüsselt mit dem Vigenère-Verfahren.

den zwischen ihnen. Zum Beispiel taucht die Folge E-F-I-Q in der ersten Zeile des Geheimtextes auf und wiederholt sich 95 Buchstaben später.

Das Schlüsselwort dient nicht nur dazu, den Klartext in Geheimtext zu verwandeln, auch der Empfänger braucht es, um den Geheimtext wieder in Klartext zu übersetzen. Wenn wir also das Schlüsselwort ausfindig machen könnten, wäre es ein leichtes, den Text zu entziffern. Bislang wissen wir noch nicht genug, um das Schlüsselwort herauszufinden, doch Tabelle 6 liefert einige gute Hinweise auf seine Länge. Auf der linken Seite der Tabelle sind die Wiederholungen und die jeweiligen Zwischenräume aufgelistet, auf der rechten Seite stehen die *Teiler* dieser Zwischenräume – die Zahlen, mit denen sich die Zahl der zwischenliegenden Buchstaben ohne Rest teilen läßt.

Zum Beispiel wiederholt sich die Folge W-C-X-Y-M nach 20 Buchstaben und die Zahlen 1, 2, 4, 5, 10 und 20 sind Teiler, weil sich 20 ohne Rest durch sie teilen läßt. Diese Teiler lassen auf sechs Möglichkeiten schließen:

(1) Der Schlüssel ist 1 Buchstabe lang und läuft 20mal zwischen den wiederholten Folgen des Geheimtexts durch.
(2) Der Schlüssel ist 2 Buchstaben lang und läuft 10mal zwischen den Wiederholungen durch.
(3) Der Schlüssel ist 4 Buchstaben lang und läuft 5mal zwischen den Wiederholungen durch.
(4) Der Schlüssel ist 5 Buchstaben lang und läuft 4mal zwischen den Wiederholungen durch.
(5) Der Schlüssel ist 10 Buchstaben lang und läuft 2mal zwischen den Wiederholungen durch.
(6) Der Schlüssel ist 20 Buchstaben lang und läuft 1mal zwischen den Wiederholungen durch.

Die erste Möglichkeit kann ausgeschlossen werden, weil ein Schlüsselwort, das nur aus einem Buchstaben besteht, nichts anderes bewirkt als eine monoalphabetische Verschlüsselung – für sie würde immer nur eine Zeile des Vigenère-Quadrats verwendet, und das Geheimtextalphabet bliebe unverändert. Unwahrscheinlich, daß ein Kryptograph dies tun würde. Alle anderen Möglichkeiten werden mit einem Häkchen in der entsprechen-

Wiederholte Folge	Zwischenraum	Mögliche Schlüssellänge (Teiler)																	
		2	3	4	5	6	7	8	9	10	11	12	13	14	15	16	17	18	19	20
E-F-I-Q	95				✓														✓	
P-S-D-L-P	5				✓															
W-C-X-Y-M	20	✓		✓	✓					✓										✓
E-T-R-L	120	✓	✓	✓	✓	✓		✓		✓		✓			✓					✓

Tabelle 6: Wiederholungen und Abstände zwischen Wiederholungen im Geheimtext.

den Spalte von Tabelle 6 angezeigt. Jedes Häkchen verweist auf eine mögliche Schlüsselwortlänge.

Um herauszufinden, ob der Schlüssel 2, 4, 5, 10 oder 20 Buchstaben lang ist, müssen wir uns die Teiler aller anderen Zwischenräume ansehen. Weil das Schlüsselwort 20 Buchstaben lang oder kürzer zu sein scheint, sind in Tabelle 6 für jeden vorkommenden Zwischenraum die Teiler aufgelistet, die 20 oder kleiner sind. Offenbar scheint alles auf den Teiler 5 hinzudeuten. Tatsächlich ist jeder Zwischenraum durch 5 teilbar. Die erste wiederholte Folge, E-F-I-Q, kann durch ein Schlüsselwort der Länge 5 erklärt werden, das zwischen der ersten und der zweiten Verschlüsselung neunzehnmal durchläuft. Die zweite Wiederholung, P-S-D-L-P, kann durch ein Schlüsselwort der Länge 5 erklärt werden, das zwischen der ersten und der zweiten gleichlautenden Verschlüsselung nur einmal durchläuft. Die dritte wiederholte Folge, W-C-X-Y-M, kann durch ein Schlüsselwort der Länge 5 erklärt werden, das viermal zwischen dem ersten und dem zweiten Auftreten durchläuft. Die vierte wiederholte Sequenz, E-T-R-L, kann ebenfalls durch ein Schlüsselwort der Länge 5 erklärt werden, das vierundzwanzig Mal zwischen dem ersten und dem zweiten Auftritt durchläuft. Kurz, alles läuft auf ein Schlüsselwort mit fünf Buchstaben hinaus.

Nehmen wir an, das Schlüsselwort ist 5 Buchstaben lang, dann ist der nächste Schritt, die Buchstaben des Schlüsselworts ausfindig zu machen. Nennen wir das Schlüsselwort zunächst einfach B_1-B_2-B_3-B_4-B_5, wobei B_1 für den ersten Buchstaben des Schlüsselworts steht und so weiter. Der Verschlüsselungsprozeß hätte begonnen mit der Verschlüsselung des ersten Klartextbuchstabens gemäß dem ersten Buchstaben des Schlüsselworts, B_1. Der Buchstabe B_1 verweist auf eine Zeile des Vigenère-Quadrats und liefert für den ersten Buchstaben des Klartexts nichts anderes als eine monoalphabetische Substitution. Wenn jedoch der zweite Buchstabe des Klartexts verschlüsselt wird, wird der Kryptograph B_2 verwenden, der auf

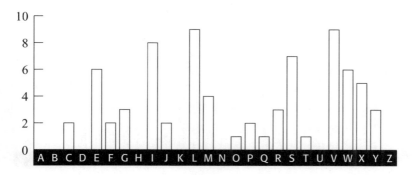

Abbildung 13: Häufigkeitsverteilung für die mit dem B_1-Geheimtextalphabet verschlüsselten Buchstaben (Häufigkeit in Zahlen).

eine andere Zeile des Vigenère-Quadrats verweist und damit auf ein anderes Geheimtextalphabet für die monoalphabetische Substitution. Der dritte Buchstabe des Klartexts würde gemäß B_3, der vierte gemäß B_4 und der fünfte gemäß B_5 verschlüsselt. Jeder Buchstabe des Schlüsselworts verweist auf ein anderes Geheimtextalphabet zur Verschlüsselung. Allerdings würde der sechste Buchstabe des Klartexts wiederum gemäß B_1 chiffriert, der siebte wiederum gemäß B_2 und so weiter in einem ständigen Kreislauf. Mit anderen Worten, die polyalphabetische Verschlüsselung besteht aus fünf monoalphabetischen Verschlüsselungen, von denen jede einzelne für ein Fünftel des gesamten Klartexts zuständig ist. Und der Witz ist, daß wir schon wissen, wie man monoalphabetische Verschlüsselungen knackt.

Wir gehen folgendermaßen vor. Wir wissen, daß eine der Zeilen des Vigenère-Quadrats, festgelegt durch B_1, als Geheimtextalphabet zur Verschlüsselung des 1sten, 6ten, 11ten, 16ten ... Buchstabens der Nachricht verwendet wurde. Wenn wir uns nun diese 1sten, 6ten, 11ten, 16ten ... Buchstaben des Geheimtextes ansehen, sollten wir in der Lage sein, die gute alte Häufigkeitsanalyse einzusetzen, um das fragliche Geheimtextalphabet zu erschließen. Abbildung 13 zeigt die Häu-

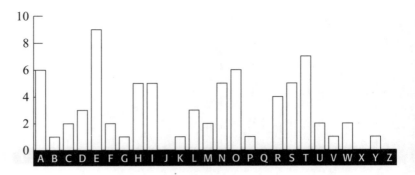

Abbildung 14: Zu erwartende Häufigkeit für eine englische Textprobe gleichen Umfangs gemäß der statistischen Normalverteilung (in Zahlen).

figkeitsverteilung der Buchstaben, die an 1ster, 6ter, 11ter, 16ter usw. Stelle des Geheimtexts stehen, also W, I, R, E, W, G, ... An diesem Punkt rufen wir uns in Erinnerung, daß jedes Geheimtextalphabet im Vigenère-Quadrat ein Alphabet ist, das um einen Wert zwischen 1 und 26 Stellen verschoben ist. Daher sollte die obige Häufigkeitsverteilung ähnliche Merkmale wie die für das Klaralphabet aufweisen, nur eben um einige Stellen verschoben. Indem wir die B_1-Verteilung mit dem Klaralphabet vergleichen, sollte es möglich sein, die Verschiebung zu erschließen. Abbildung 14 zeigt die erwartete Häufigkeitsverteilung für einen englischen Text mit 74 Buchstaben, dieselbe Menge wie in der Textprobe, die in Abbildung 13 ausgewertet ist.

Die Normalverteilung weist Spitzen, Plateaus und Täler auf, und um sie mit der Verteilung des B_1-Geheimtextes gleichzusetzen, suchen wir nach der auffälligsten Merkmalskombination. Zum Beispiel bilden die drei Spitzen R-S-T in der Normalverteilung und das breite Tal rechts davon, das sich von U bis nach Z erstreckt, ein sehr auffälliges Merkmalspaar. Die einzigen ähnlichen Merkmale in der B_1-Verteilung sind die drei Spitzen bei V-W-X, gefolgt von dem Tal, das sich sechs Buchstaben weit von Y nach D erstreckt. Dies würde entweder darauf schließen lassen, daß alle Buchstaben, die mit B_1 verschlüsselt wurden, um vier Stellen verschoben sind, oder daß B_1 ein Geheimtextalphabet darstellt, das mit E, F, G, H... beginnt. Dies wiederum bedeutet, daß der erste Buchstabe des Schlüsselworts, B_1, wahrscheinlich E lautet. Diese Annahme können wir überprüfen, indem wir die B_1-Verteilung um vier Buchstaben zurückverschieben und sie mit der Normalverteilung vergleichen. Abbildung 15 zeigt beide Verteilungen zum Vergleich. Die Übereinstimmung zwischen den Spitzenwerten ist tatsächlich sehr deutlich, und daher können wir mit einiger Sicherheit davon ausgehen, daß das Schlüsselwort mit E beginnt.

Fassen wir das Bisherige zusammen. Die Suche nach Wiederholungen im Geheimtext hat es uns ermöglicht, die Länge des Schlüsselworts, nämlich fünf Buchstaben, herauszufinden. Dies

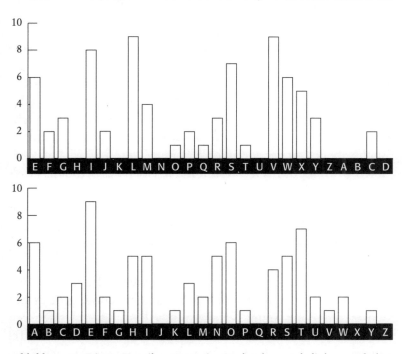

Abbildung 15: Die B_1-Verteilung, um vier Buchstaben nach links verschoben (oben), verglichen mit der Normalverteilung im Englischen (unten).

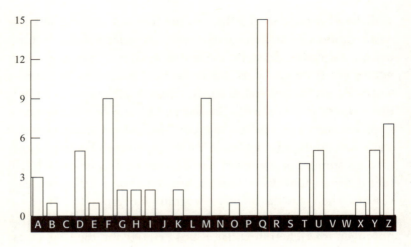

Abbildung 16: Häufigkeitsverteilung für die Buchstaben, die anhand des B_2-Geheimtextalphabets verschlüsselt wurden (Häufigkeit in Zahlen).

wiederum ermöglichte uns, den Geheimtext in fünf Teile aufzulösen, deren jeder gemäß einer monoalphabetischen Substitution verschlüsselt wurde, die durch einen bestimmten Buchstaben des Schlüsselworts festgelegt ist. Wir haben den Teil des Geheimtextes analysiert, der nach dem ersten Schlüsselbuchstaben chiffriert wurde, und wir konnten zeigen, daß dieser Buchstabe, B_1, wahrscheinlich E lautet. Diesen Schritt wiederholen wir nun, um den zweiten Buchstaben des Schlüsselworts zu finden. Wir erstellen eine Häufigkeitstabelle für den 2ten, 7ten, 12ten, 17ten... Buchstaben im Geheimtext. Wiederum vergleichen wir das sich ergebende Häufigkeitsgebirge (s. Abbildung 16) mit der Normalverteilung, um die Verschiebung zu erschließen.

Diese Verteilung ist schwerer zu analysieren. Für die drei benachbarten Spitzenwerte, die R-S-T entsprechen, gibt es auf den ersten Blick keine Kandidaten. Allerdings zeichnet sich deutlich ein Tal von G nach L ab, das wahrscheinlich dem Tal entspricht, das sich in der Normalverteilung von U nach Z erstreckt. Wenn dies der Fall wäre, würden wir die drei Spitzen R-

S-T bei **D**, **E** und **F** erwarten, doch die Spitze beim Geheimbuchstaben **E** fehlt. Probehalber betrachten wir diesen fehlenden Spitzenwert als statistischen Ausrutscher und folgen unserem ersten Eindruck, daß die Senke von **G** bis **L** ein auffälliges Merkmal ist, das auf eine Verschiebung hindeutet: Alle Buchstaben, die nach B_2 verschlüsselt wurden, wären danach um zwölf Stellen verschoben worden. Das hieße, B_2 legt ein Geheimtextalphabet fest, das mit **M, N, O, P** beginnt. Der zweite Buchstabe des Schlüsselworts wäre also **M**. Wir können diese These wiederum überprüfen, indem wir die B_2-Verteilung um 12 Buchstaben zurückverschieben und sie mit der Normalverteilung vergleichen.

Ich möchte die Analyse hier nicht weiter verfolgen. Es mag genügen zu sagen, daß die Auswertung des 3ten, 8ten, 13ten usw. Buchstabens ergibt, daß der dritte Buchstabe des Schlüsselworts **I** lautet, die Auswertung des 4ten, 9ten, 14ten usw. Buchstabens, daß der vierte Buchstabe **L** lautet, und die Analyse des 5ten, 10ten, 15ten usw. Buchstabens schließlich ergibt, daß der fünfte Buchstabe **Y** lautet. Das Schlüsselwort ist **EMILY**. Der erste Buchstabe des Geheimtextes ist **W**, verschlüsselt nach dem ersten Buchstaben des Schlüsselworts, nämlich **E**. Wenn wir die Verschlüsselung vom Ende her aufdröseln, verfolgen wir zunächst die Zeile des Vigenère-Quadrats, die mit **E** beginnt, bis wir zum **W** gelangen, dann gehen wir in der entsprechenden Spalte nach oben. Am Anfang der Spalte finden wir den Buchstaben **s**, und er muß der erste Buchstabe des Klartexts sein. Wir wiederholen diesen Vorgang und sehen, daß der Klartext mit **sittheedownandhavenoshamecheekbyjowl...** beginnt. Fügen wir sinnvolle Wortzwischenräume und Satzzeichen ein, dann bekommen wir:

> Sit thee down, and have no shame,
> Cheek by jowl, and knee by knee:
> What care I for any name?
> What for order or degree?

Let me screw thee up a peg:
Let me loose thy tongue with wine:
Callest thou that thing a leg?
Which is thinnest? thine or mine?

Thou shalt not be saved by works:
Thou hast been a sinner too:
Ruined trunks on withered forks,
Empty scarecrows, I and you!

Fill the cup, and fill the can:
Have a rouse before the morn:
Every moment dies a man,
Every moment one is born.

(Setzt Euch nieder ohne Scham,
Seit an Seit und Knie an Knie:
Was kümmert mich Euer Name,
was Euer Titel, Euer Rang?

Laßt mich eine Flasche öffnen:
Eure Zunge lockern mit Wein:
Nennt Ihr dieses da ein Bein?
Welches ist dünner? Eures oder meins?

Nicht erlösen werden Euch gute Taten:
Ein Sünder ward auch Ihr:
Verwitterte Stämme auf faulen Wurzeln,
Leere Vogelscheuchen, das sind wir!

Füllt den Krug, füllt den Becher:
Auf ein Gelage vor dem Morgen:
Jeden Augenblick stirbt ein Mensch,
Jeden Augenblick wird ein Mensch geboren.)

Dies sind Strophen aus einem Gedicht von Alfred Tennyson mit dem Titel »The Vision of Sin«. Wie es sich fügt, ist das Schlüsselwort der Name von Tennysons Frau, Emily Sellwood. Ich habe einen Ausschnitt aus diesem Gedicht als Beispiel für eine Kryptoanalyse gewählt, weil es Anlaß zu einem interessanten Briefwechsel zwischen Babbage und dem großen Dichter war. Babbage, den eifrigen Statistiker und Fachmann für Sterblichkeitstabellen, störten die Zeilen »Jeden Augenblick stirbt ein Mensch, jeden Augenblick wird ein Mensch geboren«. So erbot er sich, Tennysons »ansonsten wunderschönes« Gedicht zu korrigieren:

> Sollte dies zutreffen, würde die Weltbevölkerung offensichtlich stagnieren... Ich würde doch vorschlagen, daß Sie Ihr Gedicht für die nächste Auflage wie folgt ändern: »Jeden Augenblick stirbt ein Mensch, jeden Augenblick wird $1^{1}/_{16}$ Mensch geboren« ... Die tatsächliche Zahl ist so lang, daß ich sie nicht auf eine Zeile schreiben kann, doch ich glaube, die Zahl $1^{1}/_{16}$ ist für die Poesie hinreichend genau.
>
> Immer der Ihre,
> Charles Babbage

Babbage gelang die Kryptoanalyse der Vigenère-Verschlüsselung vermutlich im Jahr 1854, bald nach seiner Kabbelei mit Thwaites, doch seine Entdeckung fand keinerlei Anerkennung, denn er hat sie nie veröffentlicht. Sie kam erst im 20. Jahrhundert ans Licht, als Gelehrte Babbages umfangreichen Nachlaß sichteten. Unterdessen wurde das Verfahren unabhängig von Friedrich Wilhelm Kasiski entdeckt, einem pensionierten preußischen Offizier. Seit 1863, als er seinen kryptoanalytischen Durchbruch unter dem Titel *Die Geheimschriften und die Dechiffrierkunst* veröffentlichte, wird dieses Verfahren als Kasiski-Test bezeichnet, und der Beitrag von Babbage wird nur selten erwähnt.

Doch warum konnte sich Babbage nicht dazu entschließen,

mit der Tatsache an die Öffentlichkeit zu gehen, daß er eine so wichtige Verschlüsselung geknackt hatte? Sicher hatte er die Gewohnheit, seine Vorhaben unvollendet zu lassen und seine Entdeckungen nicht zu veröffentlichen, und man könnte vermuten, es handle sich nur um ein weiteres Beispiel seiner laxen Haltung in diesen Dingen. Indes gibt es auch eine andere Erklärung. Seine Entdeckung machte er kurz nach dem Ausbruch des Krimkrieges, und eine Theorie lautet, sie habe den Briten einen klaren Vorteil gegenüber dem russischen Feind gesichert. Es ist durchaus möglich, daß der britische Geheimdienst von Babbage verlangte, seine Arbeit geheimzuhalten, und sich damit einen Vorsprung von neun Jahren vor dem Rest der Welt sicherte. Wenn dies der Fall war, dann würde dies zu der langen Tradition der Vertuschung großer Leistungen bei der Entschlüsselung von Geheimtexten im Interesse der nationalen Sicherheit passen – eine Praxis, die sich bis ins 20. Jahrhundert fortsetzt.

Von den »Säulen der Sehnsucht« zu einem vergrabenen Schatz

Es war die Entwicklung des Telegrafen, die nicht nur das wirtschaftliche Interesse an der Kryptographie weckte, sondern auch die allgemeine Neugier. Nachrichten privater oder geschäftlicher Art mußten geschützt werden, das wurde bald klar, und wenn nötig, ließ man sie verschlüsseln, auch wenn ein Telegramm dadurch teurer wurde.

So machten sich die Menschen allmählich mit der Verschlüsselung vertraut und begannen bald auch, ihre kryptographischen Fähigkeiten auf diese oder jene Weise zur Schau zu stellen. Zum Beispiel war es jungen Liebespaaren im viktorianischen England oft verboten, ihre Zuneigung offen zu äußern, sie konnten sich nicht einmal Briefe schreiben, denn die Eltern hätten sie ja abfangen und lesen können. So kamen viele Pärchen auf die Idee, über Kleinanzeigen in der Zeitung Botschaften auszutauschen. Diese »Säulen der Sehnsucht« (von englisch »column«, Säule und Zeitungsspalte), wie sie genannt wurden, weckten die Neugier der Kryptoanalytiker. Sie nahmen sich die kleinen Texte vor und versuchten ihre pikanten Inhalte zu entschlüsseln. Von Charles Babbage weiß man, daß er sich dieser Leidenschaft zusammen mit seinen Freunden Sir Charles Wheatstone und Baron Lyon Playfair hingab. Gemeinsam entwickelten sie auch die pfiffige Playfair-Verschlüsselung (siehe Anhang E). Einmal entzifferte Wheatstone eine Anzeige eines Oxford-Studenten in der *Times,* der seiner Angebeteten vorschlug, mit ihm durchzubrennen. Ein paar Tage später ließ Wheatstone seine eigene, entsprechend verschlüsselte Anzeige abdrucken, in der er dem Paar von dieser aufsässigen und unbesonnenen Tat abriet. Kurz danach erschien eine dritte Botschaft, diesmal unverschlüsselt und von der beteiligten Dame: »Lieber Charlie, schreib nicht mehr. Unsere Geheimschrift wurde aufgedeckt.«

Ein weiteres Beispiel für die damals weite Verbreitung der Kryptographie war die Nadelstich-Verschlüsselung. Der griechische Historiker Aeneas der Taktiker schlug vor, winzige Löcher unter bestimmte Buchstaben einer scheinbar harmlosen Nachricht zu stechen, ähnlich den Punkten unter einigen Buchstaben dieses Abschnitts. Die gepunkteten Buchstaben sollten eine geheime Botschaft ergeben, die der eingeweihte Empfänger leicht lesen konnte. Wenn jedoch ein anderer die Seite in die Hände bekam, würde er die kaum wahrnehmbaren Nadellöcher und die geheime Botschaft wahrscheinlich übersehen. Zweitausend Jahre später benutzten englische Briefeschreiber dasselbe Verfahren, jedoch nicht wegen der Geheimhaltung, sondern um übermäßige Portokosten zu vermeiden. Vor der Reform des Postwesens Mitte des 19. Jahrhunderts kostete ein Brief etwa einen Shilling pro hundert Meilen, was sich die meisten Leute nicht leisten konnten. Zeitungen jedoch wurden kostenlos verschickt, und hier fand der sparsame Viktorianer ein Schlupfloch. Statt Briefe zu schreiben, nahm man Nadeln zur Hand und piekste eine Botschaft in die Titelseite einer Zeitung. Diese konnte man dann auf die Post geben, ohne einen Penny bezahlen zu müssen.

Dank der wachsenden Faszination des Publikums fanden kryptographische Verfahren und Geheimschriften bald Eingang in die Literatur des 19. Jahrhunderts. In Jules Vernes *Reise zum Mittelpunkt der Erde* bildet die Entzifferung eines Pergaments mit Runen den ersten Schritt einer epischen Reise. Die Symbole gehören zu einer Substitutions-Chiffre, die entschlüsselt einen lateinischen Text ergibt, der wiederum nur Sinn macht, wenn die Buchstabenfolge umgekehrt wird. »Steig hinunter in den Krater des Vulkans von Sneffels, kühner Reisender, wenn der Schatten von Scartaris ihn vor dem Julimonat sanft berührt, und du wirst den Mittelpunkt der Erde erreichen.« Im Jahr 1885 verwendet Verne wiederum eine Geheimschrift als Schlüsselelement in *Mathias Sandorff*. Auch Arthur Conan Doyle flocht ausgesprochen geschickt kryptographische Elemente in seine Erzählungen ein. Selbstverständlich ist Sherlock Holmes auch ein Experte in Sachen Kryptographie und, wie er Watson erklärt, »der Autor einer bescheidenen Abhandlung über dieses Thema, in der ich einhundertsechzig verschiedene Chiffrensysteme untersucht habe«. Die berühmteste Entschlüsselung Holmes' wird in *Die tanzenden Männchen* geschildert, wo es um eine Geheimschrift aus Strichmännchen geht, von denen jedes einen anderen Buchstaben darstellt.

Abbildung 17: Ein Teil der Geheimschrift aus *Die tanzenden Männchen,* einer Sherlock-Holmes-Geschichte von Arthur Conan Doyle.

Auf der anderen Seite des Atlantiks fand auch Edgar Allan Poe Interesse an der Kryptoanalyse. Als er für den *Alexander Weekly Messenger* in Philadelphia schrieb, forderte er seine Leser mit der Behauptung heraus, er könne jede monoalphabetische Geheimschrift entschlüsseln. Hunderte von Lesern schickten ihm ihre Kryptogramme, und Poe gelang es, sie allesamt zu entziffern. Obwohl er dazu nichts weiter als die Häufigkeitsanalyse benötigte, gerieten seine Leser ob dieser Fähigkeiten ganz aus dem Häuschen. Ein Bewunderer kürte Poe zum »profundesten und geschicktesten Kryptographen aller Zeiten«.

Poe, der nun das von ihm geweckte Interesse ausnutzen wollte, schrieb 1843 eine Kurzgeschichte, die sich um eine Geheimschrift dreht. Viele professionelle Kryptographen halten sie für das beste Stück Literatur zum Thema. In *Goldkäfer* erzählt Poe die Geschichte von William Legrande, der einen ungewöhnlichen Käfer, eben den Goldkäfer, entdeckt und ihn mit einem Stück Papier, das in der Nähe liegt, aufsammelt. Am Abend zeichnet er den Goldkäfer auf dieses Stück Papier. Ein Freund hält es gegen das Feuer, um sich die Skizze näher anzusehen. Doch die Zeichnung ist von einer unsichtbaren Tinte zerstört, die durch die Hitze der Flammen zum Vorschein gebracht wurde. Legrande untersucht die Zeichen, die nun lesbar geworden sind, und kommt zu der Überzeugung, daß er die verschlüsselten Ortsangaben für den Schatz von Captain Kidd in Händen hält. Der Rest der Geschichte ist eine klassische Darlegung der Häufigkeitsanalyse, die zur Entzifferung von Captain Kidds Hinweisen und zur Entdeckung des Schatzes führt.

Zwar entsprang der *Goldkäfer* Poes Phantasie, doch es gab im 19. Jahrhundert eine Episode mit ähnlichen Zügen. Bei der Beale-Schrift geht es um Abenteuer im Wilden Westen, um einen Cowboy, der ein riesiges Vermögen anhäufte, einen vergrabenen Schatz im Wert von 20 Millionen Dollar, und um einige mysteriöse verschlüsselte Dokumente, in denen die Lage des Schatzes beschrieben wird. Vieles von dem, was wir über diese Geschichte wissen, mitsamt den verschlüsselten Unterlagen, ist in einer kleinen Schrift enthalten, die 1885 in Lynchburg, einer Stadt in Virginia, veröffentlicht wurde. An diesem nur dreiundzwanzig Seiten langen Bändchen haben sich Generationen von Kryptoanalytikern die Zähne ausgebissen, und es hat Hunderte von Schatzsuchern in Bann geschlagen.

Die Geschichte beginnt 1823, fünfundsechzig Jahre vor Veröffentlichung der Schrift, im Washington Hotel zu Lynchburg. Der Schrift zufolge standen das Hotel und sein Besitzer, Robert Morriss, in sehr gutem Ruf: »Seine freundliche Art, seine strenge Redlichkeit und die erstklassige Führung des Hauses ließen ihn als Wirt bald berühmt werden, und sein Ruf verbreitete sich auch in anderen Staaten. Er führte das erste Haus in der Stadt, und keine Gesellschaft, die etwas auf sich hielt, traf sich irgendwo anders.« Im Januar 1820 kam ein Fremder namens Thomas J. Beale nach Lynchburg geritten und quartierte sich im Washington Hotel ein. »Von der äußerlichen Erscheinung her war er etwa einen Meter achtzig groß«, erinnerte sich Morriss, »mit rabenschwarzen Augen und ebensolchem Haar, das er länger trug, als es damals Mode war. Seine Gestalt war ebenmäßig und zeugte von ungewöhnlicher Kraft und Tatendrang; doch was besonders an ihm auffiel, war sein dunkles und wettergegerbtes Gesicht, so, als ob viel Sonne und Wetter es gründlich gebräunt und ihm die weiße Farbe entzogen hätten. Dies jedoch lenkte nicht von seiner Erscheinung ab. Für mich war er der schönste Mann, den ich je gesehen hatte.« Zwar verbrachte Beale den Rest des Winters bei Morriss und war »bei allen, besonders bei den Damen, höchst beliebt«, doch er sprach nie über seine Herkunft, seine Familie oder den Zweck seines Aufenthalts. Dann, Ende März, verschwand er so plötzlich, wie er gekommen war.

Zwei Jahre später, im Januar 1822, kehrte Beale ins Washington Hotel zurück, »dunkler und gegerbter als zuvor«. Wiederum verbrachte er den restlichen Winter in Lynchburg und verschwand dann im Frühjahr, doch zuvor vertraute er Morriss

THE
BEALE PAPERS,

CONTAINING

AUTHENTIC STATEMENTS

REGARDING THE

TREASURE BURIED

IN

1819 AND 1821,

NEAR

BUFORDS, IN BEDFORD COUNTY, VIRGINIA,

AND

WHICH HAS NEVER BEEN RECOVERED.

PRICE FIFTY CENTS.

LYNCHBURG:
VIRGINIAN BOOK AND JOB PRINT,
1885.

Abbildung 18: Titelblatt der *Beale Papers*, der Broschüre, die alles enthält, was wir über das Geheimnis des Beale-Schatzes wissen.

eine verschlossene eiserne Kiste an, die, wie er sagte, »Papiere von großem Wert und Belang« enthielten. Morriss stellte die Kiste in einen Tresor und dachte nicht weiter über deren Inhalt nach, bis er einen Brief von Beale erhielt, datiert vom 9. Mai 1822 und abgeschickt aus St. Louis. Nach ein paar höflichen Floskeln und einem Abschnitt über eine beabsichtigte Reise in die Großen Ebenen, »um Büffel zu jagen und den furchtbaren Grizzlys zu begegnen«, enthüllte Beale das Geheimnis der Kiste:

> Sie enthält Papiere, die für mein Schicksal und das vieler anderer, die geschäftlich mit mir zu tun haben, von entscheidender Bedeutung sind. Im Falle meines Todes wäre ihr Verlust wohl nicht wiedergutzumachen. Sie werden daher die Notwendigkeit einsehen, sie besonders scharf zu bewachen und dafür Sorge zu tragen, daß eine solche Katastrophe verhindert wird ... Sollte keiner von uns jemals zurückkehren, möchten Sie bitte die Box für einen Zeitraum von zehn Jahren sorgfältig aufbewahren, und wenn nicht ich oder jemand mit meiner Vollmacht ihre Rückgabe verlangt, werden Sie die Kiste öffnen, indem Sie das Schloß entfernen. Sie werden neben den Papieren, die an Sie gerichtet sind, andere Papiere finden, die Sie ohne einen Schlüssel nicht werden lesen können. Einen solchen Schlüssel habe ich hier in der Hand eines Freundes hinterlassen, versiegelt und an Sie adressiert und mit der Anweisung, daß er nicht vor Juni 1832 ausgehändigt werden soll. Anhand dieses Schlüssels werden Sie voll und ganz verstehen, was Sie zu tun haben.

Morriss bewahrte die Kiste auch weiterhin pflichtbewußt auf und wartete darauf, daß Beale sie abholte, doch der geheimnisvolle schwarzgebrannte Mann kehrte nie nach Lynchburg zurück. Er verschwand ohne Erklärung und wurde nie mehr gesehen. Nach Ablauf von zehn Jahren hätte Morriss den Anweisungen im Brief folgen und die Kiste öffnen können, doch offenbar scheute er davor zurück, das Schloß aufzubrechen. Beale hatte geschrieben, daß Morriss im Juni eine Nachricht bekommen solle, und diese würde dann erläutern, wie der Inhalt der Kiste zu entschlüsseln war. Endlich, im Jahr 1845, gewann Morriss' Neugier die Oberhand, und er brach das Schloß auf. Die Kiste enthielt drei Blätter mit Zahlenchiffren und eine Notiz, die Beale in unverschlüsseltem Englisch geschrieben hatte.

Die fesselnde Notiz enthüllte die Wahrheit über Beale, die Kiste und die Chiffren. Im April 1817, hieß es da, fast drei Jahre vor seinem ersten Treffen mit Morriss, seien Beale und neunundzwanzig weitere Männer zu einer Reise durch Amerika aufgebrochen. Nachdem sie durch die reichen Jagdgründe der Westlichen Ebenen geritten waren, kamen sie nach Sante Fé und verbrachten den Winter in der »kleinen mexikanischen Stadt«. Im März brachen sie nach Norden auf und verfolgten eine »riesige Büffelherde«, wobei sie unterwegs so viele zur Strecke brachten, wie sie konnten. Dann, so Beale, trafen sie auf das große Glück:

> Eines Tages, während wir den Büffeln folgten, campierte unsere Gruppe in einer kleinen Schlucht etwa 250 oder 300 Meilen nördlich von Santa Fé. Die Pferde waren angebunden, und wir bereiteten das Abendbrot vor, als einer der Männer in einem Felsspalt etwas entdeckte, das wie Gold aussah. Er zeigte es den andern, und wir kamen zu dem Schluß, daß es tatsächlich Gold war, was natürlich große Begeisterung hervorrief.

Beale und seine Männer, hieß es weiter in dem Brief, gruben dann mit Hilfe des örtlichen Stammes auf diesem Gelände nach Gold, und nach achtzehn Monaten hatten sie eine beträchtliche Menge des Edelmetalls sowie ein wenig Silber zusammen, das man in der Nähe gefunden hatte. Bald kam man überein, den plötzlichen Reichtum sicher zu verwahren, und beschloß, ihn nach Virginia zurückzubringen und ihn dort an einem geheimen Ort zu verstecken. Im Jahr 1820 reiste Beale mit dem Gold und Silber nach Lynchburg, fand einen geeigneten Platz und vergrub den Schatz. Während dieser Zeit logierte er zum ersten Mal im Washington Hotel und machte die Bekanntschaft von Morriss. Als Beale gegen Ende des Winters aufbrach, kehrte er zurück zu seinen Männern, die unterdessen weiter nach Gold gegraben hatten. Nach weiteren achtzehn Monaten ritt Beale erneut nach Lynchburg zurück und fügte seinem Vorrat weiteres Gold hinzu. Diesmal gab es jedoch noch einen anderen Grund für die Reise:

> Bevor ich meine Freunde in den Plains verließ, überlegten wir, daß der Schatz für unsere Angehörigen verloren sein würde, wenn uns etwas zustieße. Ich wurde daher angewiesen, eine vollkommen zuverlässige Person ausfindig zu machen, die, falls unsere Gruppe dies für angemessen hielt, ins Vertrauen gezogen werden sollte und unsere Wünsche hinsichtlich der jeweiligen Anteile ausführen sollte.

Beale hielt Morriss für einen integren Mann und übergab ihm deshalb die Kiste mit den drei verschlüsselten Blättern, den sogenannten Beale-Chiffren. Jedes Blatt enthielt eine Zahlenfolge, deren Entschlüsselung alle wesentlichen Einzelheiten enthüllen sollte; die erste Chiffre beschrieb angeblich, wo der Schatz lag, die zweite listete seinen Inhalt auf und die dritte nannte die Verwandten der Männer, die einen Teil des Schatzes erhalten sollten. Als Morriss all dies las, war es gut dreiundzwanzig Jahre her, seit er Thomas Beale zum letzten Mal gesehen hatte. Morriss ging davon aus, daß Beale und seine Männer tot waren, und fühlte sich verpflichtet, das Gold zu finden und es an die Verwandten zu verteilen. Allerdings war er ohne den versprochenen Schlüssel gezwungen, die Chiffren auf eigene Faust zu entschlüsseln, eine Aufgabe, die ihn in den nächsten zwanzig Jahren in Anspruch nahm und an der er schließlich scheiterte.

71, 194, 38, 1701, 89, 76, 11, 83, 1629, 48, 94, 63, 132, 16, 111,
95, 84, 341, 975, 14, 40, 64, 27, 81, 139, 213, 63, 90, 1120, 8, 15,
3, 126, 2018, 40, 74, 758, 485, 604, 230, 436, 664, 582, 150, 251,
284, 308, 231, 124, 211, 486, 225, 401, 370, 11, 101, 305, 139, 189,
17, 33, 88, 208, 193, 145, 1, 94, 73, 416, 918, 263, 28, 500, 538,
356, 117, 136, 219, 27, 176, 130, 10, 460, 25, 485, 18, 436, 65, 84,
200, 283, 118, 320, 138, 36, 416, 280, 15, 71, 224, 961, 44, 16, 401,
39, 88, 61, 304, 12, 21, 24, 283, 134, 92, 63, 246, 486, 682, 7,
219, 184, 360, 780, 18, 64, 463, 474, 131, 160, 79, 73, 440, 95, 18,
64, 581, 34, 69, 128, 367, 460, 17, 81, 12, 103, 820, 62, 116, 97,
103, 862, 70, 60, 1317, 471, 540, 208, 121, 890, 346, 36, 150, 59,
568, 614, 13, 120, 63, 219, 812, 2160, 1780, 99, 35, 18, 21, 136,
872, 15, 28, 170, 88, 4, 30, 44, 112, 18, 147, 436, 195, 320, 37,
122, 113, 6, 140, 8, 120, 305, 42, 58, 461, 44, 106, 301, 13, 408,
680, 93, 86, 116, 530, 82, 568, 9, 102, 38, 416, 89, 71, 216, 728,
965, 818, 2, 38, 121, 195, 14, 326, 148, 234, 18, 55, 131, 234, 361,
824, 5, 81, 623, 8, 961, 19, 26, 33, 10, 1101, 365, 92, 88, 181,
275, 346, 201, 206, 86, 36, 219, 324, 829, 840, 64, 326, 19, 48, 122,
85, 216, 284, 919, 861, 326, 985, 233, 64, 68, 232, 431, 960, 50, 29,
81, 216, 321, 603, 14, 612, 81, 360, 36, 51, 62, 194, 78, 60, 200,
314, 676, 112, 4, 28, 18, 61, 136, 247, 819, 921, 1060, 464, 895, 10,
6, 66, 119, 38, 41, 49, 602, 423, 962, 302, 294, 875, 78, 14, 23,
111, 109, 62, 31, 501, 823, 216, 280, 34, 24, 150, 1000, 162, 286,
19, 21, 17, 340, 19, 242, 31, 86, 234, 140, 607, 115, 33, 191, 67,
104, 86, 52, 88, 16, 80, 121, 67, 95, 122, 216, 548, 96, 11, 201,
77, 364, 218, 65, 667, 890, 236, 154, 211, 10, 98, 34, 119, 56, 216,
119, 71, 218, 1164, 1496, 1817, 51, 39, 210, 36, 3, 19, 540, 232, 22,
141, 617, 84, 290, 80, 46, 207, 411, 150, 29, 38, 46, 172, 85, 194,
39, 261, 543, 897, 624, 18, 212, 416, 127, 931, 19, 4, 63, 96, 12,
101, 418, 16, 140, 230, 460, 538, 19, 27, 88, 612, 1431, 90, 716, 275,
74, 83, 11, 426, 89, 72, 84, 1300, 1706, 814, 221, 132, 40, 102, 34,
868, 975, 1101, 84, 16, 79, 23, 16, 81, 122, 324, 403, 912, 227, 936,
447, 55, 86, 34, 43, 212, 107, 96, 314, 264, 1065, 323, 428, 601,
203, 124, 95, 216, 814, 2906, 654, 820, 2, 301, 112, 176, 213, 71,
87, 96, 202, 35, 10, 2, 41, 17, 84, 221, 736, 820, 214, 11, 60, 760.

Abbildung 19: Die erste Beale-Chiffre.

115, 73, 24, 807, 37, 52, 49, 17, 31, 62, 647, 22, 7, 15, 140, 47, 29, 107, 79, 84, 56, 239, 10,
26, 811, 5, 196, 308, 85, 52, 160, 136, 59, 211, 36, 9, 46, 316, 554, 122, 106, 95, 53, 58, 2, 42,
7, 35, 122, 53, 31, 82, 77, 250, 196, 56, 96, 118, 71, 140, 287, 28, 353, 37, 1005, 65, 147, 807,
24, 3, 8, 12, 47, 43, 59, 807, 45, 316, 101, 41, 78, 154, 1005, 122, 138, 191, 16, 77, 49, 102,
57, 72, 34, 73, 85, 35, 371, 59, 196, 81, 92, 191, 106, 273, 60, 394, 620, 270, 220, 106, 388,
287, 63, 3, 6, 191, 122, 43, 234, 400, 106, 290, 314, 47, 48, 81, 96, 26, 115, 92, 158, 191, 110,
77, 85, 197, 46, 10, 113, 140, 353, 48, 120, 106, 2, 607, 61, 420, 811, 29, 125, 14, 20, 37,
105, 28, 248, 16, 159, 7, 35, 19, 301, 125, 110, 486, 287, 98, 117, 511, 62, 51, 220, 37, 113,
140, 807, 138, 540, 8, 44, 287, 388, 117, 18, 79, 344, 34, 20, 59, 511, 548, 107, 603, 220, 7,
66, 154, 41, 20, 50, 6, 575, 122, 154, 248, 110, 61, 52, 33, 30, 5, 38, 8, 14, 84, 57, 540, 217,
115, 71, 29, 84, 63, 43, 131, 29, 138, 47, 73, 239, 540, 52, 53, 79, 118, 51, 44, 63, 196, 12,
239, 112, 3, 49, 79, 353, 105, 56, 371, 557, 211, 515, 125, 360, 133, 143, 101, 15, 284, 540,
252, 14, 205, 140, 344, 26, 811, 138, 115, 48, 73, 34, 205, 316, 607, 63, 220, 7, 52, 150, 44,
52, 16, 40, 37, 158, 807, 37, 121, 12, 95, 10, 15, 35, 12, 131, 62, 115, 102, 807, 49, 53, 135,
138, 30, 31, 62, 67, 41, 85, 63, 10, 106, 807, 138, 8, 113, 20, 32, 33, 37, 353, 287, 140, 47,
85, 50, 37, 49, 47, 64, 6, 7, 71, 33, 4, 43, 47, 63, 1, 27, 600, 208, 230, 15, 191, 246, 85, 94,
511, 2, 270, 20, 39, 7, 33, 44, 22, 40, 7, 10, 3, 811, 106, 44, 486, 230, 353, 211, 200, 31, 10,
38, 140, 297, 61, 603, 320, 302, 666, 287, 2, 44, 33, 32, 511, 548, 10, 6, 250, 557, 246, 53, 37,
52, 83, 47, 320, 38, 33, 807, 7, 44, 30, 31, 250, 10, 15, 35, 106, 160, 113, 31, 102, 406, 230,
540, 320, 29, 66, 33, 101, 807, 138, 301, 316, 353, 320, 220, 37, 52, 28, 540, 320, 33, 8, 48,
107, 50, 811, 7, 2, 113, 73, 16, 125, 11, 110, 67, 102, 807, 33, 59, 81, 158, 38, 43, 581, 138,
19, 85, 400, 38, 43, 77, 14, 27, 8, 47, 138, 63, 140, 44, 35, 22, 177, 106, 250, 314, 217, 2, 10,
7, 1005, 4, 20, 25, 44, 48, 7, 26, 46, 110, 230, 807, 191, 34, 112, 147, 44, 110, 121, 125, 96,
41, 51, 50, 140, 56, 47, 152, 540, 63, 807, 28, 42, 250, 138, 582, 98, 643, 32, 107, 140, 112,
26, 85, 138, 540, 53, 20, 125, 371, 38, 36, 10, 52, 118, 136, 102, 420, 150, 112, 71, 14, 20, 7,
24, 18, 12, 807, 37, 67, 110, 62, 33, 21, 95, 220, 511, 102, 811, 30, 83, 84, 305, 620, 15, 2,
108, 220, 106, 353, 105, 106, 60, 275, 72, 8, 50, 205, 185, 112, 125, 540, 65, 106, 807, 188,
96, 110, 16, 73, 33, 807, 150, 409, 400, 50, 154, 285, 96, 106, 316, 270, 205, 101, 811, 400,
8, 44, 37, 52, 40, 241, 34, 205, 38, 16, 46, 47, 85, 24, 44, 15, 64, 73, 138, 807, 85, 78, 110, 33,
420, 505, 53, 37, 38, 22, 31, 10, 110, 106, 101, 140, 15, 38, 3, 5, 44, 7, 98, 287, 135, 150, 96,
33, 84, 125, 807, 191, 96, 511, 118, 440, 370, 643, 466, 106, 41, 107, 603, 220, 275, 30, 150,
105, 49, 53, 287, 250, 208, 134, 7, 53, 12, 47, 85, 63, 138, 110, 21, 112, 140, 485, 486, 505,
14, 73, 84, 575, 1005, 150, 200, 16, 42, 5, 4, 25, 42, 8, 16, 81 1, 125, 160, 32, 205, 603, 807,
81, 96, 405, 41, 600, 136, 14, 20, 28, 26, 353, 302, 246, 8, 131, 160, 140, 84, 440, 42, 16, 811,
40, 67, 101, 102, 194, 138, 205, 51, 63, 241, 540, 122, 8, 10, 63, 140, 47, 48, 140, 288.

Abbildung 20: Die zweite Beale-Chiffre.

317, 8, 92, 73, 112, 89, 67, 318, 28, 96, 107, 41, 631, 78, 146, 397, 118, 98, 114,
246, 348, 116, 74, 88, 12, 65, 32, 14, 81, 19, 76, 121, 216, 85, 33, 66, 15, 108,
68, 77, 43, 24, 122, 96, 117, 36, 211, 301, 15, 44, 11, 46, 89, 18, 136, 68, 317,
28, 90, 82, 304, 71, 43, 221, 198, 176, 310, 319, 81, 99, 264, 380, 56, 37, 319, 2,
44, 53, 28, 44, 75, 98, 102, 37, 85, 107, 117, 64, 88, 136, 48, 154, 99, 175, 89,
315, 326, 78, 96, 214, 218, 311, 43, 89, 51, 90, 75, 128, 96, 33, 28, 103, 84, 65,
26, 41, 246, 84, 270, 98, 116, 32, 59, 74, 66, 69, 240, 15, 8, 121, 20, 77, 89,
31, 11, 106, 81, 191, 224, 328, 18, 75, 52, 82, 117, 201, 39, 23, 217, 27, 21, 84,
35, 54, 109, 128, 49, 77, 88, 1, 81, 217, 64, 55, 83, 116, 251, 269, 311, 96, 54,
32, 120, 18, 132, 102, 219, 211, 84, 150, 219, 275, 312, 64, 10, 106, 87, 75, 47,
21, 29, 37, 81, 44, 18, 126, 115, 132, 160, 181, 203, 76, 81, 299, 314, 337, 351,
96, 11, 28, 97, 318, 238, 106, 24, 93, 3, 19, 17, 26, 60, 73, 88, 14, 126, 138,
234, 286, 297, 321, 365, 264, 19, 22, 84, 56, 107, 98, 123, 111, 214, 136, 7, 33,
45, 40, 13, 28, 46, 42, 107, 196, 227, 344, 198, 203, 247, 116, l9, 8, 212, 230,
31, 6, 328, 65, 48, 52, 59, 41, 122, 33, 117, 11, 18, 25, 71, 36, 45, 83, 76, 89,
92, 31, 65, 70, 83, 96, 27, 33, 44, 50, 61, 24, 112, 136, 149, 176, 180, 194,
743, 171, 205, 296, 87, 12, 44, 51, 89, 98, 34, 41, 208, 173, 66, 9, 35, 16, 95,
8, 113, 175, 90, 56, 203, 19, 177, 183, 206, 157, 200, 218, 260, 291, 305, 618,
951, 320, 18, 124, 78, 65, 19, 32, 124, 48, 53, 57, 84, 96, 207, 244, 66, 82, 119,
71, 11, 86, 77, 213, 54, 82, 316, 245, 303, 86, 97, 106, 212, 18, 37, 15, 81, 89,
16, 7, 81, 39, 96, 14, 43, 216, 118, 29, 55, 109, 136, 172, 213, 64, 8, 227, 304,
611, 221, 364, 819, 375, 128, 296, 1, 18, 53, 76, 10, 15, 23, 19, 71, 84, 120,
134, 66, 73, 89, 96, 230, 48, 77, 26, 101, 127, 936, 218, 439, 178, 171, 61, 226,
313, 215, 102, 18, 167, 262, 114, 218, 66, 59, 48, 27, 19, 13, 82, 48, 162, 119,
34, 127, 139, 34, 128, 129, 74, 63, 120, 11, 54, 61, 73, 92, 180, 66, 75, 101,
124, 265, 89, 96, 126, 274, 896, 917, 434, 461, 235, 890, 312, 413, 328, 381,
96, 105, 217, 66, 118, 22, 77, 64, 42, 12, 7, 55, 24, 83, 67, 97, 109, 121, 135,
181, 203, 219, 228, 256, 21, 34, 77, 319, 374, 382, 675, 684, 717, 864, 203, 4,
18, 92, 16, 63, 82, 22, 46, 55, 69, 74, 112, 134, 186, 175, 119, 213, 416, 312,
343, 264, 119, 186, 218, 343, 417, 845, 951, 124, 209, 49, 617, 856, 924, 936,
72, 19, 28, 11, 35, 42, 40, 66, 85, 94, 112, 65, 82, 115, 119, 236, 244, 186,
172, 112, 85, 6, 56, 38, 44, 85, 72, 32, 47, 73, 96, 124, 217, 314, 319, 221,
644, 817, 821, 934, 922, 416, 975, 10, 22, 18, 46, 137, 181, 101, 39, 86,
103, 116, 138, 164, 212, 218, 296, 815, 380, 412, 460, 495, 675, 820,
952.

Abbildung 21: Die dritte Beale-Chiffre.

Im Jahre 1862, im Alter von 84 Jahren, wurde Morriss klar, daß sein Leben zu Ende ging und daß er jemanden finden mußte, mit dem er das Geheimnis der Beale-Geheimschrift teilen konnte, denn sonst würde jede Hoffnung, Beales Wünsche zu erfüllen, mit ihm begraben werden. Morriss vertraute sich einem Freund an, doch leider bleibt dessen Identität ein Rätsel. Alles, was wir von Morriss' Freund wissen, ist, daß er 1885 die kleine Schrift verfaßte, weshalb ich ihn im folgenden schlicht als *den Verfasser* bezeichne. Der Verfasser selbst erklärt in seiner Schrift, warum er anonym bleiben will:

> Ich sehe voraus, daß diese Papiere weite Verbreitung finden. Um einer Vielzahl von Briefen zu entgehen, mit denen ich aus allen Teilen der Union überschüttet würde, mit allen möglichen Anfragen und Begehrlichkeiten, die, wenn ich ihnen nachkommen würde, meine gesamte Zeit in Anspruch nähmen und nur die Art meiner Arbeit ändern würden, habe ich beschlossen, meinen Namen aus dieser Publikation zu streichen, wobei ich allen Interessierten versichere, daß ich alles mitgeteilt habe, was ich von dieser Sache weiß, und daß ich den hierin enthaltenen Ausführungen kein Wort hinzufügen kann.

Um seine Anonymität zu wahren, bat der Verfasser James B. Ward, als sein Agent und Verleger zu fungieren.

Alles, was wir über die seltsame Geschichte der Beale-Chiffren wissen, ist in dieser Schrift enthalten. Dem Verfasser verdanken wir die drei Blätter mit den Chiffren und Morriss' Schilderung der Geschichte. Zudem ist es dem Verfasser gelungen, die zweite Beale-Chiffre zu entschlüsseln. Wie die erste und die dritte besteht die zweite Chiffre aus einer Zahlenfolge, die eine Seite füllt. Der Verfasser nahm an, daß jede Zahl einen Buchstaben darstelle. Allerdings übertrifft die Gesamtzahl der Zahlen bei weitem die der Buchstaben im Alphabet, und der Verfasser erkannte, daß er es mit einer Verschlüsselung zu tun hatte, bei der verschiedene Zahlen für denselben Buchstaben stehen. Ein Verfahren, bei dem so vorgegangen wird, ist die sogenannte *Buch-Verschlüsselung*. Es gibt verschiedene Spielarten, doch eine verbreitete Methode nutzt ein Buch oder einen anderen Text als Schlüssel. Der Verschlüßler numeriert zunächst der Reihe nach jedes Wort im Schlüsseltext. Dann wird jede Zahl zum Stellvertreter des jeweiligen Anfangsbuchstabens. [1]Wenn [2]Sender [3]und [4]Empfänger [5]sich [6]zum [7]Beispiel [8]abgesprochen [9]hätten, [10]diesen [11]Satz [12]als [13]Schlüsseltext [14]zu [15]verwenden, [16]dann [17]ließe [18]sich [19]jedes [20]Wort, [21]wie [22]hier [23]gezeigt, [24]mit [25]einer [26]Zahl [27]versehen. Als nächstes wird eine Liste mit den Zuordnungen von Zahlen und Buchstaben angefertigt:

1 = w	10 = d	19 = j
2 = s	11 = s	20 = w
3 = u	12 = a	21 = w
4 = e	13 = s	22 = h
5 = s	14 = z	23 = g
6 = z	15 = v	24 = m
7 = b	16 = d	25 = e
8 = a	17 = l	26 = z
9 = h	18 = s	27 = v

Jetzt können wir eine Nachricht verschlüsseln, indem wir gemäß der Liste die Buchstaben im Klartext durch die Zahlen ersetzen. In diesem Beispiel würde der Klartextbuchstabe u durch 3 ersetzt, doch der Klartextbuchstabe e könnte durch 4 und durch 25 ersetzt werden. Weil unser Schlüsseltext ein so kurzer Satz ist, haben wir keine Zahlen, mit denen wir seltene Buchstaben wie x und y ersetzen können, doch wir haben genügend Stellvertreter, um das Wort beale zu verschlüsseln, das zu 7-4-8-17-25 wird. Wenn der richtige Empfänger eine Kopie des Schlüsseltextes hat, dann ist die Entschlüsselung der geheimen Botschaft ein Kinderspiel. Wenn jedoch der Geheimtext in die Hände Dritter gelangt, dann hängt die Entschlüsselung davon ab, ob man den Schlüsseltext irgendwie ausfindig machen kann. Der Verfasser der Schrift erklärt: »Aufgrund dieser Idee probierte ich es mit jedem Buch, das ich mir verschaffen konnte. Ich numerierte die Buchstaben durch und verglich die Zahlen mit denen des Manuskripts, allerdings ohne Erfolg, bis die Unabhängigkeitserklärung den Schlüssel für eines der Blätter ergab und all meine Hoffnungen wiederbelebte.«

Die amerikanische Unabhängigkeitserklärung erwies sich als Schlüsseltext der zweiten Beale-Geheimschrift. Indem man ihre Wörter durchnumeriert, läßt sich der Text entziffern. Abbildung 22 zeigt den Anfang der Unabhängigkeitserklärung. Jedes zehnte Wort ist numeriert, um zu verdeutlichen, wie die Entschlüsselung funktioniert. Abbildung 20 zeigt den Geheimtext – die erste Zahl ist die 115, das 115te Wort in der Erklärung ist »instituted«, und deshalb steht die erste Zahl für i. Die zweite Zahl im Geheimtext ist 73, das 73te Wort in der Erklärung ist »hold«, also steht sie für h. Auf diese Weise läßt sich der Klartext hinter dem zweiten Geheimtext von Beale entziffern. Hier ist – ins Deutsche übersetzt – der entschlüsselte Text, wie er in der Schrift abgedruckt ist:

> Ich habe in Bedford County, etwa vier Meilen von Buford, in einer Aushöhlung sechs Meter unter der Erdoberfläche, die folgenden Gegenstände deponiert, die jenen Personen gehören, welche in Nummer »3« genannt sind:
> Das erste Depot besteht aus 1014 Pfund Gold und 3812 Pfund Silber, eingelagert im November 1819. Das zweite Depot wurde im Dezember 1821 angelegt und besteht aus 1907 Pfund Gold und 1280 Pfund Silber; zudem Juwelen, erworben in St. Louis im Tausch für Silber, um den Transport zu erleichtern, und auf 13000 Dollar geschätzt.
> Obiges ist sicher in eisernen Gefäßen mit Eisendeckeln verpackt. Der Hohlraum ist grob mit Steinen umfaßt und die Ge-

When in the course of human events, it becomes necessary [10]for one people to dissolve the political bands which have [20]connected them with another, and to assume among the powers [30]of the earth, the separate and equal station to which [40]the Laws of Nature and of Nature's God entitle [50]them, a decent respect to the opinions of mankind requires [60]that they should declare the causes which impel them to [70]the separation.

We hold these truths to be self-evident, [80]that all men are created equal, that they are endowed [90]by their Creator with certain inalienable Rights, that among these [100]are life, liberty and the pursuit of Happiness; That to [110]secure these rights, governments are instituted among Men, deriving their [120]just powers from the consent of the governed; That whenever [130]any Form of Government becomes destructive of these ends, it [140]is the right of the people to alter or to [150]abolish it, and to institute a new government, laying [160]its foundation on such principles and organizing its powers in such [170]form, as to them shall seem most likely to effect [180]their safety and happiness. Prudence, indeed, will dictate that Governments [190]long established should not be changed for light and transient [200]causes; and accordingly all experience hath shewn, that mankind are [210]more disposed to suffer, while evils are sufferable, than to [220]right themselves by abolishing the forms to which they are [230]accustomed.

But when a long train of abuses and usurpations, [240]pursuing invariably the same object evinces a design to reduce them [250]under absolute Despotism, it is their right, it is their [260]duty, to throw off such governent, and to provide new [270]Guards for their future security. Such has been the patient [280]sufferance of these Colonies; and such is now the necessity [290]which constrains them to alter their former systems of government. [300]The history of the present King of Great Britain is [310]a history of repeated injuries and usurpations, all having in [320]direct object the establishment of an absolute Tyranny over these [330]States. To prove this, let facts be submitted to a [340]candid world.

Abbildung 22: Die ersten drei Abschnitte der amerikanischen Unabhängigkeitserklärung, bei der jedes zehnte Wort numeriert ist. Dies ist der Schlüssel für die zweite Beale-Chiffre.

fäße ruhen auf hartem Gestein und sind mit solchem bedeckt. Papier Nummer »1« beschreibt die genaue Lage des Hohlraums, so daß es nicht schwierig sein dürfte, ihn zu finden.

Nicht übergangen werden sollte, daß der Geheimtext einige Fehler enthält. So ergibt die Entschlüsselung etwa die Wörter »vier Meilen«, was bedeuten würde, daß das 95te Wort der Unabhängigkeitserklärung mit »u« beginnt. Dieses Wort lautet jedoch »inalienable«. Man könnte dies Beales schlampiger Verschlüsselung zuschreiben oder auch dem Umstand, daß Beale ein Exemplar der Unabhängigkeitserklärung besaß, in dem das 95te Wort »unalienable« ist, das tatsächlich in einigen Auflagen aus dem frühen 19. Jahrhundert auftaucht. Wie auch immer, die erfolgreiche Entzifferung ließ eindeutig auf den Wert des Schatzes schließen – mindestens 20 Millionen Dollar bei den heutigen Edelmetallpreisen.

Sobald der Verfasser den Wert des Schatzes kannte, verbrachte er natürlich immer mehr Zeit damit, die anderen beiden verschlüsselten Seiten zu dechiffrieren, besonders die erste, die den Ort des Schatzes beschreibt. Trotz heftiger Anstrengungen scheiterte er. Die Zahlenreihen brachten ihm nichts als Leid ein:

> Da ich mit dieser Suche sehr viel Zeit verloren habe, bin ich nicht mehr, wie einst, verhältnismäßig wohlhabend, sondern völlig verarmt. Damit habe ich auch Leid über jene gebracht, die ich pflichtgemäß hätte schützen müssen, und dies auch noch ungeachtet ihrer Ermahnungen. Endlich gehen mir die Augen über ihr Leiden auf, und ich beschließe, sofort und für immer alle Beschäftigung mit dieser Angelegenheit aufzugeben und wenn möglich meine Fehler wiedergutzumachen. Zu diesem Zweck und als bestes Mittel, um mich vor künftiger Versuchung zu schützen, habe ich beschlossen, die ganze Sache öffentlich zu machen und mir die Verantwortung gegenüber Mr. Morriss von der Schulter zu laden.

So wurden die Geheimtexte, zusammen mit allem andern, was der Verfasser wußte, im Jahr 1885 veröffentlicht. Obwohl ein Feuer in einem Lagerhaus die meisten Exemplare der Schrift zerstörte, erregten die übriggebliebenen in Lynchburg einiges Aufsehen. Zu den eifrigsten Schatzsuchern, die von den Beale-Chiffren angezogen wurden, gehörten die Brüder George und Clayton Hart. Jahrelang brüteten sie über den beiden verbliebenen Geheimtexten und unternahmen verschiedene kryptoanalytische Angriffe, wobei sie sich gelegentlich auch einredeten, die Lösung gefunden zu haben. Ein falscher Ansatz läßt gelegentlich ein paar verlockende Wörter in einem Meer aus Nonsens auftauchen, und die Entschlüßler neigen dann dazu, den unverständlichen Rest mit einer Reihe fauler Ausreden wegzuerklären. Für den nüchternen Beobachter ist die Entzifferung offensichtlich nichts weiter als Wunschdenken, doch für den vernarrten Schatzsucher macht alles Sinn. Eine der versuchsweisen Entschlüsselungen der Harts brachte sie so weit, irgendwo mit Dynamit ein Loch in die Erde zu sprengen – doch leider fand sich in dem entstandenen Krater kein Gold. Während Clayton Hart 1912 aufgab, arbeitete George bis 1952 an den Beale-Chiffren.

Auch professionelle Kryptoanalytiker verfolgten die Spur des Beale-Schatzes. Herbert O. Yardley, der gegen Ende des Ersten Weltkriegs das U.S. Cipher Bureau gründete (das als Schwarze Kammer Amerikas bezeichnet wurde), fesselten die Beale-Zahlen ebenso wie Colonel William Friedman, die bedeutendste Gestalt der amerikanischen Kryptoanalyse in der ersten Hälfte des 20. Jahrhunderts. Als Leiter des Signal Intelligence Service baute er die Beale-Zahlen in das Trainingsprogramm ein, vermutlich, wie seine Frau einst sagte, weil er glaubte, die Zahlen seien von »diabolischer Genialität, eigens darauf angelegt, den arglosen Leser in die Irre zu führen«. Das Friedman-Archiv, das nach seinem Tod 1969 im George C. Marschall-Forschungszentrum eingerichtet wurde, wird häufig von Militärhistorikern konsultiert, doch die bei weitem meisten Besucher sind versessene Beale-Süchtige, die darauf hoffen, einen der Ansätze des großen Mannes weiterverfolgen zu können. In jüngerer Zeit hat sich bei der Jagd nach dem Beale-Schatz vor allem Carl Hammer hervorgetan, der pensionierte Direktor der Abteilung für Computerwissenschaft bei Sperry Univac und einer der Pioniere der computergestützten Kryptoanalyse. Hammer zufolge beschäftigen die Beale-Zahlen »mindestens ein Zehntel der besten kryptoanalytischen Köpfe im Land. Und keinem Dollar, den dies kostet, sollte nachgetrauert werden. Die Arbeit – selbst die Spuren, die in Sackgassen mündeten – hat sich bei der Fortentwicklung und Verfeinerung der Computerforschung mehr als ausgezahlt«.

Die Stärke der ungelösten Beale-Chiffren mag die Leser verblüffen, vor allem, wenn sie daran denken, daß wir weiter oben den Dauerclinch zwischen Verschlüßlern und Entschlüßlern an einem Punkt verließen, an dem die Codebrecher die Oberhand gewonnen hatten. Babbage und Kasiski hatten ein Verfahren entwickelt, um die Vigenère-Verschlüsselung zu knakken, und die Verschlüßler suchten verzweifelt nach etwas, das an ihre Stelle treten könnte. Wie kommt es dann, daß Beale etwas derart Unüberwindliches in die Welt setzen konnte? Die Antwort lautet, daß die Beale-Geheimschriften unter Bedingungen geschaffen wurden, die dem Kryptographen einen großen Vorteil gewährten. Die Botschaften waren ein einmaliges Stück Korrespondenz, und weil sie sich auf einen so wertvollen Schatz bezogen, war Beale vielleicht bereit, einen besonderen, einmaligen Schlüssel für die erste und dritte Geheimschrift zu schaffen. Es ist möglich, daß Beale selbst den Schlüsseltext verfaßte, was erklären würde, warum es den Kryptoanalytikern nicht gelang, den Schlüssel anhand des gesamten publizierten Materials zu finden. Es ist denkbar, daß Beale eine 2000 Wörter umfassende private Abhandlung über die Büffeljagd schrieb, von der es nur ein Exemplar gab. Nur der Besitzer des Aufsatzes, des einzigartigen Schlüsseltextes, wäre dann in der Lage, die erste und dritte Geheimschrift Beales zu entziffern. Beale erwähnt, daß er den Schlüssel »in der Hand eines Freundes« in St. Louis gelassen hat, doch wenn der Freund ihn verloren oder vernichtet hat, dann sind die Kryptoanalytiker vielleicht nie in der Lage, die Beale-Geheimtexte zu knacken.

Einen einmaligen Schlüsseltext für eine Botschaft zu verfassen ist viel sicherer als einen Schlüssel auf Basis eines veröffentlichten Buches zu verwenden, doch praktikabel ist es nur, wenn der Sender die Zeit hat, den Schlüsseltext zu schreiben, und ihn dem richtigen Empfänger überbringen kann, und das sind für den täglichen Nachrichtenverkehr zwischen Geschäftspartnern unmögliche Voraussetzungen. Beale jedoch konnte seinen Schlüsseltext in aller Ruhe verfassen, ihn seinem Freund in St. Louis bringen, wann immer er zufällig auf der Durchreise war, und ihn dann zu einem frei gewählten späteren Zeitpunkt versenden oder abholen lassen, wann auch immer der Schatz geborgen werden sollte.

Es ist auch möglich, daß der Schatz vor vielen Jahren entdeckt wurde und der Finder sich mit ihm davongestohlen hat, ohne von den Ortsansässigen bemerkt zu werden. Einige Beale-Fanatiker mit einer Neigung zu Verschwörungstheorien behaupten, die National Security Agency (NSA) habe den Schatz bereits gefunden. Die zentrale amerikanische Chiffrierbehörde verfügt über die stärksten Computer und einige der brillantesten Köpfe der Welt. Vielleicht hat man dort etwas an den Geheimschriften entdeckt, das allen andern entgangen ist. Daß man kein Wort gesagt hat, würde zum Ruf der Verschwiegenheit passen – es heißt, NSA stehe nicht für National Security Agency, sondern für »Never Say Anything« (Sag nie was) oder »No Such Agency« (Eine solche Behörde gibt's nicht).

Schließlich können wir auch die Möglichkeit nicht ausschließen, daß die Beale-Chiffren ein grandioser Jux sind und daß Beale nie gelebt hat. Skeptische Stimmen behaupten, daß ein Unbekannter, von Poes *Goldkäfer* inspiriert, die ganze Geschichte erfunden und die Schrift veröffentlicht hat, um aus der Gier anderer Gewinn zu schlagen.

Zu den stärksten Skeptikern gehört der Kryptograph Louis Kruh, der behauptet, den Beweis gefunden zu haben, daß der Verfasser der Schrift auch Beales Briefe geschrieben hat, den einen, der ihm angeblich aus St. Louis zugegangen war, und den anderen aus der Kiste. Kruh untersuchte die Wörter des Textes, die dem Verfasser zugeschrieben werden, und diejenigen, die angeblich von Beale stammen, um herauszufinden, ob es Ähnlichkeiten gibt. Er verglich Textmerkmale, etwa den Prozentsatz von Sätzen, die mit The, Of und And beginnen, die durchschnittliche Zahl der Kommas und Strichpunkte pro Satz, den Stil, etwa die Verwendung von Verneinungen, Passiven, Verlaufsformen und Relativsätzen. Neben dem Text des Verfassers und Beales Briefen bezog die Untersuchung auch die Schriften dreier anderer Virginier des 19. Jahrhunderts mit ein. Von den fünf Textproben hatten die von Beale und dem Verfasser der Schrift die größte Ähnlichkeit, und daher ist es durchaus möglich, daß sie vom selben Autor stammen. Mit anderen Worten, der Verfasser hat womöglich die Beale zugeschriebenen Briefe selbst fabriziert und die ganze Geschichte frei erfunden.

Andererseits gibt es Hinweise zugunsten des Klartextgehalts der Chiffren aus der historischen Forschung zur Person des Thomas Beale. Peter Viemeister, ein Lokalhistoriker, hat einen Großteil der Ergebnisse in seinem Buch *The Beale Treasure – History of a Mystery* zusammengetragen. Viemeister fragte sich zunächst, ob es irgendwelche Belege dafür gibt, daß Thomas Beale je existiert hat. Anhand der Volkszählung von 1790 und anderer Dokumente hat Viemeister mehrere Thomas Beales ausfindig gemacht, die in Virginia geboren wurden und deren Personalien zu den wenigen bekannten Eigenschaften passen. Viemeister hat zudem versucht, die anderen Angaben in der Schrift zu überprüfen, etwa Beales Reise nach Santa Fé und seine Entdeckung des Goldes. So gibt es eine Legende der Cheyenne aus der Zeit um 1820, in der von Gold und Silber erzählt wird, das aus dem Westen geholt und in den Bergen des

Ostens vergraben wurde. Auch die Liste eines Postmeisters in St. Louis aus dem Jahr 1820 nennt einen »Thomas Beall«, was zu der Behauptung der Schrift paßt, daß Beale 1820, nachdem er Lynchburg verlassen hatte, auf dem Weg nach Westen durch die Stadt kam. In der Schrift heißt es auch, Beale habe 1822 einen Brief aus St. Louis geschickt. So scheint die Geschichte der Beale-Chiffren einigen historischen Rückhalt zu haben, und so wird sie wohl auch weiterhin Kryptoanalytiker und Schatzsucher gleichermaßen fesseln.

Nun, da die Geschichte der Beale-Chiffren erzählt ist, mögen sich auch einige Leser dieses Buches angestachelt fühlen, die Herausforderung anzunehmen. Die Verlockung einer ungelösten Geheimschrift aus dem 19. Jahrhundert, zusammen mit einem Schatz von 20 Millionen Dollar, könnte sich als unwiderstehlich erweisen. Bevor sich jemand auf die Schatzsuche macht, sollte er allerdings den Rat bedenken, den der Verfasser der Schrift gibt:

> Bevor ich diese Unterlagen an die Öffentlichkeit gebe, möchte ich ein Wort an jene richten, die Interesse daran finden werden, und ihnen einen kleinen Ratschlag aufgrund eigener bitterer Erfahrung geben. Er lautet, nur soviel Zeit für die Aufgabe zu verwenden, wie Sie von ihrem eigentlichen Tageswerk abzweigen können, und es sein zu lassen, wenn Sie keine Zeit erübrigen können... Noch einmal, opfern Sie niemals, wie ich es tat, Ihre und die Interessen Ihrer Familie für etwas, das sich vielleicht als Trugbild herausstellt. Doch wie schon gesagt, wenn Sie Ihr Tageswerk erledigt haben und Sie bequem zu Hause am Kamin sitzen, dann könnte ein klein wenig Zeit, die Sie für die Sache erübrigen, niemandem schaden und am Ende belohnt werden.

3

Die Mechanisierung der Verschlüsselung

Das Zimmermann-Telegramm, die Enigma und wie die Kryptographen den Ersten und Zweiten Weltkrieg beeinflußten

Gegen Ende des 19. Jahrhunderts war die Kryptographie in einem kläglichen Zustand. Seit Babbage und Kasiski die Vigenère-Verschlüsselung geknackt hatten, waren die Kryptographen auf der Suche nach einem neuen Verfahren. Es sollte wieder möglich werden, Nachrichten geheim zu übermitteln, damit beispielsweise Kaufleute das schnelle Telegramm nutzen konnten, ohne daß es entziffert und Informationen gestohlen wurden. Zudem erfand der italienische Physiker Guglielmo Marconi um die Jahrhundertwende ein viel mächtigeres Verfahren zur Telekommunikation, und die sichere Verschlüsselung war nun notwendiger denn je.

Marconi begann 1894 mit einer merkwürdigen Eigenschaft elektrischer Stromkreise zu experimentieren. Unter bestimmten Bedingungen konnte ein Stromkreis, der Strom führte, in einem anderen, nicht direkt angeschlossenen und in einiger Entfernung befindlichen Leiter einen Strom induzieren. Marconi baute seine Anlage aus, fügte Antennen hinzu und erhöhte die Leistung, und bald gelang es ihm, informationstragende Wellen über Entfernungen von bis zu zweieinhalb Kilometern zu senden und zu empfangen. Marconi hatte das Funkgerät erfunden. Der Telegraf war schon seit einem halben Jahrhundert in Gebrauch, doch er benötigte einen Draht, um die Nachricht zwischen Sender und Empfänger zu transportieren, während Marconis Verfahren den großen Vorteil hatte, drahtlos zu sein – das Signal bewegte sich wie von Zauberhand durch den Äther.

Auf der Suche nach Geldgebern für seine Idee wanderte Marconi 1896 nach England aus und ließ dort sein erstes Patent eintragen. Er trieb seine Experimente voran und konnte bald die Reichweite seiner Funkübertragungen vergrößern. Zunächst schickte er eine Botschaft über die 15 Kilometer des Kanals von Bristol, dann über die 53 Kilometer des Ärmelkanals bis nach Frankreich. Zugleich begann er nach wirtschaftlichen Anwendungen für seine Erfindung zu suchen, wobei er die möglichen Investoren auf die beiden Hauptvorteile des Funks hinwies: der Bau teurer Telegrafenleitungen war überflüssig, und es gab die Möglichkeit, Nachrichten zwischen abgelegenen Orten zu übermitteln. Im Jahr 1899 erregte er gewaltiges Aufsehen, als er zwei Schiffe mit Funkanlagen ausrüstete, so daß die Journalisten, die über das wichtigste Jachtrennen der Welt, den America's Cup, berichteten, ihre Meldungen noch rechtzeitig für die am nächsten Tag erscheinenden Blätter nach New York schicken konnten.

Marconis Erfindung ließ die Militärs aufhorchen, die sie mit einer Mischung aus Begehrlichkeit und Argwohn betrachteten. Die taktischen Vorteile des Funkverkehrs lagen auf der Hand: Er ermöglichte die direkte Kommunikation zwischen beliebigen Orten, ohne daß eine Drahtverbindung nötig war. Der Bau einer solchen Drahtverbindung war häufig umständlich und gelegentlich unmöglich. Zum Beispiel hatte ein Flottenkommandeur mit Stützpunkt in einem Hafen keine Möglichkeit, mit seinen Schiffen Verbindung aufzunehmen, die manchmal monatelang auf Fahrt waren, doch das Funkgerät versetzte ihn in die Lage, seine gesamte Flotte vom Festland aus zu befehligen. Und die Generäle konnten während der Feldzüge ständige Verbindung zu ihren Truppen halten, wo immer sie sich befanden. Zu verdanken war dies der Tatsache, daß sich die Funkwellen in alle Richtungen ausbreiten und ihre Empfänger erreichen, wo immer sie sein mögen. Allerdings ist dieser überragende Vorteil der Funkwellen auch ihr größter militärischer Schwachpunkt, denn die Nachrichten werden nicht nur den vorgesehenen Empfänger, sondern unweigerlich auch den Gegner erreichen. Eine zuverlässige Verschlüsselung war nun absolut notwendig. Wenn der Gegner jede Funkmeldung abhören konnte, dann mußten die Kryptographen einen Weg finden, um sie an der Entschlüsselung der Meldungen zu hindern.

Dieser zwiespältige Fortschritt durch den Funk – einfacher Nachrichtenverkehr und einfaches Abhören – rückte mit dem Ausbruch des Ersten Weltkriegs in den Mittelpunkt der Aufmerksamkeit. Alle Seiten waren erpicht darauf, die Möglichkeiten des Funkverkehrs auszuschöpfen, doch zugleich wußte man nicht genau, wie man dessen Sicherheit gewährleisten sollte. Die Entwicklung des Funkverkehrs und der Ausbruch des Ersten Weltkriegs führten zu einem drastisch verstärkten Bedarf an Verschlüsselung. Man hoffte allseits auf einen Durchbruch, auf ein neues Verschlüsselungsverfahren, das den militärischen Befehlshabern die Geheimhaltung sichern würde. Allerdings gab es zwischen 1914 und 1918 keine großartige Entdeckung, vielmehr eine ganze Reihe kryptographischer Fehlschläge. Die Fachleute warteten mit einigen neuen Verschlüsselungsmethoden auf, doch es war nur eine Frage der Zeit, bis sie geknackt wurden. Die Deutschen litten am stärksten unter den Mängeln ihrer Verschlüsselungsverfahren. In welchem Ausmaß ihnen die alliierten Codebrecher überlegen waren und wie stark sie den Verlauf des Ersten Weltkriegs beeinflußten, offenbart vor allem die Entschlüsselung eines deutschen Telegramms, das die Engländer am 17. Januar 1917 abfingen.

Anfang 1917 planten die Deutschen eine neue Offensive zur See, doch gab es Bedenken, dies könnte zur unbeabsichtigten Beschädigung oder gar zur Versenkung amerikanischer Schiffe führen. Bis zu diesem Zeitpunkt war Amerika neutral geblieben, doch die deutsche Offensive und versehentliche Angriffe auf seine Schiffe würden Amerika womöglich in den Krieg ziehen, was Deutschland unbedingt zu vermeiden suchte. Daher wollte der deutsche Außenminister Arthur Zimmermann ein Bündnis mit Mexiko schließen. Sollte Amerika in den Krieg eintreten, würde Deutschland Mexiko helfen, seine an die Vereinigten Staaten verlorenen Gebiete zurückzuerobern, und die Amerikaner damit zwingen, den Großteil ihrer Truppen, statt sie auf die europäischen Schlachtfelder zu entsenden, im eigenen Land zu halten. Am 16. Januar formulierte Zimmermann seinen Vorschlag in einem Telegramm an den deutschen Botschafter in Washington, Bernstorff, der es an den deutschen Gesandten in Mexiko übermittelte, welcher es schließlich dem mexikanischen Präsidenten vorlegen sollte. Abbildung 23 zeigt das verschlüsselte Telegramm, die Klarbotschaft lautet:

Wir beabsichtigen, am ersten Februar uneingeschränkten U-Boot-Krieg zu beginnen. Es wird versucht werden, Vereinigte Staaten trotzdem neutral zu halten. Für den Fall, daß dies nicht gelingen sollte, schlagen wir Mexiko auf folgender Grundlage Bündnis vor. Gemeinsam Krieg führen. Gemeinsam Friedensschluß. Reichlich finanzielle Unterstützung und Einverständnis unsererseits, daß Mexiko in Texas, New Mexico, Arizona früher verlorenes Gebiet zurückerobert. Regelung im einzelnen Euer Hoheit überlassen.
Sie wollen Vorstehendes dem Präsidenten streng geheim eröffnen, sobald Kriegsausbruch mit Vereinigten Staaten feststeht, und Anregung hinzufügen, Japan von sich aus zu sofortigem Beitritt einzuladen und gleichzeitig zwischen uns und Japan zu vermitteln.
Bitte den Präsidenten darauf hinweisen, daß rücksichtslose Anwendung unserer U-Boote jetzt Aussicht bietet, England in wenigen Monaten zum Frieden zu zwingen. Empfang bestätigen.

Zimmermann.

Zimmermann mußte sein Telegramm verschlüsseln, weil bekannt war, daß die Alliierten den gesamten transatlantischen Nachrichtenverkehr der Deutschen abhören konnten. Dafür hatten die Briten mit ihrer ersten Angriffsaktion im Krieg gesorgt. Am ersten Tag des Ersten Weltkriegs, noch vor Morgengrauen, hatte sich das britische Schiff *Telconia* im Schutz der Dunkelheit der deutschen Küste genähert. Es ging vor Anker und fischte ein Bündel Unterwasserkabel aus dem Meer. Es waren die transatlantischen Kabel, die Deutschland mit Amerika verbanden. Als die Sonne aufging, waren sie gekappt. Dieser Sabotageakt zerstörte die sicherste Nachrichtenverbindung der Deutschen und zwang sie, auf den unsicheren Funkverkehr oder die Kabel anderer Länder zurückzugreifen. Zimmermann mußte sein verschlüsseltes Telegramm über Schweden schicken und zur Sicherheit auch noch über das direktere amerikanische Kabel. Beide Unterwasserkabel liefen an England vorbei, und der Text des Zimmermann-Telegramms, wie es später genannt wurde, fiel in die Hände der Briten.

Das abgefangene Telegramm wurde sofort dem Dechiffrierdienst der Admiralität übergeben, benannt nach »Room 40«, wo er zuerst untergebracht war. In Room 40 arbeitete eine kuriose Mischung aus Sprachwissenschaftlern, Altphilologen und Kreuzworträtsel-Süchtigen, die zu genialen kryptoanalytischen Großtaten fähig waren. Der Geistliche William Montgomery zum Beispiel, ein begabter Übersetzer deutscher theologischer Werke, hatte einst eine Geheimbotschaft entziffert, die auf einer Postkarte an Sir Henry Jones, 184 King's Road, Tighnabruaich, Schottland, verborgen war. Die Postkarte stammte aus der Türkei, weshalb Sir Henry angenommen hatte, sie stamme von seinem in der Türkei gefangengehaltenen Sohn. Daß die Postkarte leer war, ließ ihn allerdings stutzen, und auch die Adresse war merkwürdig – das Dorf Tighnabruaich war so winzig, daß die Häuser keine Nummern hatten, und eine King's Road gab es schon gar nicht. Montgomery erkannte schließlich die kryptische Botschaft der Postkarte. Die Adresse verwies

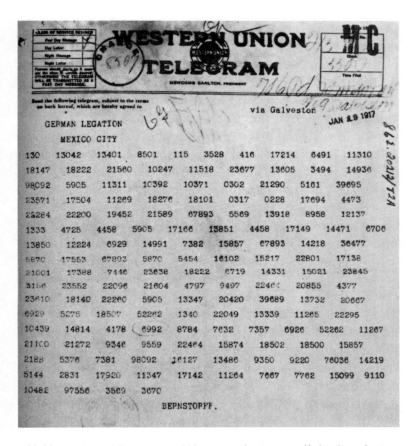

Abbildung 23: Das Zimmermann-Telegramm, das Bernstorff, der deutsche Botschafter in Washington, an den deutschen Gesandten in Mexico City weiterleitete.

auf die Bibel, auf das erste Buch der Könige, Kapitel 18, Vers 4: »Als Isebel die Propheten des Herrn ausrottete, hatte Obadja hundert von ihnen beiseite genommen, sie zu je fünfzig in einer Höhle verborgen und mit Brot und Wasser versorgt.« Sir Henrys Sohn wollte seiner Familie einfach versichern, daß seine Bewacher ihn gut behandelten.

Als das verschlüsselte Zimmermann-Telegramm in Room 40

ankam, übergab man es zur Entschlüsselung Montgomery und seinem Kollegen Nigel de Grey, einem Verleger, den man im Hause William Heinemann rekrutiert hatte. Sie sahen sofort, daß sie es mit einer Chiffrierung zu tun hatten, die nur für diplomatische Botschaften auf höchster Ebene verwendet wurde, und machten sich in aller Eile an die Arbeit. Die Entzifferung war keineswegs einfach, doch sie konnten sich auf vorhandene Analysen ähnlich verschlüsselter Telegramme stützen. Nach einigen Stunden bereits hatte das Codebrecher-Duo ein paar Textfetzen entschlüsselt, genug um festzustellen, daß es sich um eine Botschaft von allergrößter Wichtigkeit handelte. Verbissen arbeiteten Montgomery und de Grey weiter, und noch am selben Tag konnten sie die Grundzüge von Zimmermanns fürchterlichem Plan erkennen. Die verheerenden Folgen des uneingeschränkten U-Boot-Kriegs waren ihnen klar, doch zugleich sahen sie auch, daß der deutsche Außenminister zu einem Angriff auf die Vereinigten Staaten aufforderte, was Präsident Wilson sicher veranlassen würde, die neutrale Haltung aufzugeben. Das Telegramm kündete von tödlichen Bedrohungen, doch es barg auch die Möglichkeit, daß Amerika sich den Alliierten anschließen würde.

Montgomery und de Grey überbrachten das teilentschlüsselte Telegramm Admiral Sir William Hall, dem Chef der Marineaufklärung, in der Erwartung, daß er die Informationen an die Amerikaner weitergeben würde, um sie in den Krieg zu ziehen. Hall jedoch verwahrte den teilentschlüsselten Text vorläufig in seinem Tresor. Er befand es nicht für nötig, das Telegramm zu veröffentlichen, wenn doch die deutsche Seeoffensive die Amerikaner ohnehin in den Krieg ziehen würde.

Am 1. Februar begann die deutsche Marine auf Befehl des Kaisers den uneingeschränkten U-Boot-Krieg. Am 2. Februar hielt Woodrow Wilson eine Kabinettssitzung ab, um über die amerikanische Antwort zu entscheiden. Am 3. Februar erklärte er vor dem Kongreß, die Vereinigten Staaten wollten weiterhin neutral bleiben und als Friedensvermittler auftreten. Sowohl die Alliierten als auch die Deutschen hatten das Gegenteil erwartet. Diese Weigerung der Amerikaner, sich den Alliierten anzuschließen, ließ Admiral Hall keine andere Wahl, als das Zimmermann-Telegramm in die Waagschale zu werfen.

Am 23. Februar bat der britische Außenminister Arthur Balfour den amerikanischen Gesandten Walter Page zu sich und legte ihm das Telegramm vor. Page bezeichnete dies später als den »dramatischsten Augenblick meines Lebens«. Vier Tage später sah Präsident Wilson persönlich den »eleganten Beweis«, wie er es nannte, daß Deutschland einen direkten Angriff auf die Vereinigten Staaten forcierte.

Zu Beginn des Jahres hatte Wilson gesagt, es wäre ein »Verbrechen gegen die Zivilisation«, seine Nation in den Krieg zu führen, doch am 2. April 1917 erklärte er vor dem Kongreß: »Ich stelle fest, daß die in jüngster Zeit von der deutschen kaiserlichen Regierung verfolgte Politik nichts weniger ist als ein Krieg gegen die Regierung und das Volk der Vereinigten Staaten.« Der Kongreß möge »formell den uns aufgezwungenen Kriegszustand akzeptieren«. Eine einzigartige Leistung der Kryptoanalytiker von Room 40 hatte dort Erfolg gebracht, wo drei Jahre angestrengter Diplomatie gescheitert waren. Die amerikanische Historikerin Barbara Tuchman schließt ihr Buch *Die Zimmermann-Depesche* mit folgenden Gedanken ab:

> Wäre das Telegramm nicht abgefangen oder nicht veröffentlicht worden, dann hätten die Deutschen mit Sicherheit etwas unternommen, die Vereinigten Staaten schließlich doch zum Eintritt in den Krieg zu veranlassen. Aber der Krieg dauerte schon sehr lange, und hätten die Vereinigten Staaten noch viel länger gezögert, dann wären die Alliierten unter Umständen doch gezwungen gewesen zu verhandeln... Das Zimmermann-Telegramm als solches war nur ein Pflasterstein auf der langen Straße der Geschichte, aber mit einem Steinwurf kann man einen Goliath töten, und dieser Stein

hat die amerikanische Illusion sterben lassen, die Vereinigten Staaten könnten unabhängig von allen anderen Nationen ihren eigenen Weg gehen. Nach den Maßstäben der Weltgeschichte war es das unbedeutende Komplott eines deutschen Ministers. Im Leben des amerikanischen Volkes war es der Verlust der Unschuld.

Die Entwicklung der Chiffriermaschinen

Im Ersten Weltkrieg errangen die Kryptoanalytiker eine ganze Reihe von Siegen, deren größter die Entzifferung der Zimmermann-Depesche war. Seit es ihnen im 19. Jahrhundert gelungen war, die Vigenère-Verschlüsselung zu knacken, hatten die Codebrecher die Oberhand über die Codierer. In den Nachkriegsjahren gab es eine gemeinsame Anstrengung, neue, sichere Verschlüsselungsverfahren zu entwickeln. Um eine sichere Verschlüsselung zu gewährleisten, wandten sich die Kryptographen den Möglichkeiten der Technik zu. Papier und Bleistift waren nun nicht mehr die einzigen Hilfsmittel, die Aufmerksamkeit galt zunehmend der Mechanisierung der Geheimhaltung.

Das erste, noch sehr einfache kryptographische Gerät ist die Chiffrierscheibe. Ihr Erfinder ist der italienische Architekt Leon Alberti, im 15. Jahrhundert einer der Väter der polyalphabetischen Verschlüsselung. Er nahm zwei Kupferscheiben, eine davon etwas größer als die andere, und prägte das Alphabet entlang der Ränder beider Scheiben ein. Dann legte er die kleinere Scheibe auf die größere und setzte als Achse eine Nadel in die Mitte ein. Das Ergebnis war eine Chiffrierscheibe, ähnlich wie die in Abbildung 24 gezeigte. Die beiden Scheiben lassen sich unabhängig voneinander drehen, so daß die beiden Alphabete in jede beliebige Stellung gegeneinander gebracht werden können. So kann man eine Nachricht mittels einer simplen Caesar-Verschiebung chiffrieren. Um zum Beispiel eine

Nachricht mit einer Caesar-Verschiebung von einer Stelle zu verschlüsseln, dreht man das äußere A über das innere B – die äußere Scheibe enthält das Klaralphabet, die innere das Geheimtextalphabet. Jeder Buchstabe der Klarbotschaft hat ein Gegenüber auf der inneren Scheibe, und so kann schrittweise der Geheimtext erstellt werden. Für eine Botschaft mit einer Caesar-Verschiebung von fünf Stellen müssen die Scheiben nur so weit gedreht werden, daß das äußere A dem inneren F gegenüber liegt, dann können die Chiffrierscheiben mit dieser neuen Einstellung benutzt werden. Die Chiffrierscheibe ist zwar ein schlichtes Utensil, doch sie erleichtert die Verschlüsselung und hat sich immerhin fünf Jahrhunderte lang gehalten. Die in Abbildung 24 gezeigte Variante wurde im amerikanischen Bürgerkrieg eingesetzt.

Abbildung 24: Eine Chiffrierscheibe der Südstaatenarmee im amerikanischen Bürgerkrieg.

Die Chiffrierscheibe kann als eine Art »Verzerrer« betrachtet werden, die jeden Klarbuchstaben in etwas anderes verwandelt. Die bisher beschriebene Funktionsweise ist schlicht und die erzeugte Geheimschrift ist relativ leicht zu knacken. Doch die Chiffrierscheibe kann auch in einem komplizierteren Verfahren eingesetzt werden. Schon ihr Erfinder Alberti schlug vor, die Einstellungen während der Verschlüsselung der Nachricht zu ändern. Dann bekommt man keine monoalphabetische, sondern eine echte polyalphabetische Verschlüsselung. Stellen wir uns vor, Alberti benutzte seine Scheibe, um mit dem Schlüsselwort LEON die Botschaft ciao bella zu chiffrieren. Er stellte zunächst die Chiffrierscheibe auf den ersten Buchstaben des Schlüsselworts ein, indem er das äußere A auf das innere L drehte. Den ersten Buchstaben des Klarwortes, c, verschlüsselte er dann, indem er den gegenüberliegenden Buchstaben auf der inneren Scheibe, nämlich N, aufschrieb. Um den zweiten Buchstaben der Botschaft zu verschlüsseln, stellte er die Scheibe gemäß dem zweiten Buchstaben des Schlüsselworts ein, und zwar, indem er das äußere A über das innere E drehte. Dann verschlüsselte er das i, indem er den entsprechenden Buchstaben auf der inneren Scheibe, also M, notierte. Die Verschlüsselung mit der Chiffrierscheibe ging auf diese Weise mit den Schlüsselbuchstaben O und N fort, dann fing sie wieder bei L an und so weiter. Alberti hatte schließlich eine Nachricht Vigenère-verschlüsselt und dabei seinen Vornamen als Schlüsselwort benutzt. Die Chiffrierscheibe beschleunigt die Arbeit und ist weniger fehlerträchtig als die Verschlüsselung mit dem Vigenère-Quadrat.

Das Entscheidende an dem eben beschriebenen Gebrauch der Chiffrierscheibe ist, daß das Geheimtextalphabet während der Verschlüsselung gewechselt wird. Diese zusätzliche Komplikation führt zwar dazu, daß die gesamte Verschlüsselung schwerer zu knacken ist, doch ist sie nicht unschlagbar, weil wir es nur mit einer mechanisierten Spielart der Vigenère-Verschlüsselung zu tun haben, die ja von Babbage und Kasiski gelöst wurde. 500 Jahre nach Alberti jedoch brachte die Renaissance der inzwischen weiterentwickelten Chiffrierscheibe eine neue, mächtige Generation von Verschlüsselungsverfahren auf die Bühne, die schwerer zu brechen waren als alle bisherigen Systeme.

Der deutsche Erfinder Arthur Scherbius und sein enger Freund Richard Ritter gründeten 1918 die Firma Scherbius & Ritter, ein innovatives Unternehmen, das vom Heizkissen bis zur Turbine alles Erdenkliche herstellte. Scherbius, ein findiger und umtriebiger Geist, war für Forschung und Entwicklung zuständig. Es war eines seiner Lieblingsvorhaben, die unzulänglichen Chiffriersysteme aus dem Ersten Weltkrieg durch neue zu ersetzen. Bleistift und Papier sollten der Vergangenheit angehören, das neue System sollte die technischen Möglichkeiten des 20. Jahrhunderts nutzen. Scherbius, der in Hannover und München Elektrotechnik studiert hatte, entwickelte eine kryptographische Maschine, die im Grunde genommen eine elektrische Version von Albertis Chiffrierscheibe war. Er nannte sie Enigma, und sie sollte die gefürchtetste Chiffriermaschine der Geschichte werden.

Scherbius' Enigma enthält eine Reihe raffiniert ausgetüftelter Elemente, die er zu einer beeindruckend komplizierten Verschlüsselungsmaschine zusammenbaute. Wenn wir die Maschine jedoch wieder in ihre Bestandteile zerlegen, können wir nachvollziehen, wie sie arbeitet. Sie besteht in ihrer Grundausführung aus drei Hauptelementen, die miteinander verdrahtet sind: einer Tastatur für die Eingabe der Klartextbuchstaben, einer Verschlüsselungseinheit, die jeden Klarbuchstaben in einen Geheimtextbuchstaben verwandelt, und einem Lampenfeld, das die Geheimbuchstaben anzeigt. Abbildung 25 zeigt einen vereinfachten Bauplan einer solchen Maschine für ein Alphabet von sechs Buchstaben. Um eine Klarbotschaft zu verschlüsseln, tippt der Chiffreur den jeweiligen Klarbuchstaben in die Tastatur, die ein elektrisches Signal durch die zentrale Verschlüsselungseinheit bis auf die andere Seite schickt, wo der

Strom die Lampe für den entsprechenden Geheimbuchstaben aufleuchten läßt.

Der wichtigste Teil der Maschine ist die Walze (auch Rotor genannt), eine dicke Gummischeibe, die von Drähten durchzogen ist. Von der Tastatur ausgehend, führen die Drähte an sechs Punkten in die Walze hinein, in deren Innern sie kreuz und quer verlaufen, bis sie schließlich an sechs Punkten auf der anderen Seite austreten. Die Verdrahtung im Innern der Walze bestimmt, wie die Klarbuchstaben verschlüsselt werden. Die Verdrahtung aus Abbildung 25 legt zum Beispiel fest, daß:

durch die Eingabe von a der Buchstabe B aufleuchtet, also wird a mit B verschlüsselt;
durch die Eingabe von b der Buchstabe A aufleuchtet, also wird b mit A verschlüsselt;
durch die Eingabe von c der Buchstabe D aufleuchtet, also wird c mit D verschlüsselt;
durch die Eingabe von d der Buchstabe F aufleuchtet, also wird d mit F verschlüsselt;
durch die Eingabe von e der Buchstabe E aufleuchtet, also wird e mit E verschlüsselt;
durch die Eingabe von f der Buchstabe C aufleuchtet, also wird f mit C verschlüsselt.

Die Botschaft cafe würde daher als DBCE verschlüsselt. In dieser Grundanordnung legt die Chiffrierwalze ein Geheimtextalphabet fest, und mit der Maschine ließe sich eine einfache monoalphabetische Verschlüsselung erzeugen.

Allerdings hatte Scherbius die Idee, die Walze jedesmal, wenn ein Buchstabe verschlüsselt war, weiterzudrehen, und zwar um ein Sechstel ihres Umlaufs (also um ein Sechsundzwanzigstel ihres Umlaufs bei einem vollständigen Alphabet von 26 Buchstaben). Abbildung 26(a) zeigt die gleiche Anordnung wie Abbildung 25; wiederum wird durch die Eingabe des Buchstaben b das Lämpchen für A aufleuchten. Diesmal jedoch wird sich unmittelbar nach der Eingabe des Klarbuchstabens und dem Aufleuchten des Geheimbuchstabens die Schlüsselwalze um ein Sechstel ihres Umlaufs gegenüber der in Abbildung 26(b) gezeigten Position weiterdrehen. Wird jetzt noch einmal b eingegeben, dann leuchtet ein anderer Buchstabe auf, nämlich C. Sofort darauf dreht sich die Walze erneut, bis zu der in Abbildung 26(c) gezeigten Position. Diesmal leuchtet bei der Eingabe von b der Buchstabe E auf. Wird sechsmal in Folge b eingetippt, erhält man den Geheimtext ACEBDC. Mit anderen Worten, das Geheimtextalphabet ändert sich nach jeder Verschlüsselung, und entsprechend wird der Buchstabe b jedesmal anders verschlüsselt. Die Maschine, die mit dieser rotierenden Walze ausgestattet ist, bietet sechs Geheimtextalphabete und ist daher für eine polyalphabetische Verschlüsselung geeignet.

Die rotierende Walze ist das wichtigste Element des Grundmodells von Scherbius. Bislang hat die Maschine jedoch einen offensichtlichen Schwachpunkt. Wenn b sechsmal eingetippt wurde, kehrt die Walze in ihre ursprüngliche Position zurück, und wenn weiter b eingegeben wird, wiederholt sich das Verschlüsselungsmuster. Kryptographen sind meist erpicht darauf, Wiederholungen zu vermeiden, weil sie Regelmäßigkeit und Ordnung in den Geheimtext bringen, und dies sind Anzeichen einer schwachen Verschlüsselung. Das Problem kann gelindert werden, wenn man eine zweite Schlüsselwalze einführt.

Abbildung 27 zeigt den Plan einer Chiffriermaschine mit zwei Schlüsselwalzen. Wegen der Schwierigkeit, eine dreidimensionale Walze mit dreidimensionaler Innenverdrahtung zu zeigen, ist nur eine zweidimensionale Skizze abgebildet. Jedesmal, wenn ein Buchstabe verschlüsselt wird, dreht sich die erste Walze um eine Stelle. Auf das zweidimensionale Schema übertragen, heißt dies, jede Verdrahtung rückt um eine Stelle nach unten. Dagegen bleibt die zweite Walze die meiste Zeit über in der gleichen Position. Sie dreht sich erst, wenn die erste Walze eine vollständige Umdrehung hinter sich hat. Die erste Walze ist mit einem Federzapfen ausgestattet, und erst wenn dieser einen bestimmten Punkt erreicht, schiebt er die zweite Walze um eine Stelle weiter.

In Abbildung 27(a) ist die erste Walze in einer Position, bei der sie kurz davorsteht, die zweite Walze weiterzuschieben. Wenn ein weiterer Buchstabe eingetippt und verschlüsselt ist, bewegt sich der Mechanismus, bis die Einstellung von Abbildung 27(b) erreicht ist, wo die erste Walze sich um eine Stelle gedreht hat und auch die zweite Walze um eine Stelle weitergeschubst hat. Nach Eingabe und Verschlüsselung eines weiteren Buchstabens bewegt sich die erste Walze wiederum eine Stelle weiter, Abbildung 27(c), doch diesmal hat sich die zweite Walze nicht bewegt. Sie wird sich erst wieder drehen, wenn die erste eine Umdrehung abgeschlossen hat, und dazu sind noch weitere fünf Verschlüsselungen nötig. Dieser Aufbau ähnelt dem eines Kilometerzählers – die Walze, welche die einzelnen Kilometer anzeigt, dreht sich ziemlich schnell, und wenn sie

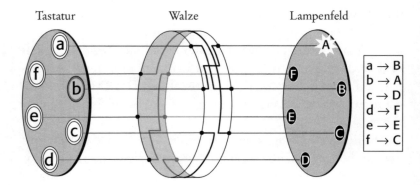

Abbildung 25: Eine vereinfachte Version der Chiffriermaschine Enigma mit einem aus nur sechs Buchstaben bestehenden Alphabet. Der wichtigste Teil der Maschine ist die Schlüsselwalze. Wird auf der Tastatur der Buchstabe b eingegeben, fließt elektrischer Strom in die Walze, er durchläuft die innenliegenden Drähte und tritt auf der anderen Seite aus, wo er die Lampe A aufleuchten läßt. Das heißt, b wird mit A verschlüsselt. Der Kasten rechts zeigt, wie jeder Buchstabe verschlüsselt wird.

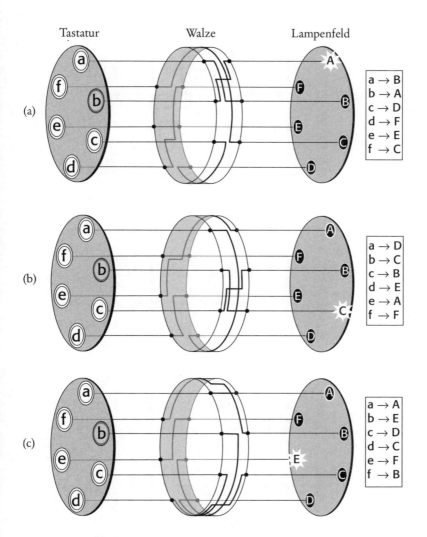

Abbildung 26: Jedesmal, wenn auf der Tastatur ein Buchstabe eingegeben und verschlüsselt wurde, dreht sich die Walze um eine Position weiter und ändert damit das Verschlüsselungsalphabet für den nächsten Buchstaben. In (a) verschlüsselt die Walze den Buchstaben b als A, doch in (b) wird dieser Buchstabe aufgrund der neuen Walzenposition als C verschlüsselt. In (c), nach einer weiteren Drehung um eine Stelle, verschlüsselt die Walze b mit E. Nach der Verschlüsselung von vier weiteren Buchstaben und der Drehung um vier weitere Stellen kehrt die Walze in ihre Ausgangsposition zurück.

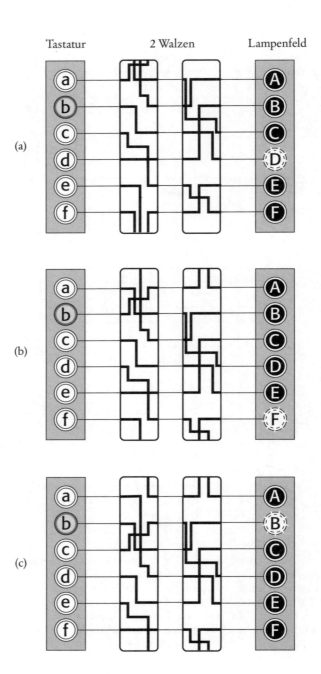

die »9« erreicht hat, schiebt sie die Walze, die die Zehner anzeigt, um eine Stelle weiter.

Der Vorteil einer zweiten Walze besteht darin, daß sich das Verschlüsselungsmuster erst wiederholt, wenn die zweite Walze wieder in ihrer Ausgangsposition ist, was sechs vollständige Umdrehungen der ersten Walze voraussetzt oder die Verschlüsselung von 6×6 Buchstaben. Mit anderen Worten, es gibt 36 unterschiedliche Walzenstellungen, was dem Wechsel zwischen 36 Geheimtextalphabeten entspricht. Wenn man also Walzen miteinander kombiniert, ist es möglich, eine Verschlüsselungsmaschine zu bauen, die ständig zwischen verschiedenen Geheimtextalphabeten wechselt. Der Chiffreur tippt einen bestimmten Buchstaben ein, und je nach Walzenstellung kann er gemäß irgendeinem von Hunderten von Geheimtextalphabeten verschlüsselt werden. Dann ändert sich die Walzenstellung, und wenn der nächste Buchstabe in die Maschine eingegeben wird, wird er nach einem anderen Geheimtextalphabet verschlüsselt. Zudem geht all dies dank der automatischen Bewegung der Walzen und der Geschwindigkeit des Stroms mit großer Effizienz und Genauigkeit vor sich.

Bevor wir uns genauer ansehen, wie Scherbius' Verschlüsse-

Abbildung 27: Wird eine zweite Walze hinzugefügt, wiederholt sich das Verschlüsselungsmuster erst, nachdem 36 Buchstaben verschlüsselt wurden und also beide Walzen in ihre Ausgangspositionen zurückgekehrt sind. Um die Zeichnung zu vereinfachen, werden die Walzen nur zweidimensional dargestellt; statt sich um eine Stelle zu drehen, verschiebt sich die Verdrahtung um eine Stelle nach unten. Wenn es so scheint, als ob Drähte oben oder unten aus der Walze austreten, kann ihr Weg an der unteren bzw. oberen Seite der Walze weiterverfolgt werden. In (a) wird b als D verschlüsselt. Nach der Verschlüsselung dreht sich die erste Walze um eine Stelle und schiebt auch die zweite Walze um eine Stelle weiter – dies geschieht jedoch nur einmal während einer vollständigen Drehung der ersten Walze. Die neue Einstellung ist in (b) gezeigt, hier wird b als F verschlüsselt. Nach der Verschlüsselung dreht sich die erste Walze um eine Stelle, doch diesmal bleibt die zweite Walze stehen. Die neue Einstellung ist (c), hier wird b mit B verschlüsselt.

lungsmaschine eingesetzt werden sollte, müssen wir zwei weitere Bauteile der Enigma kennenlernen, die Abbildung 28 zeigt. Zunächst baute man im Grundmodell der Enigma eine dritte Walze ein, die einen zusätzlichen Komplikationsgrad an Verschlüsselung erbrachte – bei einem vollständigen Alphabet ermöglichten diese Walzen 26×26×26 oder 17576 unterschiedliche Einstellungen. Zweitens fügte Scherbius einen *Reflektor* oder eine Umkehrwalze hinzu. Der Reflektor ähnelt insofern der Walze, als es sich um eine Gummischeibe mit innenliegender Verdrahtung handelt, doch sie rotiert nicht, und die Leitungen treten auf derselben Seite wieder aus, auf der sie eintreten. Der Chiffreur tippt einen Buchstaben ein und schickt damit ein elektrisches Signal durch die drei Walzen und dann in den Reflektor. Der Reflektor schickt es durch die Walzen wieder zurück, doch auf einem anderen Weg. Bei der in Abbildung 28 gezeigten Stellung beispielsweise wird mit der Eingabe von b ein Signal durch die drei Walzen in den Reflektor geschickt, woraufhin es durch die Drähte zurückkehrt und den Buchstaben D aufleuchten läßt. Das Signal wird nicht wieder in die Tastatur geleitet, wie es nach Abbildung 28 scheinen mag, sondern auf das Lampenfeld. Auf den ersten Blick erscheint der Reflektor vielleicht als ein sinnloser Zusatz zur Maschine, weil er unbeweglich ist und die Zahl der Geheimtextalphabete nicht erhöht. Sein Nutzen wird erst klar, wenn wir uns ansehen, wie die Maschine tatsächlich eingesetzt wurde, um eine Nachricht zu verschlüsseln und wieder zu entschlüsseln.

Ein Chiffreur will eine geheime Nachricht verschicken. Bevor er mit der Verschlüsselung beginnt, muß er die Walzen in eine bestimmte Ausgangslage drehen. Es gibt 17576 mögliche Positionen und daher 17576 mögliche Grundstellungen. Die Grundstellung entscheidet darüber, wie die Nachricht verschlüsselt wird. Wir können die Enigma als ein allgemeines Chiffriersystem betrachten, bei dem die Grundstellung die konkrete Verschlüsselung eines Textes bestimmt. Kurz, die Grundstellung ist der Schlüssel. Es war üblich, diese in einem Schlüsselbuch

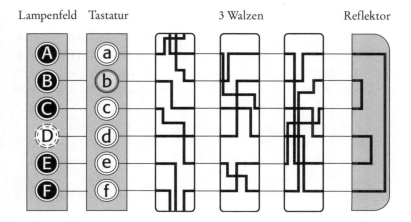

Abbildung 28: Zu Scherbius' Grundmodell der Enigma gehört eine dritte Walze und ein Reflektor, der den Strom zurück durch die Walzen schickt. In dieser Einstellung würde durch die Eingabe von b der Buchstabe D auf dem Lampenfeld aufleuchten, das hier neben der Tastatur eingezeichnet ist.

aufzulisten, das an alle Chiffreure im Funknetz verteilt wurde. Ein solches Schlüsselbuch zu verteilen kostet Zeit und Mühe, doch weil täglich nur ein Schlüssel gebraucht wird, konnte man ein Schlüsselbuch mit 28 Schlüsseln erstellen und damit vier Wochen lang über die Runden kommen. Hätte man dagegen One time pads, also Zufallsschlüssel in der Länge der eigentlichen Nachricht, in einer ganzen Armee eingesetzt, wäre für jede Nachricht ein neuer Schlüssel erforderlich gewesen, deren Verteilung gewaltigen Aufwand erfordert hätte. Sobald die Walzen der Enigma nach dem jeweiligen Tagesschlüssel eingestellt sind, kann der Sender mit der Verschlüsselung beginnen. Er tippt den ersten Buchstaben der Nachricht ein, beobachtet, welcher Buchstabe auf dem Lampenfeld aufleuchtet, und notiert ihn als ersten Buchstaben des Geheimtextes. Die erste Walze hat sich inzwischen mechanisch um eine Stelle weitergedreht, der Chiffreur gibt nun den zweiten Buchstaben des Klartexts ein und so weiter. Hat er den vollständigen Geheimtext erzeugt, übergibt er ihn einem Funker, der ihn an den Empfänger sendet.

Um die Nachricht zu entschlüsseln, braucht der Empfänger ebenfalls eine Enigma und ein Exemplar des Schlüsselbuchs, das die Anfangseinstellung der Walzen für den jeweiligen Tag enthält. Nachdem er die Maschine vorschriftsgemäß eingestellt hat, tippt er den Geheimtext Buchstabe für Buchstabe ein, während auf dem Lampenfeld der jeweilige Klarbuchstabe aufleuchtet – Verschlüsselung und Entschlüsselung sind spiegelverkehrte Prozesse. Daß die Entschlüsselung so einfach ist, liegt am Reflektor. Wenn wir in der Konfiguration von Abbildung 28 den Buchstaben b eingeben und dem Weg des Stroms folgen, kommen wir zu D zurück. Und wenn wir d eintippen und den Drähten folgen, kommen wir zu B zurück. Die Maschine verschlüsselt einen Klarbuchstaben mit einem Geheimbuchstaben, und solange sie dieselbe Einstellung hat, entschlüsselt sie denselben Geheimbuchstaben zurück in denselben Klarbuchstaben.

Natürlich dürfen Schlüssel und Schlüsselbuch niemals in gegnerische Hände fallen. Es mag durchaus sein, daß der Gegner eine Enigma erbeutet, doch ohne die Anfangseinstellungen für die Verschlüsselung kann er eine abgefangene Botschaft nicht ohne weiteres entschlüsseln. Ohne das Schlüsselbuch muß der gegnerische Analytiker wieder einmal alle möglichen Schlüssel prüfen, also alle 17576 möglichen Walzeneinstellungen. Der verzweifelte Kryptoanalytiker würde die erbeutete Enigma in eine bestimmte Walzenstellung bringen, ein kurzes Stück des Geheimtextes eingeben und prüfen, ob der ausgegebene Text Sinn macht. Wenn nicht, würde er eine andere Walzeneinstellung wählen und es erneut probieren. Wenn er pro Minute eine Walzeneinstellung prüfen und Tag und Nacht arbeiten könnte, würde er insgesamt fast zwei Wochen brauchen. Das wäre ein annehmbares Maß an Sicherheit, doch wenn der Gegner ein Dutzend Leute an die Aufgabe setzte, könnte er alle Einstellungen an einem einzigen Tag prüfen. Scherbius entschloß sich daher, die Sicherheit seines Verfahrens noch einmal zu verstärken, und erhöhte die

Zahl der Anfangseinstellungen und damit die Zahl der möglichen Schlüssel.

Er hätte die Sicherheit durch zusätzliche Walzen steigern können (jede weitere Walze erhöht die Zahl der Schlüssel um den Faktor 26), doch damit wäre die Maschine unhandlicher geworden. Er entschloß sich zu zwei Veränderungen. Die Walzen konnten ab jetzt herausgenommen und vertauscht werden. So konnte beispielsweise die erste Walze an die Stelle der dritten und die dritte an die Stelle der ersten gesetzt werden. Diese sogenannte Walzenlage beeinflußt auf entscheidende Weise die Verschlüsselung. Es gibt sechs verschiedene Möglichkeiten, die drei Walzen anzuordnen, so daß diese Änderung die Zahl der Schlüssel oder die Zahl der möglichen Anfangsstellungen um den Faktor sechs erhöht.

Die zweite Änderung war der Einbau eines *Steckerbretts* zwischen der Tastatur und der ersten Walze. Das Steckerbrett ermöglicht es dem Chiffreur, über Kabel die Buchstaben miteinander zu vertauschen, bevor ihr Signal in die Walzen eintritt. Wenn man beispielsweise die Buchsen a und b auf dem Steckerbrett mit einem Kabel verbindet, geht bei Eingabe von b das elektrische Signal den Weg, den zuvor das Signal für den Buchstaben a gegangen ist und umgekehrt. Der Chiffreur an der Enigma hatte sechs Kabel, er konnte also sechs Buchstabenpaare vertauschen, die anderen vierzehn blieben ohne Kabelverbindung und daher unvertauscht. Die Buchstaben, die durch das Steckerbrett vertauscht werden, gehören mit zur Grundeinstellung der Maschine und müssen daher im Schlüsselbuch aufgeführt sein. Abbildung 29 zeigt den Plan der Maschine mit zusätzlichem Steckerbrett. Weil der Zeichnung nur ein sechsbuchstabiges Alphabet zugrunde liegt, sind hier nur zwei Buchstaben, a und b, vertauscht.

Wir haben jetzt die Hauptelemente von Scherbius' Enigma kennengelernt und sind damit in der Lage, die Zahl der möglichen Schlüssel zu ermitteln, indem wir die Zahl der möglichen Verbindungen am Steckerbrett mit der Zahl der möglichen

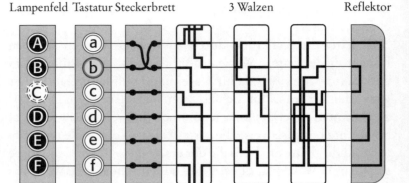

Abbildung 29: Das Steckerbrett sitzt zwischen Tastatur und erster Walze. Durch Kabelverbindungen ist es möglich, zwei Buchstaben miteinander zu vertauschen, in diesem Falle b und a. Jetzt wird b verschlüsselt, indem es dem Weg folgt, der ursprünglich für a vorgesehen war. In der echten 26-Buchstaben-Enigma hatte der Anwender sechs Kabel zur Verfügung, mit denen er sechs Buchstabenpaare vertauschen konnte.

Walzenlagen und Walzeneinstellungen multiplizieren. Die folgende Liste enthält alle Variablen der Maschine und die Zahl der Einstellungen, die jede annehmen kann:

Walzenstellungen. Jede der drei Walzen kann in eine von sechsundzwanzig Stellungen gebracht werden. Es gibt daher 26×26×26 Einstellungen: 17 576

Walzenlagen. Die drei Walzen (1, 2 und 3) können in folgende sechs Reihenfolgen gebracht werden:
123, 132, 213, 231, 312, 321.   6

Steckerbrett. Die Zahl der Möglichkeiten, sechs Buchstabenpaare von 26 zu verbinden und damit zu vertauschen, ist gewaltig: 100 391 791 500

Gesamtzahl. Die Zahl der möglichen Schlüssel ergibt sich aus der Multiplikation dieser drei Zahlen: 17576 x 6 x 100 391 791 500   ≈ 10 000 000 000 000 000

Vorausgesetzt, Sender und Empfänger haben sich auf den Schlüssel, nämlich die Steckerverbindungen am Steckerbrett, die Reihenfolge der Walzen und ihre jeweilige Einstellung geeinigt, können sie ohne weiteres Nachrichten verschlüsseln und wieder entschlüsseln. Ein gegnerischer Spion, der den Schlüssel nicht kennt, müßte jedoch jeden einzelnen der 10 000 000 000 000 000 möglichen Schlüssel überprüfen, um den Geheimtext zu knacken. Ein hartnäckiger Kryptoanalytiker, der eine Einstellung pro Minute prüfen kann, würde länger brauchen, als das Universum alt ist. (Da ich die »Ringe«, die zwar einen gewissen Einfluß auf die Verschlüsselung haben, sonst aber unbedeutend sind, in diesen Berechnungen ausgelassen habe, ist die Zahl der möglichen Schlüssel in Wahrheit noch höher und die erforderliche Zeit noch länger.)

Da der bei weitem größte Beitrag zur Schlüsselzahl vom Steckerbrett kommt, könnte man sich fragen, warum Scherbius sich eigentlich noch mit den Walzen abmühte. Das Steckerbrett für sich genommen würde eine triviale Verschlüsselung liefern, nämlich nichts weiter als eine monoalphabetische Substitution, bei der nur 12 Buchstaben vertauscht würden. Das Problem ist, daß diese Vertauschungen sich nicht mehr ändern lassen, sobald die Verschlüsselung begonnen hat, und das Steckerbrett für sich genommen würde einen Geheimtext erzeugen, der mittels Häufigkeitsanalyse geknackt werden könnte. Die Walzen tragen in geringerem Umfang zur Gesamtzahl der Schlüssel bei, doch ihre Einstellung ändert sich fortlaufend, weshalb der erzeugte Geheimtext nicht mehr durch Häufigkeitsanalyse geknackt werden kann. Indem Scherbius die Walzen mit dem Steckerbrett kombinierte, schützte er seine Chiffriermaschine gegen die Häufigkeitsanalyse und stattete sie zugleich mit einer gewaltigen Zahl möglicher Schlüssel aus.

Scherbius erwarb 1918 sein erstes Patent. Seine Chiffriermaschine steckte in einer kleinen Kiste, die nur 34×28×15 Zentimeter maß, doch immerhin 12 Kilo wog. Abbildung 31 zeigt eine einsatzbereite Enigma in ihrer Kiste. Zu erkennen ist die Tastatur, auf der die Klarbuchstaben eingegeben werden, und darüber die Lampentafel, die die entsprechenden Geheimbuchstaben anzeigt. Unter der Tastatur liegt das Steckerbrett; hier werden mehr als sechs Buchstabenpaare vertauscht, denn diese Enigma ist eine leicht veränderte Version des Basismodells, das wir bisher beschrieben haben. Abbildung 32 zeigt eine Enigma mit geöffnetem Gehäusedeckel, die uns mehr von ihrem Innenleben und vor allem von den Walzen preisgibt.

Scherbius hielt seine Chiffriermaschine für unbezwingbar, und die deutsche Militärführung, noch immer von der Erinnerung an die Mängel ihrer Chiffriersysteme geplant, ließ sich von Scherbius denn auch bald überzeugen, die Enigma anzuschaffen.

Abbildung 30:
Arthur Scherbius.

Scherbius begann 1925 mit der Serienfertigung der Maschine, und im Jahr darauf wurde sie in den militärischen Einsatz übernommen und später auch von der Regierung und staatlichen Organisationen wie der Reichsbahn verwendet.

Während der nächsten zwanzig Jahre kaufte das Militär über 30 000 Enigmas. Scherbius' Erfindung verschaffte den Deutschen das sicherste Verschlüsselungssystem der Welt, und bei Ausbruch des Zweiten Weltkriegs war der militärische Nachrichtenverkehr durch einen beispiellosen Grad der Verschlüsselung geschützt. Manchmal schien es so, als würde die Enigma ganz entscheidend zu einem Sieg der Nationalsozialisten beitragen, doch statt dessen spielte sie eine Rolle beim Ende des Hitlerregimes. Scherbius erlebte die Erfolge und Mißerfolge seines Chiffriersystems nicht mehr. Im Jahr 1929 verlor er bei einem Ausritt die Kontrolle über seine Pferdekutsche und krachte gegen eine Mauer. Er starb am 13. Mai an seinen inneren Verletzungen.

Die Entschlüsselung der Enigma

Auch in der Zeit nach dem Ersten Weltkrieg überwachten die englischen Kryptoanalytiker in Room 40 den deutschen Funkverkehr. Doch seit 1926 hörten sie Funksprüche, aus denen sie sich keinen Reim mehr machen konnten. Die Enigma war auf den Plan getreten, und je mehr Geräte die Deutschen einsetzten, desto weniger Aufklärungserfolge konnte Room 40 erzielen. Auch die Amerikaner und Franzosen versuchten die Enigma-Verschlüsselung zu knacken, doch auch ihre Versuche scheiterten kläglich. Deutschland hatte jetzt das sicherste militärische Fernmeldesystem der Welt.

Die Kryptoanalytiker der Westmächte, im Ersten Weltkrieg noch hartnäckig bei der Sache, gaben rasch auf. Ein Jahrzehnt zuvor noch hatten sie, die drohende Niederlage vor Augen, Tag

Abbildung 31: Eine einsatzbereite Heeres-Enigma.

und Nacht an den deutschen Chiffren gearbeitet. Offenbar sind Angst und Feindseligkeit wesentliche Triebkräfte und Arbeitsbedingungen für erfolgreiche Codebrecher. Nach dem Ersten Weltkrieg jedoch fürchteten die Alliierten niemanden mehr. Deutschland war durch die Niederlage gelähmt, die Alliierten hatten die Vorherrschaft errungen, und in der Folge schien ihr kryptoanalytischer Ehrgeiz einzuschlummern. Die Zahl ihrer Kryptoanalytiker schrumpfte, und auch ihre Kompetenz nahm ab.

Ein Land jedoch konnte es sich nicht leisten, auf der faulen Haut zu liegen. Nach dem Ersten Weltkrieg wurde Polen erneut ein souveräner Staat, doch die Polen sahen die neugewonnene Unabhängigkeit bald schon gefährdet. Im Osten lag die Sowjetunion, die darauf aus war, ihren Kommunismus zu verbreiten, und im Westen lag Deutschland, erpicht darauf, Gebiete, die es nach dem Krieg an Polen abtreten mußte, wiederzugewinnen. Derart in die Zange genommen, waren die Polen dankbar für jede Information über die beiden Gegner und richteten deshalb einen neuen Dechiffrierdienst ein, das Biuro Szyfrów. Wenn die Notwendigkeit die Mutter der Erfindung ist, dann ist wohl die Gegnerschaft die Mutter der Kryptoanalyse.

Verantwortlich für die Dechiffrierung des deutschen Funkverkehrs war Hauptmann Maximilian Ciezki, ein glühender Patriot, der in der Stadt Szamotuty, einem Zentrum des polnischen Nationalismus, aufgewachsen war. Aber Ciezki hatte keine militärische Version der Enigma zur Verfügung, und ohne die Verdrahtung des Militärgeräts zu kennen, hatte er keine Chance, die Meldungen des deutschen Heeres zu entschlüsseln. Er geriet darüber derart in Verzweiflung, daß er einmal sogar in ohnmächtiger Wut einen Hellseher anheuerte, der aus den abgehörten Funksprüchen irgendeinen Sinn herauszaubern sollte. Überflüssig zu sagen, daß auch dem Hellseher nicht der Durchbruch gelang, den das Biuro Szyfrów brauchte. So blieb es einem von seinem Land enttäuschten

Deutschen, Hans-Thilo Schmidt, vorbehalten, dem ersten Angriff auf die Enigma den Weg zu bereiten.

Hans-Thilo Schmidt wurde 1888 als zweiter Sohn eines angesehenen Professors und seiner adligen Frau geboren. Schmidt schlug eine Laufbahn im deutschen Heer ein und diente im Ersten Weltkrieg, doch nach den drastischen Kürzungen in der Folge des Versailler Vertrags hielt das Heer ihn für entbehrlich. Daraufhin versuchte er sein Glück als Geschäftsmann, doch er mußte seine Seifenfabrik während der schweren Inflation der Nachkriegszeit schließen und stand nun mit seiner Familie mittellos da.

Der Erfolg seines älteren Bruders Rudolph verschärfte die Demütigung noch. Rudolph hatte ebenfalls im Krieg gedient und behielt seine Stellung im Militär. In den zwanziger Jahren machte er rasch Karriere, und schließlich wurde er zum Stabschef des Fernmeldekorps befördert. Er war für die Sicherheit des Fernmeldewesens zuständig, und tatsächlich war es Rudolph, der den Einsatz der Enigma im Heer offiziell guthieß.

Nach dem Zusammenbruch seiner Firma sah sich Hans-Thilo gezwungen, den Bruder um Hilfe zu bitten, und Rudolph besorgte ihm Arbeit in der Berliner Chiffrierstelle, dem für den verschlüsselten Nachrichtenverkehr verantwortlichen Dienst. Die Chiffrierstelle war die hochgeheime Schaltzentrale für die Enigma, in der streng geheime Informationen über die Tische gingen. Als Schmidt die neue Arbeit antrat, ließ er seine Familie in Bayern zurück, wo die Lebenshaltungskosten noch erträglich waren. Er lebte allein im teuren Berlin, verarmt und ohne Freunde, neidisch auf seinen erfolgreichen Bruder und voller Ressentiments gegen einen Staat, der seine Dienste für entbehrlich erachtet hatte. Die Folge war unvermeidlich. Schmidt verdiente sich Geld, indem er geheime Informationen zur Enigma an fremde Mächte verkaufte, und damit konnte er

Abbildung 32: Eine Enigma mit geöffnetem Gehäusedeckel. Deutlich sichtbar sind die drei Walzen.

Abbildung 33:
Hans-Thilo Schmidt.

zugleich Rache üben, die Sicherheit seines Landes untergraben und der Dienststelle seines Bruders schaden.

Am 8. November 1931 quartierte sich Schmidt im Grand Hotel der belgischen Stadt Verviers ein. Er war mit einem französischen Agenten verabredet, der unter dem Codenamen Rex arbeitete. Gegen Zahlung von 10 000 Mark (nach heutigem Wert etwa 30 000 DM) ließ Schmidt den Agenten zwei Dokumente fotografieren: die »Gebrauchsanweisung für die Chiffriermaschine Enigma« und die »Schlüsselanleitung für die Chiffriermaschine Enigma«. Diese Unterlagen enthielten zwar keine genaue Beschreibung der Walzenverdrahtung, doch sie enthielten die nötigen Informationen, um sie zu erschließen.

Dank Schmidts Verrat war es den Alliierten jetzt möglich, ein genaues Duplikat der deutschen Enigma zu bauen. Allerdings reichte dies nicht aus, um die mit der Enigma chiffrierten Meldungen zu entschlüsseln. Die Stärke der Verschlüsselung hängt nicht davon ab, ob die Maschine selbst geheim bleibt, sondern von der Geheimhaltung ihrer jeweiligen Grundstellung (d. h.

des Schlüssels). Will ein Kryptoanalytiker eine abgefangene Nachricht entschlüsseln, dann muß er nicht nur ein Duplikat der Enigma besitzen, er muß auch herausfinden, welcher der Myriaden möglicher Schlüssel benutzt wurde, um die jeweilige Nachricht zu verschlüsseln. In einem deutschen Gutachten hieß es: »Bei der Beurteilung der Sicherheit des Kryptosystems wird davon ausgegangen, daß der Feind die Maschine zur Verfügung hat.«

Der französische Geheimdienst hatte offensichtlich seine Hausaufgaben gemacht, denn er hatte einen Informanten wie Schmidt gewonnen und die Dokumente erhalten, die Hinweise auf die Verdrahtung der Enigma lieferten. Die französischen Kryptoanalytiker hingegen waren offenbar weder willens noch fähig, diese brandheißen Informationen auszuwerten. Im Gefolge des Ersten Weltkriegs litten sie unter Selbstüberschätzung und mangelnder Motivation. Das Bureau du Chiffre hielt es nicht einmal für nötig, ein Duplikat der militärischen Enigma zu bauen, weil man überzeugt war, daß die nächste Hürde, nämlich den Schlüssel für eine bestimmte Enigma-Meldung zu finden, nicht zu überwinden war.

Nun fügte es sich, daß die Franzosen zehn Jahre zuvor ein militärisches Kooperationsabkommen mit den Polen unterzeichnet hatten. Die Polen hatten ihr Interesse an allem bekundet, was mit der Enigma zu tun hatte, und so händigten die Franzosen ihre Fotos von Schmidts Dokumenten ihren Verbündeten aus und überließen dem Biuro Szyfrów die hoffnungslose Aufgabe, die Enigma zu knacken. Die Unterlagen waren nur eine Starthilfe, das wußten die Polen, doch im Gegensatz zu den Franzosen fürchteten sie eine Invasion und hatten damit Grund genug, am Ball zu bleiben. Die Polen verbissen sich in den Gedanken, es müsse eine Abkürzung geben, um den Schlüssel für eine Enigma-chiffrierte Botschaft zu finden, und man müsse nur genug Mühe, Erfindungsgabe und Scharfsinn investieren, um diesen Weg zu finden.

Schmidts Dokumente enthüllten nicht nur die innere Verdrahtung der Walzen, auch die von den Deutschen benutzten Schlüsselbücher waren genau beschrieben. Jeden Monat erhielten die Enigma-Operatoren ein neues Schlüsselbuch, das für jeden Tag einen Schlüssel vorschrieb. Für den ersten Tag eines Monats legte das Schlüsselbuch zum Beispiel folgenden *Tagesschlüssel* fest:

(1) *Steckerverbindungen:*   A/L – P/R – T/D – B/W – K/F – O/Y.
(2) *Walzenlage:*   2-3-1.
(3) *Grundstellung der Walzen:* Q-C-W.

Walzenlage und Grundstellung der Walzen zusammen bezeichnen wir als Walzenkonfiguration. Für diesen bestimmten Tagesschlüssel mußte der Chiffreur seine Enigma-Maschine wie folgt einstellen:

(1) *Steckerverbindungen:* Die Buchstaben A und L mit einem Kabel am Steckerbrett verbinden und damit vertauschen, desgleichen P und R, T und D, B und W, K und F und schließlich O und Y.
(2) *Walzenlage:* Walze 2 in die erste Walzenbucht des Geräts einsetzen, Walze 3 in die zweite und Walze 1 in die dritte Bucht.
(3) *Grundstellung der Walzen:* Auf dem Außenring jeder Walze ist ein Alphabet eingraviert, anhand dessen sie in eine bestimmte Position gebracht werden kann. Im obigen Falle würde der Chiffreur die Walze in der ersten Bucht so lange drehen, bis das Q nach oben zeigt, die Walze in der zweiten Bucht, bis das C nach oben zeigt, und die Walze in der dritten Bucht, bis das W nach oben zeigt.

Eine Möglichkeit bestand nun darin, den gesamten Funkverkehr eines Tages mit dem Tagesschlüssel zu chiffrieren. Dann stellten alle Enigma-Chiffreure einen ganzen Tag lang zu Beginn jeder Meldung ihre Maschinen auf den jeweiligen Tagesschlüssel ein. Jeder Funkspruch wurde zunächst in die Maschine getippt; der verschlüsselte Text wurde aufgezeichnet und dem Funker zum Senden übergeben. Auf der Empfängerseite ging die Meldung zunächst beim Funker ein, der sie dem Bediener der Enigma übergab. Dieser wiederum tippte sie in seine Maschine, die er bereits auf den einheitlichen Tagesschlüssel eingestellt hatte. Die aufleuchtenden Buchstaben auf dem Lampenfeld ergaben dann den Klartext der Meldung.

Die Schwäche dieses Verfahrens besteht jedoch darin, daß der Tagesschlüssel immer wieder benutzt wird, um die vielleicht Hunderte von Meldungen zu senden, die täglich anfallen. Wird ein einziger Schlüssel benutzt, um eine enorme Menge von Nachrichten zu verschlüsseln, dann ist es für den Kryptoanalytiker im allgemeinen leichter, sie zu entschlüsseln. Eine große Menge Text, auf die gleiche Weise verschlüsselt, gewährt dem Kryptoanalytiker eine größere Chance, den Schlüssel ausfindig zu machen. Wir haben schon bei den einfacheren Verfahren gesehen, daß es viel leichter ist, eine monoalphabetische Verschlüsselung zu knacken, wenn mehrere Seiten verschlüsselter Text vorliegen und nicht nur ein paar Sätze.

Als zusätzliche Vorsichtsmaßnahme gingen die Deutschen deshalb zu dem Verfahren über, den Tagesschlüssel einzusetzen, um für jede Meldung einen neuen *Spruchschlüssel* festzulegen. Bei diesem Verfahren werden die einzelnen Funksprüche zwar mit den im Tagesschlüssel festgelegten Steckerverbindungen und Walzenlagen chiffriert, doch mit anderen, selbstgewählten Walzenstellungen. Da die neuen Walzenstellungen nicht im Schlüsselbuch enthalten sind, müssen sie ebenfalls auf sichere Weise übermittelt werden. Dazu wird die Maschine zunächst auf den einheitlichen Tagesschlüssel eingestellt, der auch eine bestimmte Grundstellung der Walzen festlegt, beispielsweise QCW. Als nächstes wählt der Chiffreur aus freien Stücken eine neue Walzenstellung für den Spruchschlüssel, etwa PGH. Dann verschlüsselt er die Buchstabenfolge PGH mit dem Tagesschlüssel. Der Spruchschlüssel wird, um sicherzugehen, gleich zweimal in die Enigma getippt. Der Sender chiffriert beispielsweise den Spruchschlüssel **PGHPGH** als **KIVBJE**. Wichtig ist, daß die beiden **PGH**s unterschiedlich chiffriert werden (hier das erste als **KIV**, das zweite als **BJE**), weil die Enigma-Walzen sich nach jedem Buchstaben einen Schritt weiterdrehen. Dann werden die Walzen auf **PGH** eingestellt, und die eigentliche Meldung wird mit dem Spruchschlüssel chiffriert. Auch auf Empfängerseite ist die Maschine zunächst auf den Tagesschlüssel **QCW** eingestellt. Die ersten sechs Buchstaben der eingehenden Meldung, **KIVBJE**, werden eingetippt und ergeben **PGHPGH**. So weiß der Empfänger, daß er seine Walzen auf den Spruchschlüssel **PGH** einstellen muß, und kann die eigentliche Meldung entschlüsseln.

Sender und Empfänger benutzen also denselben Hauptschlüssel, doch dann verwenden sie ihn nicht, um alle Meldungen zu verschlüsseln, sondern nur, um für jede Einzelmeldung einen neuen Schlüssel zu chiffrieren und dann die eigentliche Botschaft mit diesem neuen Schlüssel zu senden. Hätten die Deutschen keine Spruchschlüssel benutzt, dann wäre alles – vielleicht Tausende von Meldungen mit Millionen Buchstaben – mit demselben Tagesschlüssel verschickt worden. Wenn jedoch der Tagesschlüssel nur benutzt wird, um die Spruchschlüssel zu übermitteln, dann chiffriert er nur eine kleine Buchstabenmenge. Werden täglich 1000 Spruchschlüssel gesendet, dann chiffriert der Tagesschlüssel nur 6000 Buchstaben. Und weil jeder Spruchschlüssel willkürlich festgelegt und nur für eine Meldung gebraucht wird, chiffriert auch er eine begrenzte Textmenge, vielleicht nur ein paar hundert Buchstaben.

Auf den ersten Blick schien das System undurchdringlich, doch die polnischen Kryptoanalytiker ließen sich nicht entmutigen. Sie waren bereit, jede Möglichkeit auszuloten, um eine Schwäche in der Enigma und dem System der Tages- und Spruchschlüssel zu finden. Das Biuro Szyfrów organisierte einen Kryptographie-Lehrgang und lud dazu zwanzig Mathematiker ein, die man vorher auf Stillschweigen einschwor. Alle kamen von der Universität Poznàn (Posen). Sie war nicht die angesehenste polnische Hochschule, hatte jedoch den Vorteil, im Westen des Landes zu liegen, der bis 1918 zu Deutschland gehört hatte. Die dortigen Mathematiker sprachen daher fließend Deutsch.

Drei von den zwanzig Kandidaten zeigten besonderes Talent für die Entschlüsselung von Geheimtexten, und das Biuro stellte sie ein. Der begabteste von ihnen war Marian Rejewski, ein schüchterner, bebrillter junger Mann von dreiundzwanzig Jahren, der Statistik studiert hatte und eigentlich in die Versicherungswirtschaft gehen wollte.

Rejewskis Angriffsstrategie gegen die Enigma stützte sich hauptsächlich auf die Tatsache, daß die Wiederholung der Feind der Geheimhaltung ist: Wiederholungen ergeben bestimmte Muster, und das sind die Lieblingskinder der Kryptoanalytiker. Die augenfälligsten Wiederholungen bei den Enigma-Sendungen waren die Spruchschlüssel, die zu Beginn jeder Meldung gesendet wurden. Wählte der Chiffreur beispielsweise den Spruchschlüssel **ULJ**, dann verschlüsselte er ihn zweimal, und **ULJULJ** ergab chiffriert vielleicht **PEFNWZ**, eine Folge, die dann zu Beginn der eigentlichen Nachricht gesendet wurde. Die Deutschen schrieben diese Wiederholung vor, um Irrtümer durch Interferenzen oder Bedienungsfehler zu vermeiden. Daß sie damit die Sicherheit der Verschlüsselung gefährdeten, sahen sie nicht voraus.

Rejewski bekam täglich einen neuen Stapel abgehörter Meldungen auf den Schreibtisch. Sie alle begannen mit den sechs Buchstaben des wiederholten dreibuchstabigen Spruchschlüssels, alle nach dem vereinbarten Tagesschlüssel chiffriert. So erhielt er beispielsweise vier Funksprüche, die mit den folgenden chiffrierten Spruchschlüsseln begannen:

	1.	2.	3.	4.	5.	6. Buchstabe
1. Funkspruch	L	O	K	R	G	M
2. Funkspruch	M	V	T	X	Z	E
3. Funkspruch	J	K	T	M	P	E
4. Funkspruch	D	V	Y	P	Z	X

Die ersten und die vierten Buchstaben, soviel steht fest, sind Verschlüsselungen desselben Klarbuchstabens, nämlich des ersten Buchstabens des Spruchschlüssels. Auch die zweiten und fünften Buchstaben sind Verschlüsselungen desselben Buchstabens, nämlich des zweiten Buchstabens des Spruchschlüssels, und die dritten und sechsten Buchstaben sind Verschlüsselungen des dritten Buchstabens des Spruchschlüssels. Im ersten Funkspruch sind also L und R Verschlüsselungen desselben, nämlich des ersten Buchstabens des Spruchschlüssels. Der Grund, warum dieser Buchstabe unterschiedlich verschlüsselt wird, erst als L und dann als R, ist einfach der, daß sich die erste

Abbildung 34:
Marian Rejewski.

Walze inzwischen drei Schritte weitergedreht und damit den Verschlüsselungsweg verändert hat.

Der Tatsache, daß L und R Verschlüsselungen desselben Buchstabens sind, verdankte Rejewski einen winzigen Hinweis auf die ursprüngliche Einstellung der Maschine. Diese Grundstellung, die er nicht kannte, verschlüsselte den ersten Buchstaben des Spruchschlüssels, den er ebenfalls nicht kannte, mit L, und eine spätere Walzenstellung, ebenfalls unbekannt, aber drei Schritte von der Grundstellung entfernt, verschlüsselte denselben Buchstaben mit R.

Dieser Hinweis mag vage erscheinen, da noch zu viele Unbekannte eine Rolle spielen, doch zumindest zeigt er, daß die Buchstaben L und R, bedingt durch die Grundstellung der Enigma, also den Tagesschlüssel, in einem notwendigen Zusammenhang stehen. Mit jeder neuen abgehörten Meldung können weitere Beziehungen zwischen den ersten und den vierten Buchstaben des wiederholten Spruchschlüssels aufgespürt werden. In all diesen Beziehungen spiegelt sich die Grundstellung der Enigma. Der zweite Funkspruch in der obigen Liste beispielsweise sagt uns, daß M und X miteinander in Beziehung stehen, der dritte Funkspruch verbindet J und M und der vierte D und P. Rejewski stellte diese Beziehungen in einer Tabelle zusammen. Für die bisherigen vier Funksprüche spiegelt die Tabelle die Beziehungen zwischen (L,R), (M,X), (J,M) und (D,P) wider:

| erster Buchstabe | A B C D E F G H I J K L M N O P Q R S T U V W X Y Z |
| vierter Buchstabe | P   M R X |

Wenn der Abhördienst Rejewski an einem Tag genug Funksprüche lieferte, konnte er das Alphabet dieser Beziehungen vervollständigen. Die folgende Tabelle zeigt ein solches vollständiges Beziehungsmuster:

| erster Buchstabe | A B C D E F G H I J K L M N O P Q R S T U V W X Y Z |
| vierter Buchstabe | F Q H P L W O G B M V R X U Y C Z I T N J E A S D K |

Rejewski kannte den Tagesschlüssel nicht und hatte auch keine Ahnung, welche Spruchschlüssel gewählt worden waren, doch er wußte, daß sie, mit dem Tagesschlüssel chiffriert, diese Beziehungstabelle ergaben. Wäre der Tagesschlüssel anders gewesen, dann hätte auch die Tabelle völlig anders ausgesehen. Die nächste Frage lautete, ob es anhand dieser Tabelle eine Möglichkeit gab, den Tagesschlüssel herauszufinden. Rejewski begann nach Mustern in der Tabelle zu suchen, Strukturen, die vielleicht auf den Tagesschlüssel hindeuteten. Schließlich begann er ein bestimmtes Muster zu untersuchen, das sich aus Buchstabenketten ergab. In der obigen Tabelle beispielsweise ist das A in der oberen Zeile mit dem F in der unteren Zeile verknüpft, und Rejewski suchte nun wiederum das F in der oberen Zeile. Er stellte fest, daß F mit W verknüpft war, und suchte daraufhin das W in der oberen Zeile. Und dieses W schließlich war wiederum mit dem A verknüpft, bei dem er angefangen hatte. Die Kette war geschlossen.

Rejewski suchte auch bei den anderen Buchstaben im Alphabet nach diesen Verknüpfungen und konnte verschiedene Ketten zusammenstellen. Er listete sie auf und notierte die Zahl der Verknüpfungen in jeder Kette:

A → F → W → A 3 Verknüpfungen
B → Q → Z → K → V → E → L → R → I → B 9 Verknüpfungen
C → H → G → O → Y → D → P → C 7 Verknüpfungen
J → M → X → S → T → N → U → J 7 Verknüpfungen

Bislang haben wir nur die Beziehungen zwischen den ersten und vierten Buchstaben des sechslettrigen wiederholten Schlüssels betrachtet. Rejewski wandte sein Verfahren auch auf die Beziehungen zwischen den zweiten und fünften sowie den dritten und sechsten Buchstaben an und listete alle Ketten und die Zahl ihrer Verknüpfungen auf. Er stellte fest, daß sich die Ketten jeden Tag änderten. Mal ergaben sich viele kurze Ketten, ein andermal nur ein paar lange. Und natürlich änderten sich die Buchstaben in den Ketten. Die Eigenschaften der Ketten waren offenbar eine Folge des jeweiligen Tagesschlüssels – eine auf kompliziertem Wege zustande gekommene Wirkung der Verkabelungen am Steckerbrett, der Walzenlage und der Walzenstellung. Allerdings blieb immer noch die Frage, wie Rejewski aus diesen Ketten den Tagesschlüssel herauslesen konnte. Welcher der 10 000 000 000 000 000 möglichen Tagesschlüssel steckte hinter einem bestimmten Kettenmuster? Die Zahl der Möglichkeiten war einfach zu groß.

An diesem Punkt gelangte Rejewski zu einer bemerkenswerten Einsicht. Zwar wirken sich Steckerbrett und Walzenkonfiguration gemeinsam auf die genaue Zusammensetzung der Ketten aus, doch ihre Beiträge lassen sich in gewissem Maße auseinanderdröseln. Insbesondere eine Eigenschaft der Ketten hängt ausschließlich von Lage und Einstellung der Walzen ab und hat mit den Steckerbrettverbindungen nichts zu tun: die Zahl der Verknüpfungen innerhalb der Ketten. Nehmen wir das obige Beispiel und tun so, als verlangte der Tagesschlüssel, die Buchstaben S und G mittels Steckerbrettverbindung zu vertauschen. Wenn wir diesen Bestandteil des Tagesschlüssels ändern, indem wir das Kabel, das S und G vertauscht, entfernen, und statt dessen T und K vertauschen, dann ändern sich die Ketten wie folgt:

A → F → W → A   3 Verknüpfungen
B → Q → Z → T → V → E → L → R → I → B   9 Verknüpfungen
C → H → S → O → Y → D → P → C   7 Verknüpfungen
J → M → X → G → K → N → U → J   7 Verknüpfungen

Ein paar Buchstaben in den Ketten ändern sich, doch die Zahl der Verknüpfungen jeder Kette bleibt unverändert. Rejewski hatte eine Eigenschaft der Ketten entdeckt, in der sich allein die Walzenkonfiguration widerspiegelte.

Die Gesamtzahl der Walzenkonfigurationen ist die Zahl der möglichen Walzenlagen (6) multipliziert mit der Zahl der Walzenstellungen (17576), also 105456. Nun mußte sich Rejewski nicht mehr damit herumschlagen, welcher der 10 000 000 000 000 000 Tagesschlüssel eine bestimmte Gruppe von Ketten ergeben hatte. Er konnte sich mit einem drastisch vereinfachten Problem befassen: Welche der 105456 möglichen Walzenkonfigurationen steckte hinter der Zahl der Verknüpfungen innerhalb einer bestimmten Gruppe von Ketten? Diese Zahl ist immer noch groß, allerdings etwa hundert Milliarden mal kleiner als die Gesamtzahl der möglichen Tagesschlüssel. Kurz, die Aufgabe ist hundert Milliarden mal leichter geworden und damit in den Bereich menschlicher Möglichkeiten gerückt.

Rejewski ging wie folgt vor. Dem Spion Hans-Thilo Schmidt hatte er zu verdanken, daß er mit identischen Nachbauten von Enigma-Maschinen arbeiten konnte. Seine Leute setzten sich an die mühselige Aufgabe, jede einzelne der 105456 Walzenkonfigurationen durchzuprüfen und die sich jeweils ergebenden Kettenlängen zu erfassen. Sie brauchten ein ganzes Jahr, um den Katalog zu erstellen, doch sobald das Biuro die Daten zusammengestellt hatte, konnte Rejewski endlich damit beginnen, die Enigma-Verschlüsselung zu brechen.

Jeden Tag sah er sich die chiffrierten Spruchschlüssel an, die ersten sechs Buchstaben aller abgehörten Nachrichten, und erstellte seine Beziehungstabellen. Hatte er diese zur Hand, konnte er die Buchstaben zu Ketten verbinden und für jede Kette die Zahl der Verknüpfungen feststellen. Beispielsweise ergab die Analyse der ersten und vierten Buchstaben vier Ketten mit 3, 9, 7 und 7 Verknüpfungen. Die zweiten und fünften Buchstaben ergaben vier Ketten mit 2, 3, 9 und 12 Verknüpfungen. Die dritten und sechsten Buchstaben schließlich erbrachten 5 Ketten mit 5, 5, 5, 3 und 8 Verknüpfungen. Den Tagesschlüssel kannte Rejewski zwar immer noch nicht, doch er wußte, daß dieser Tagesschlüssel drei Gruppen von Ketten mit folgenden Merkmalen ergab:

4 Ketten aus den ersten und vierten Buchstaben, mit   3, 9, 7
und 7 Verknüpfungen
4 Ketten aus den zweiten und fünften Buchstaben, mit   2, 3, 9
und 12 Verknüpfungen.
5 Ketten aus den dritten und sechsten Buchstaben mit 5, 5, 5, 3
und 8 Verknüpfungen

Jetzt konnte Rejewski seinen Katalog zu Rate ziehen, der jede Walzenkonfiguration enthielt, geordnet nach den Merkmalen der jeweils sich ergebenden Ketten. Sobald er den Katalogeintrag mit der richtigen Kettenzahl und der richtigen Verknüpfungszahl gefunden hatte, kannte er die Walzenkonfiguration, die der jeweilige Tagesschlüssel vorsah. Die Ketten waren gleichsam Fingerabdrücke, die auf die Spur der Walzenkonfiguration führten. Rejewski arbeitete wie ein Detektiv, der am Schauplatz eines Verbrechens einen Fingerabdruck findet und ihn dann mit Hilfe einer Datenbank mit einem Verdächtigen verknüpft.

Zwar hatte Rejewski jetzt den Walzenteil des Tagesschlüssels gefunden, doch die Steckerbrettverbindungen kannte er immer noch nicht. Obwohl es etwa hundert Milliarden Möglichkeiten für diese Verbindungen gibt, war dies eine verhältnismäßig einfache Aufgabe. Rejewski stellte zunächst die Walzen seiner Enigma gemäß dem soeben ausfindig gemachten Walzenteil des Tagesschlüssels ein. Dann entfernte er alle Kabel am Steckerbrett, das deshalb keine Auswirkung auf die Verschlüsselung hatte. Schließlich nahm er einen abgehörten Geheimtext und tippte ihn in die Enigma. Das ergab weitgehend Unsinn, denn die Steckerbrettverkabelung fehlte und war auch nicht bekannt. Allerdings tauchten doch hin und wieder einigermaßen erkennbare Wortgebilde auf, etwa alkulftilbernil – vermutlich sollte dies »Ankunft in Berlin« lauten. Wenn diese Annahme zutraf, dann mußten die Buchstaben R und L miteinander verbunden, das heißt durch ein Kabel am Steckerbrett vertauscht sein, A, K, U, F, T, I, B und E dagegen nicht. Durch die

Analyse weiterer Buchstabenfolgen war es dann möglich, die anderen Buchstabenpaare, die am Steckerbrett vertauscht waren, ausfindig zu machen. Rejewski hatte nun die Verbindungen am Steckerbrett mitsamt der Walzenkonfiguration, also den vollständigen Tagesschlüssel in der Hand. Damit konnte er jede Meldung des Tages entschlüsseln.

Er hatte die Suche nach dem Tagesschlüssel enorm vereinfacht, indem er das Problem der Walzenkonfiguration von dem Problem der Steckerbrettverbindungen getrennt hatte. Für sich genommen, waren beide Fragen lösbar. Anfangs hatten wir geschätzt, daß es länger als die Lebensspanne des Universums dauern würde, um jeden möglichen Enigma-Schlüssel zu prüfen. Allerdings hatte Rejewski nur ein Jahr gebraucht, um seinen Katalog der Kettenlängen zu erstellen, und seither konnte er den Tagesschlüssel finden, bevor der Tag zu Ende war. Im Besitz dieses Schlüssels hatte er nun denselben Informationsstand wie die eigentlichen Empfänger und konnte die Nachrichten genauso leicht entziffern.

Mit Rejewskis bahnbrechendem Erfolg war der deutsche Funkverkehr zu einem offenen Geheimnis geworden. Die Polen waren nicht im Krieg mit den Deutschen, sahen sich jedoch von einer Invasion bedroht und waren daher ausgesprochen erleichtert, die Enigma geknackt zu haben. Nun konnte man herausfinden, was die deutschen Generäle in petto hatten, und hatte eine Chance, sich zu verteidigen. An Rejewskis Arbeit hing das Schicksal der polnischen Nation, und er hatte sein Land nicht enttäuscht. Rejewskis Angriff auf die Enigma ist eine der wahrhaft großen Leistungen der Kryptoanalyse. Ich mußte diese Arbeit auf ein paar wenigen Seiten zusammenfassen und habe daher viele technische Einzelheiten und alle Sackgassen beiseite gelassen. Die Enigma ist eine komplizierte Chiffriermaschine, sie zu besiegen verlangte immense geistige Kraft. Meine Vereinfachungen sollten die Leser nicht dazu veranlassen, Rejewskis außerordentliche Leistung zu unterschätzen.

Der polnische Erfolg bei der Entschlüsselung der Enigma beruhte auf drei Faktoren: Angst, Mathematik und Spionage. Ohne die Angst vor einer Invasion hätten sich die Polen durch die scheinbare Uneinnehmbarkeit der Enigma entmutigen lassen. Ohne Mathematik wäre Rejewski nicht fähig gewesen, die Ketten zu analysieren. Und ohne Schmidt, den Spion mit dem Codenamen »Asche«, der die Dokumente lieferte, wäre die Verdrahtung der Walzen unbekannt geblieben und die Kryptoanalytiker hätten gar nicht erst zum Sprung ansetzen können. Rejewski zögerte nicht, Schmidt seinen Dank zu bekunden: »Asches Dokumente nahmen wir in Empfang wie Manna vom Himmel, und bald konnten wir alle Türen öffnen.«

Die Polen setzten Rejewskis Technik mehrere Jahre lang erfolgreich ein. Als Hermann Göring 1934 Warschau besuchte, hatte er keine Ahnung, daß der Funkverkehr seiner Entourage abgehört und entschlüsselt wurde. Während er und andere deutsche Würdenträger einen Kranz am Grab des unbekannten Soldaten niederlegten, beobachtete Rejewski sie von seinem Fenster aus, zufrieden in dem Wissen, ihre hochgeheimen Berichte lesen zu können.

Selbst als die Deutschen ihr Verfahren der Nachrichtenübermittlung leicht modifizierten, konnte Rejewski zurückschlagen. Sein alter Katalog der Kettenlängen war jetzt nutzlos geworden, doch er schrieb ihn nicht um, sondern entwickelte eine mechanische Version des Katalogsystems, das automatisch nach den richtigen Walzenkonfigurationen suchte. Rejewskis Erfindung funktionierte ähnlich wie die Enigma selbst und konnte sehr schnell jede der 17576 Walzenkonfigurationen durchprüfen, bis sie eine Übereinstimmung registrierte. Wegen der sechs möglichen Walzenlagen mußte man sechs von Rejewskis Maschinen parallel arbeiten lassen, jede mit einer der möglichen Walzenlagen. Die gesamte Anlage konnte den Tagesschlüssel in etwa zwei Stunden finden. Sie wurde als *Bombe* bezeichnet, ein Name, der vielleicht auf das Ticken zurückgeht, das sie bei ihrer Arbeit hören ließen. Eine andere

Erklärung lautet, Rejewski sei die Idee für seine Maschine gekommen, als er im Café eine *bomba,* eine Eisbombe, verspeiste. Die Bomben mechanisierten jedenfalls von Grund auf den Prozeß der Entzifferung und waren die unvermeidliche Antwort auf die Mechanisierung der Verschlüsselung durch die Enigma.

Rejewski und seine Kollegen arbeiteten während eines Großteils der dreißiger Jahre unermüdlich an der Aufdeckung der Enigma-Schlüssel. Monat für Monat plackte sich die Gruppe mit den immer wieder auftretenden Pannen der Bomben und dem endlosen Strom an abgehörten chiffrierten Meldungen ab. Die Suche nach dem entscheidenden Stück Information, dem jeweiligen Tagesschlüssel, beherrschte allmählich das ganze Leben der Codebrecher. Und sie alle wußten nicht, daß ihre Mühen weitgehend überflüssig waren. Der Chef ihres eigenen Dienstes, Major Gwido Langer, besaß bereits die Tagesschlüssel der Enigma, doch er behielt sie für sich, weggeschlossen in seinem Schreibtisch.

Langer erhielt auf dem Umweg über die Franzosen immer noch Informationen von Schmidt. Die Machenschaften des deutschen Spions fanden 1931 mit der Lieferung der beiden Dokumente über den Betrieb der Enigma keineswegs ihr Ende, sondern dauerten noch sieben Jahre an. Schmidt hatte noch zwanzig weitere Treffen mit dem französischen Agenten Rex, oft in abgelegenen Chalets in den Alpen. Bei jedem Treffen übergab Schmidt ein oder mehrere Schlüsselbücher, jedes mit den Schlüsseln eines ganzen Monats. Diese Schlüsselbücher wurden an alle deutschen Enigma-Chiffreure verteilt und enthielten alle Informationen, die zur Ver- und Entschlüsselung der Meldungen nötig waren. Insgesamt lieferte er Schlüsselbücher mit Tagesschlüsseln für 38 Monate. Diese Schlüssel hätten Rejewski einen gewaltigen Aufwand an Zeit und Mühen erspart, die Bomben wären überflüssig gewesen und die Arbeitskräfte hätten in anderen Abteilungen des Biuro eingesetzt werden können. Allerdings beschloß der erstaunlich gewiefte Langer, Rejewski nichts davon zu sagen. Langer wollte Rejewski auf die nach seiner Überzeugung unweigerlich kommende Zeit vorbereiten, in der die Schlüssel nicht mehr verfügbar sein würden. Wenn der Krieg ausbrach, das wußte Langer, würde Schmidt auf keinen Fall weiterhin zu geheimen Treffen kommen können, und Rejewski würde sich auf seine eigenen Kräfte verlassen müssen. Rejewski solle schon in Friedenszeiten üben, als Vorbereitung für das, was kommen würde.

Als die deutschen Kryptographen im Dezember 1938 die Enigma-Verschlüsselung eine Stufe komplizierter machten, war Rejewski mit seinem Latein am Ende. An alle Chiffreure wurden zwei neue Walzen ausgegeben, so daß die Walzenlage sich aus drei von fünf möglichen Walzen zusammensetzte. Zuvor hatte man nur drei Walzen eingesetzt (mit den Nummern 1, 2 und 3) und nur sechs Möglichkeiten gehabt, sie anzuordnen, doch nun gab es zwei weitere Walzen (mit den Nummern 4 und 5), und die Zahl der möglichen Walzenlagen stieg auf 60 (Tabelle 7). Die erste Herausforderung für Rejewski bestand darin, die innere Verdrahtung der beiden neuen Walzen zu erschließen. Mehr Sorgen bereitete ihm allerdings, daß er zehnmal so viele Bomben bauen mußte, um jeden Walzenstand darzustellen. Die bloßen Kosten für den Bau einer solchen Batterie von Bomben betrugen das Fünfzehnfache des gesamten Materialbudgets des Biuro. Im Monat darauf verschlimmerte sich die Lage, denn die Zahl der Steckerkabel stieg von sechs auf zehn. Nicht mehr zwölf Buchstaben wurden vertauscht, bevor die Signale in die Walzen eintraten, sondern zwanzig. Die Zahl der möglichen Schlüssel stieg auf 159 000 000 000 000 000 000.

Der polnische Abhör- und Entschlüsselungsdienst war 1938 auf dem Gipfel seiner Leistungsfähigkeit, doch Anfang 1939, als die neuen Walzen und die zusätzlichen Steckerkabel eingesetzt wurden, war die Ausbeute an Informationen schon dünner. Rejewski, der die Grenzen der Kryptoanalyse in den

Anordnungen mit drei Walzen	Anordnungen mit fünf Walzen								
123	124	125	134	135	142	143	145	152	153
132	154	214	215	234	235	241	243	245	251
213	253	254	314	315	324	325	341	342	345
231	351	352	354	412	413	415	421	423	425
312	431	432	435	451	452	453	512	513	514
321	521	523	534	531	532	534	541	542	543

Tabelle 7: Mögliche Anordnungen (Lagen) von fünf Walzen.

Jahren zuvor ständig erweitert hatte, war ratlos. Er hatte bewiesen, daß die Enigma-Verschlüsselung nicht unlösbar war, doch ohne die erforderlichen technischen Mittel, um jede Walzenkonfiguratioin prüfen zu können, war der Tagesschlüssel nicht zu finden und die Entschlüsselung unmöglich. In dieser verzweifelten Lage wäre Langer vielleicht bereit gewesen, die von Schmidt gelieferten Schlüssel aus der Schublade zu holen, doch es gab keine Schlüssel mehr. Kurz vor der Einführung der neuen Walzen hatte Schmidt den Kontakt mit dem Agenten Rex abgebrochen. Sieben Jahre lang hatte er Schlüssel geliefert, die wegen der Findigkeit der Polen überflüssig waren. Und jetzt, da die Polen die Schlüssel dringend brauchten, lieferte er nicht mehr.

Die neuerliche Undurchdringlichkeit der Enigma war ein verheerender Schlag für Polen, denn die Enigma war nicht nur ein Mittel der Kommunikation, sie war das Herz von Hitlers Blitzkrieg. Blitzkrieg bedeutete gut abgestimmte, schnelle und schwere Angriffe mit großen gepanzerten Verbänden, die mit der Infanterie und der Artillerie in ständiger Verbindung standen. Zudem wurden die Bodentruppen von Sturzkampfbombern unterstützt, die sich auf schnelle und sichere Nachrichtenverbindungen zwischen den Truppen an der Front und den Flugplätzen verlassen mußten. Der Grundgedanke des Blitzkrieges lautete »schneller Angriff, schnelle Abstimmung der Kräfte«. Wenn die Polen die Enigma nicht knacken konnten, hatten sie keine Chance, den deutschen Überfall zu stoppen, der offenbar nur noch wenige Monate auf sich warten ließ. Deutschland hatte bereits das Sudetenland besetzt, und am 27. April 1939 kündigte es den Nichtangriffspakt mit Polen. Hitlers polenfeindliche Reden wurden immer giftiger. Langer war entschlossen, die kryptoanalytischen Errungenschaften der Polen für den Fall einer Invasion nicht verschüttgehen zu lassen. Wenn Polen keinen Nutzen aus Rejewskis Arbeit ziehen konnte, dann sollten wenigstens die Alliierten die Chance erhalten, darauf aufzubauen. Vielleicht konnten England und Frankreich mit ihren größeren Mitteln das Konzept der Bombe erst richtig nutzen.

Am 30. Juni lud Major Langer seine französischen und britischen Kollegen telegrafisch nach Warschau ein, um einige dringliche Fragen im Umkreis der Enigma zu erörtern. Am 24. Juli betraten ranghohe französische und britische Kryptoanalytiker, unsicher, was sie erwarten würde, das Hauptquartier des Biuro. Langer führte sie in einen Raum, in dem ein mit schwarzem Tuch verhüllter Apparat stand. Mit theatralischer Geste zog er das Tuch weg und enthüllte eine von Rejewskis Bomben. Rejewski habe die Enigma schon vor Jahren geknackt, durfte das verdutzte Publikum erfahren. Die Polen waren allen andern auf der Welt um ein Jahrzehnt voraus. Besonders verblüfft waren die Franzosen, denn die polnische Arbeit beruhte auf den Erfolgen der französischen Spionage. Sie hatten die von Schmidt abgekauften Informationen an die Polen weitergegeben, in dem Glauben, sie seien wertlos, doch jetzt belehrten die Polen sie eines Besseren.

Als letzte Überraschung bot Langer den Engländern und Franzosen zwei entbehrliche Nachbauten der Enigma und die Baupläne der Bomben an, die daraufhin im Diplomatengepäck nach Paris gebracht wurden. Von dort ging eine der Enigmas am 16. August auf die Weiterreise nach London. Sie wurde im

Abbildung 35: Kommandofahrzeug von General Heinz Guderian. Unten links ein Enigma-Chiffriergerät im Einsatz.

Gepäck des Bühnenautors Sascha Guitry und seiner Frau, der Schauspielerin Yvonne Printemps, nach London verschifft, um nicht den Verdacht deutscher Spione zu wecken, die die Häfen beobachteten. Zwei Wochen später, am 1. September, fielen Hitlers Armeen in Polen ein, und der Krieg begann.

Die Gänse, die nie schnatterten

Die Polen hatten bewiesen, daß die Enigma keine perfekte Verschlüsselung lieferte, und den Alliierten zudem gezeigt, wie wichtig es war, Mathematiker als Codebrecher zu beschäftigen. Bei den Engländern in Room 40 hatten die Linguisten und Altphilologen immer die erste Geige gespielt, doch nun bemühte man sich gemeinsam, auch Mathematiker und Naturwissenschaftler zu rekrutieren. Dabei spielten die »Old-boy-Seilschaften« eine wichtige Rolle: Die Mitarbeiter von Room 40 nahmen Kontakt mit ihren ehemaligen Colleges in Oxford und Cambridge auf. Es gab auch eine »Old-girl-Seilschaft«, die Studentinnen rekrutierte, namentlich im Newnham und Girton College in Cambridge.

Die Neuen fingen nicht im Room 40 in London an, sondern fuhren nach Bletchley Park in Buckinghamshire, dem Sitz der Government Code and Cypher School (GC&CS). Diese neugebildete Organisation war nun anstelle von Room 40 für die Dechiffrierung zuständig. Bletchley Park bot weit mehr Menschen Platz, ein wichtiger Punkt, denn für die Zeit nach Kriegsbeginn erwartete man eine wahre Flut abgehörter verschlüsselter Funksprüche. Im Ersten Weltkrieg hatten die Deutschen noch zwei Millionen Wörter im Monat gesendet, doch nun rechnete man damit, daß die größere Verbreitung von Funkgeräten im kommenden Krieg zur Übermittlung von zwei Millionen Wörtern am Tag führen konnte.

In der Mitte von Bletchley Park stand ein altes viktorianisches Herrenhaus im Stil der Tudor-Gotik, erbaut im 19. Jahrhundert von dem Finanzmagnat Sir Herbert Leon. Das Haus mit seiner Bibliothek, dem Speisesaal und dem prachtvollen Ballsaal war die Herzkammer der gesamten Operation Bletchley. Commander Alastair Denniston, der Direktor von Bletchley Park, konnte von seinem Büro im Erdgeschoß aus den weitläufigen Garten überblicken. Doch die Aussicht wurde ihm bald durch den Bau zahlreicher Baracken verdorben. Diese auf die Schnelle errichteten Holzgebäude beherbergten die verschiedenen Dechiffrier-Abteilungen. Anfangs arbeiteten nur 200 Menschen in Bletchley Park, doch fünf Jahre später beherbergten das Herrenhaus und die Baracken 7 000 Männer und Frauen.

Im Herbst 1939 studierten die Wissenschaftler und Mathematiker in Bletchley die komplizierte Wirkungsweise der Enigma und machten sich polnischen Techniken rasch zu eigen. Bletchley hatte mehr Personal und Mittel als das polnische Biuro Szyfrów und konnte daher auch mit der größeren Walzenzahl zurechtkommen, die bedeutete, daß die Enigma jetzt zehnmal schwerer zu knacken war. Alle 24 Stunden arbeiteten die britischen Codebrecher dieselbe Routine ab. Um Mitternacht gingen die deutschen Enigma-Chiffreure zu einem neuen Tagesschlüssel über, und damit war alles, was Bletchley am Tag zuvor erarbeitet hatte, für die Entschlüsselung wertlos geworden. Die Codebrecher mußten sich nun von neuem auf die Suche nach dem Tagesschlüssel machen. Das konnte mehrere Stunden dauern, doch sobald die Enigma-Einstellungen des jeweiligen Tages entdeckt waren, konnte man in Bletchley auch die deutschen Funkmeldungen entziffern, die sich bereits angesammelt hatten, und damit Informationen gewinnen, die für die Kriegführung von unschätzbarem Wert waren.

Das Überraschungsmoment ist für jeden Befehlshaber eine entscheidende Waffe. Wenn Bletchley Park die Enigma brechen konnte, waren die Vorhaben der Deutschen kein Geheimnis mehr, und die englische Seite konnte die Gedanken der deutschen Militärführung lesen. Wenn die Briten von einem

Abbildung 36: Im August 1939 besuchten die Leiter des britischen Dechiffrierdienstes Bletchley Park, um zu prüfen, ob es sich als Standort für die neue *Government Code and Cypher School* eigne. Um Spekulationen der Nachbarn zu vermeiden, gaben sie sich als Teilnehmer einer Jagdgesellschaft von Captain Ridley aus.

unmittelbar drohenden Angriff erfuhren, konnten sie entweder Verstärkung schicken oder ein Ausweichmanöver veranlassen. Wenn die Alliierten verfolgen konnten, wie auf deutscher Seite über die eigenen Schwachpunkte gestritten wurde, dann konnten sie ihre Angriffe genau darauf ausrichten. Die Entschlüsselungen in Bletchley Park waren von höchstem Wert. Als die Deutschen im April 1940 in Dänemark und Norwegen einfielen, lieferte Bletchley ein detailliertes Bild der deutschen Operationen. Auch bei der Luftschlacht um England konnten die Kryptoanalytiker im voraus vor Bombenangriffen warnen und sogar Zeiten und Ziele angeben.

Sobald die Kryptoanalytiker in Bletchley die polnischen Techniken beherrschten, machten sie sich auf die Suche nach eigenen Abkürzungen zu den Enigma-Schlüsseln. Zum Beispiel nutzten sie den Umstand, daß die deutschen Enigma-

Chiffreure hin und wieder simple Spruchschlüssel wählten. Der Chiffreur sollte für jede Meldung einen neuen Spruchschlüssel verwenden, drei willkürlich ausgewählte Buchstaben. Die überarbeiteten Männer strengten in der Hitze des Gefechts jedoch nicht immer ihre Phantasie an, sondern nahmen einfach drei nebeneinanderliegende Buchstaben von der Tastatur der Enigma, etwa **QWE** oder **BNM**. Diese voraussagbaren Spruchschlüssel taufte man in Bletchley *cillies*. Als *cilly* galt auch die wiederholte Verwendung desselben Spruchschlüssels, vielleicht der Initialen der Freundin des Chiffreurs – eine Gruppe solcher Anfangsbuchstaben, C.I.L., könnte die Namensgeberin gewesen sein (eine andere Vermutung wäre »silly« = dusselig; Anm. d. Ü.). Bevor man die Enigma auf die harte Tour knackte, versuchten es die Kryptoanalytiker routinemäßig mit den *cillies*, und ihre Eingebungen zahlten sich manchmal aus.

Da die Enigma-Maschine während des Krieges ständig verändert wurde, waren die Kryptoanalytiker andauernd gezwungen, sich etwas Neues einfallen zu lassen, ihre Bomben umzubauen und zu verfeinern und ganz neue Strategien zu entwickeln. Nicht zuletzt beruhte der Erfolg auf der eigentümlichen Melange aus Mathematikern, Naturwissenschaftlern, Linguisten, Philologen, Schachgroßmeistern und Kreuzworträtselsüchtigen, die in den Baracken arbeiteten. Ein vertracktes Problem ging von Hand zu Hand, bis es an jemanden geriet, der die richtigen geistigen Werkzeuge dafür besaß. Wenn es dennoch eine Persönlichkeit verdient, besonders hervorgehoben zu werden, dann ist es der Mathematiker Alan Turing, der die größte Schwäche der Enigma aufspürte und sie auf raffinierte Weise ausnutzte. Dank Turing wurde es möglich, die Enigma-Verschlüsselung auch unter den schwierigsten Umständen zu knacken.

Nach Kriegsausbruch verließ Turing seine Stelle an der Universität Cambridge und schloß sich den Codebrechern in Bletchley Park an. Viel Zeit verbrachte er im ehemaligen Obst-

Abbildung 37: Alan Turing.

lager von Sir Leon, wo nun der Think-tank, die Denkzentrale von Bletchley untergebracht war. Dort saßen die Kryptoanalytiker zusammen, redeten sich die Köpfe über die anstehenden Fragen heiß und überlegten vorsorglich, wie mit möglichen künftigen Schwierigkeiten umzugehen wäre. Turing beschäftigte vor allem die Frage, was geschehen würde, wenn das deutsche Militär sein System der Spruchverschlüsselung ändern würde. Die Anfangserfolge in Bletchley beruhten auf Rejewskis Arbeit, der die Tatsache ausgenutzt hatte, daß die Enigma-Chiffreure jeden Spruchschlüssel zweimal chiffrierten (wenn der Spruchschlüssel beispielsweise YGB lautete, dann gab der Chiffreur YGBYGB ein). Diese Wiederholung sollte die Empfänger vor Fehlern schützen, doch zugleich war sie das Einfallstor für die Entschlüßler der Enigma. Die britischen Experten vermuteten, daß es nicht mehr lange dauern würde, bis die Deutschen bemerkten, daß die Wiederholung des Schlüssels die Sicherheit der Enigma gefährdete. Daraufhin würden die Chiffreure den Befehl erhalten, den Schlüssel nur noch einmal zu senden, und die bisherigen Entschlüsselungsverfahren von Bletchley wären wirkungslos gemacht. Turings Aufgabe war es nun, eine andere Angriffslinie gegen die Enigma aufzubauen, bei der man sich nicht auf die Wiederholung des Spruchschlüssels verlassen mußte.

Im Laufe einiger Wochen sammelte sich in Bletchley eine gewaltige Bibliothek entschlüsselter Funksprüche an. Turing fiel auf, daß viele von ihnen eine strenge Ordnung aufwiesen. Er sah sich die alten dechiffrierten Meldungen näher an und stellte fest, daß er den Inhalt einiger unentschlüsselter Meldungen wenigstens zum Teil voraussagen konnte, vorausgesetzt, er wußte, wann sie gesendet worden waren und aus welcher Quelle sie stammten. Erfahrungsgemäß sendeten die Deutschen jeden Tag kurz nach sechs Uhr morgens einen verschlüsselten Wetterbericht. Eine verschlüsselte Meldung, die fünf Minuten nach sechs abgehört wurde, mußte also fast sicher das Wort wetter enthalten. Die strengen Vorschriften, wie sie in allen militärischen Organisationen üblich sind, bedeuteten in diesem Fall, daß die Meldungen sprachlich stark geregelt waren, so daß Turing sogar mit einiger Sicherheit die Position von **wetter** in dem verschlüsselten Bericht ausfindig machen konnte. Beispielsweise wußte er aus Erfahrung, daß die ersten sechs Buchstaben eines bestimmten Kryptogramms dem Klarwort **wetter** entsprachen. Wenn auf diese Weise ein Stück Klartext mit einem Stück Geheimtext verknüpft werden kann, ergibt sich ein sogenannter *Crib,* ein Anhaltspunkt.

Turing konnte beweisen, daß der Crib eindeutige Rückschlüsse auf die Voreinstellung der Maschine erlaubte, mit der die Nachricht verschlüsselt worden war. Dies bedeutete, daß es tatsächlich möglich war, sich zum Spruchschlüssel und dann auch zum Tagesschlüssel voranzutasten, mit dessen Hilfe wiederum andere Meldungen vom selben Tag entschlüsselt werden konnten. Gleichwohl mußten immer noch Tausende Walzeneinstellungen der Enigma überprüft werden, um herauszufinden, welche die jeweiligen Forderungen erfüllte. Deshalb entwickelte Turing eine Maschine für diese Aufgabe, die als »Bombe« bezeichnet wurde, nach der polnischen Codebrechermaschine, der Bletchley Park seine erfolgreiche erste Attacke gegen die Enigma-Verschlüsselung verdankte.

Während Turing auf die Lieferung der ersten Bombe wartete, setzte er seine tägliche Arbeit in Bletchley fort. Die Kunde von seinem Erfolg verbreitete sich rasch unter den anderen führenden Kryptoanalytikern, die nun seine einzigartige Begabung als Codeknacker erkannten. Für Peter Hilton, einen Kollegen in Bletchley, war »Alan Turing offensichtlich ein Genie, doch ein zugängliches und freundliches Genie. Immer war er bereit, sich die Zeit zu nehmen und seine Ideen zu erklären; doch er war kein Fachidiot, und mit seinem Denken bewegte er sich geschickt auf weiten Gebieten der exakten Wissenschaften«.

Alles, was in Bletchley Park vor sich ging, war natürlich top secret, und daher wußte kein Außenstehender von Turings bemerkenswerten Leistungen. Beispielsweise ahnten seine Eltern nicht einmal, daß er als Codebrecher arbeitete, geschweige denn, daß er Englands bester Kryptoanalytiker war. Einmal hatte er seiner Mutter erklärt, daß er mit militärischer Forschung zu tun habe, doch Näheres hatte er nicht gesagt. Sie war nur enttäuscht, daß ihr schlampiger Junge sich trotzdem keinen ordentlicheren Haarschnitt zugelegt hatte. Bletchley wurde zwar vom Militär geführt, doch man hatte sich eingestanden, daß man eine gewisse Nachlässigkeit und die exzentrischen Manieren dieser »Professorentypen« tolerieren mußte. Turing ließ sich kaum einmal zu einer Rasur herbei, seine Fingernägel waren schmutzig und seine Kleider schrecklich zerknittert.

Bis Ende 1941 waren fünfzehn Bomben in Betrieb, die Cribs ausnutzten, Walzenstellungen prüften und Schlüssel enthüllten, und jede Bombe klapperte wie eine Million Stricknadeln. Wenn alles gutging, fand eine Bombe innerhalb einer Stunde

Abbildung 38: Eine Bombe in Bletchley Park.

den Enigma-Schlüssel. Sobald die Steckverbindungen und die Walzenkonfiguration (der Spruchschlüssel) feststanden, war es einfach, den Tagesschlüssel zu erschließen. Alle anderen Meldungen dieses Tages konnten dann rasch dechiffriert werden.

Obwohl die Bomben einen entscheidenden Durchbruch der Kryptoanalyse markierten, war die Entschlüsselung noch keineswegs bloße Routine. Viele Hürden waren zu nehmen, bis die Bomben auch nur auf die Suche nach dem Schlüssel gehen konnten. Zum Beispiel brauchte man zuerst einen Crib. Die erfahrenen Codebrecher überreichten ihre Cribs den Fachleuten an den Bomben, doch es gab keine Garantie, daß die Codebrecher die richtige Bedeutung des Geheimtextes erraten hatten. Und selbst wenn sie den richtigen Crib hatten, lag er vielleicht an der falschen Stelle – die Kryptoanalytiker mochten wohl erraten haben, daß eine verschlüsselte Botschaft eine bestimmte Wortfolge enthielt, doch vielleicht hatten sie diese Folge über den falschen Abschnitt des Geheimtextes gelegt. Immerhin gab es einen guten Trick, um zu prüfen, ob der Crib in der richtigen Position war.

Beim folgenden Crib ist sich der Kryptoanalytiker sicher, daß der Klartext in der Meldung enthalten ist, doch er weiß nicht, ob er ihn mit den richtigen Buchstaben im Geheimtext verknüpft hat.

| Vermuteter Klartext | w e t t e r n u l l s e c h s |
| Bekannter Geheimtext | I P R E N L W K M J J S X C P L E J W Q |

Ein Merkmal der Enigma war, daß sie wegen des Reflektors nicht in der Lage war, einen Buchstaben mit sich selbst zu verschlüsseln. Der Buchstabe a konnte nie als A verschlüsselt werden, b nie als B und so weiter. Der obige Crib muß daher an der falschen Stelle liegen, weil das erste e in **wetter** mit einem E im Geheimtext verknüpft ist. Um die korrekte Verknüpfung zu finden, verschieben wir einfach Klartext und Geheimtext gegeneinander, bis kein Buchstabe mit sich selbst gepaart ist.

Wenn wir den Klartext um eine Stelle nach links verschieben, liegen wir immer noch falsch, weil diesmal das erste **s** in **sechs** mit einem **S** im Geheimtext verbunden wird. Wenn wir den Klartext jedoch um eine Stelle nach rechts verschieben, ergeben sich keine unmöglichen Verschlüsselungen mehr. Dieser Crib liegt daher wahrscheinlich an der richtigen Stelle und kann als Ansatzpunkt für die Entschlüsselungsarbeit einer Bombe dienen:

Vermuteter Klartext	w e t t e r n u l l s e c h s
Bekannter Geheimtext	I P R E N L W K M J J S X C P L E J W Q

Die Informationen über das gegnerische Militär, die man nach dem Bruch der Enigma-Verschlüsselung sammeln konnte, gehörten zu einer umfassenderen Aufklärungsoperation mit dem Codenamen Ultra. Die Ultra-Akten, die auch entschlüsselte Meldungen der Italiener und Japaner enthielten, verliehen den Alliierten auf allen wichtigen Kriegsschauplätzen klare Vorteile. In Nordafrika trug Ultra dazu bei, die deutschen Nachschublinien zu zerstören und die Alliierten über den Kräftestand von Rommels Truppen aufzuklären, was es der britischen achten Armee ermöglichte, deren Angriffe abzuwehren. Ultra warnte auch vor der deutschen Invasion Griechenlands und erlaubte den britischen Truppen den Rückzug ohne schwere Verluste. Tatsächlich lieferte Ultra genaue Berichte über die Feindlage im gesamten Mittelmeerraum. Diese Informationen waren besonders wertvoll bei der Landung der Alliierten 1943 in Sizilien und auf dem italienischen Festland. Auch 1944, während der alliierten Invasion in Frankreich, spielte Ultra eine entscheidende Rolle. Beispielsweise ergab das entschlüsselte Material aus Bletchley in den Monaten vor D-Day ein genaues Bild der deutschen Truppenkonzentrationen entlang der französischen Küste.

Entscheidend war, daß die Informationen auf eine Weise genutzt wurden, die bei den deutschen Militärs keinen Verdacht erregte. Um das Ultra-Geheimnis zu wahren, trafen Churchills Kommandeure verschiedene Vorkehrungen. Zum Beispiel lieferten die Enigma-Entschlüsselungen die Positionen zahlreicher U-Boote, doch es wäre unklug gewesen, jedes einzelne sofort anzugreifen, weil eine plötzliche, unerklärliche Zunahme der britischen Erfolge die Deutschen mißtrauisch gemacht hätte. Folgerichtig ließen die Alliierten einige U-Boote entkommen und griffen andere erst an, wenn ein Spähflugzeug ausgeflogen war, womit sich die Annäherung eines Zerstörers ein paar Stunden später scheinbar erklären ließ. Oder aber die Alliierten schickten fabrizierte Meldungen in den Äther, wonach U-Boote gesichtet worden seien, was ebenfalls ausreichte, um den darauf folgenden Angriff zu erklären.

Trotz dieser Strategie, Hinweise auf die Entschlüsselung der Enigma zu vermeiden, erregten die britischen Unternehmungen gelegentlich Verdacht bei der deutschen Abwehr. Bei einer Gelegenheit entzifferte Bletchley eine Enigma-Meldung mit der genauen Position einer Gruppe von neun deutschen Tank- und Versorgungsschiffen. Die Admiralität beschloß in diesem Fall, nicht alle diese Schiffe zu versenken, da ein so glatter Erfolg die Deutschen mißtrauisch gemacht hätte. Deshalb gab man den eigenen Zerstörern die genauen Positionen von nur sieben Schiffen durch, die *Gadania* und die *Gonzenheim* sollten unbeschädigt entkommen. Die sieben zum Abschuß freigegebenen Schiffe wurden tatsächlich versenkt, doch die Zerstörer der Royal Navy begegneten zufällig auch den beiden Schiffen, die verschont werden sollten, und versenkten sie ebenfalls. Die Offiziere auf den Zerstörern wußten nichts von der Enigma und der Strategie der Verdachtvermeidung – sie waren einfach überzeugt, ihre Pflicht zu tun. In Berlin leitete Admiral Kurt Fricke eine Untersuchung dieses und ähnlicher Vorfälle ein, um der Möglichkeit nachzugehen, daß die Briten Enigma entschlüsselt hatten. Der Bericht kam zu dem Schluß, daß die zahlreichen Verluste entweder schlichtes Pech waren oder

Schuld eines englischen Spions, der sich in die Kriegsmarine eingeschleust hatte. Die Entschlüsselung der Enigma hielt man für unmöglich und undenkbar.

Stuart Milner-Barry, einer der Kryptoanalytiker von Bletchley Park, schrieb: »Mit Ausnahme vielleicht der Antike wurde meines Wissens nie ein Krieg geführt, bei dem die eine Seite ständig die wichtigen Geheimmeldungen von Heer und Flotte des Gegners gelesen hat.« Einige, wenn auch umstrittene Stimmen behaupteten, die Leistungen von Bletchley Park seien entscheidend für den Sieg der Alliierten gewesen. Sicher ist jedenfalls, daß die Codebrecher von Bletchley den Krieg wesentlich verkürzten. Dies wird deutlich, wenn man noch einmal die Atlantikschlacht Revue passieren läßt und darüber nachdenkt, was ohne den Vorteil des Aufklärungswissens von Ultra geschehen wäre. Zunächst einmal hätte die deutsche U-Boot-Flotte in ihrer Übermachtstellung sicher noch mehr alliierte Schiffe und Nachschub zerstört, die entscheidende Verbindung nach Amerika weiter geschwächt und die Alliierten gezwungen, noch mehr Arbeitskraft und Ressourcen in den Bau neuer Schiffe zu stecken. Historiker schätzen, daß sich die alliierten Unternehmungen in diesem Fall um mehrere Monate verzögert hätten, und das hieße, D-Day wäre bis mindestens ins folgende Jahr verschoben worden. Dies hätte auf beiden Seiten viele Menschenleben gekostet.

Allerdings ist die Kryptoanalyse eine Arbeit, die sich dem öffentlichen Blick entziehen muß, und so blieben die Erfolge von Bletchley auch nach dem Krieg ein streng gehütetes Geheimnis. Großbritannien, das während des Krieges den gegnerischen Nachrichtenverkehr so wirksam entschlüsselt hatte, wollte seine Strategie fortsetzen und war keineswegs geneigt, andere an seinen Möglichkeiten teilhaben zu lassen. Im Gegenteil: Die Briten hatten Tausende von Enigma-Geräten erbeutet und verteilten sie nun an ihre einstigen Kolonien, die glaubten, daß diese Verschlüsselung so sicher war, wie es die Deutschen selbst geglaubt hatten. Die Briten taten nichts, um sie von dieser Überzeugung abzubringen, und entschlüsselten in den folgenden Jahren routinemäßig deren geheimen Nachrichtenverkehr.

So kam es, daß die Tausende von Männern und Frauen, die zu Ultra beigetragen hatten, für ihre wichtige Arbeit nie öffentliche Anerkennung erfuhren. Die meisten von ihnen kehrten in ihr ziviles Leben zurück, auf Geheimhaltung eingeschworen und daher nicht in der Lage, ihre entscheidende Rolle im Krieg der Alliierten zu enthüllen. Während die Soldaten, die konventionelle Schlachten gefochten hatten, von ihren Heldentaten erzählen konnten, mußten die Männer und Frauen, die intellektuelle Schlachten von nicht geringerer Bedeutung geschlagen hatten, peinlich bemüht sein, Fragen über ihren Kriegsdienst auszuweichen. Gordon Welchman berichtete, daß einer der jungen Kryptoanalytiker, der mit ihm zusammengearbeitet hatte, einen vernichtenden Brief seines alten Schulleiters bekommen hätte, der ihn beschuldigte, er sei eine Schande für seine Schule, weil er nicht an der Front gedient habe. Derek Taunt, der ebenfalls in Bletchley gearbeitet hatte, faßte die wirkliche Leistung seiner Kollegen in die Worte: »Unsere glückliche Schar war zwar nicht bei König Harry an St. Crispin's Day, doch wir lagen sicher nicht im Bett und haben keinen Grund, uns verflucht zu wähnen, weil wir dort waren, wo wir waren.«

Nach drei Jahrzehnten des Schweigens wurde das Geheimnis von Bletchley Park Anfang der siebziger Jahre aufgedeckt. Captain F. W. Winterbotham, der für die Verteilung des Ultra-Materials verantwortlich gewesen war, begann die britische Regierung mit Eingaben zu bombardieren. Die Commonwealth-Länder, so argumentierte er, verwendeten die Enigma nicht mehr, und man könne nichts gewinnen, wenn man die Tatsache verberge, daß England sie geknackt hatte. Die Geheimdienste gaben widerstrebend nach und erlaubten ihm, ein Buch über die Arbeit von Bletchley Park zu schreiben. Winterbothams *The Ultra Secret* erschien im Sommer 1974 und war das Signal dafür, daß die Leute von Bletchley Park endlich die Anerkennung erhielten, die sie verdienten.

Alan Turing kam dies alles zu spät. Vor dem Krieg hatte er sich als mathematisches Genie erwiesen und Arbeiten veröffentlicht, in denen er die grundlegende Funktionsweise des Computers und der digitalen Informationsverarbeitung beschrieben hatte. In Bletchley Park wandte er sein Denken der Aufgabe zu, die Enigma zu knacken, deren Schwachstellen er mit der sicherlich bedeutendsten Einzelleistung aller Beteiligten aufzuspüren half. Nach dem Krieg jedoch bejubelte man ihn nicht als Helden, sondern verfolgte ihn wegen seiner Homosexualität. Als er 1952 einen Einbruch bei der Polizei anzeigte, äußerte er unbedacht, daß er eine homosexuelle Beziehung habe. Die Polizisten waren der Meinung, sie hätten keine andere Wahl, als ihn zu inhaftieren und anzuzeigen wegen »grober Sittenlosigkeit nach Paragraph 11 des Zusatzes zum Strafrecht von 1885«. Die Zeitungen berichteten von dem darauf folgenden Prozeß und der Verurteilung. Turing wurde öffentlich gedemütigt.

Turings Geheimnis war enthüllt, seine Homosexualität war jetzt öffentliches Wissen. Die britische Regierung entzog ihm den Status eines Geheimnisträgers und verbot ihm jegliche Mitarbeit in Forschungsprojekten, die mit der Entwicklung des Computers zu tun hatten. Er wurde gezwungen, einen Psychiater aufzusuchen, und mußte eine Hormonbehandlung über sich ergehen lassen, die ihn impotent und fettleibig werden ließ. In den zwei Jahren darauf bekam er schwere Depressionen, und am 7. Juni 1954 ging er mit einem Glas Zyanidlösung und einem Apfel in sein Schlafzimmer. Er tauchte den Apfel in das Zyanid und aß einige Bissen davon. Im Alter von nur zweiundvierzig Jahren ging eines der wahren Genies der Kryptoanalyse in den Freitod.

4

Die Sprachbarriere

*Das Dunkel unbekannter Sprachen,
die Navajo-Codesprecher im Zweiten Weltkrieg
und die Entzifferung der ägyptischen Hieroglyphen*

Während die britischen Codebrecher die deutsche Enigma entschlüsselten und damit den Verlauf des Krieges in Europa beeinflußten, waren die amerikanischen Kollegen nicht untätig. Im Pazifikkrieg spielten auch sie eine entscheidende Rolle und brachten *Purple*, die japanische Maschinenverschlüsselung, zu Fall. Daraufhin konnten die Amerikaner im Juni 1942 eine Meldung entziffern, die darauf schließen ließ, daß die Japaner sie mit einem Scheinangriff dazu veranlassen wollten, Flottenverbände von der Insel Midway in Richtung Aleuten abzuziehen. Dies hätte es der japanischen Marine ermöglicht, ihr eigentliches Ziel, Midway, zu erobern. Die Amerikaner tappten zum Schein in die Falle und zogen ihre Kräfte von Midway ab, allerdings nicht weit. Als sie daraufhin den japanischen Angriffsbefehl abhörten und entschlüsselten, kehrten ihre Schiffe nach Midway zurück und verteidigten die Insel in einer der wichtigsten Schlachten des ganzen Pazifikkrieges. Admiral Chester Nimitz zufolge war der amerikanische Sieg bei Midway »im wesentlichen ein Sieg der Aufklärung. Die Japaner, die einen Überraschungsangriff vorhatten, wurden selbst überrascht.«

Um ihren Funkverkehr zu schützen, setzten die amerikanischen Streitkräfte Geräte ein, die ähnlich wie die Enigma funktionierten, im Gegensatz zu dieser jedoch nie geknackt wurden. Allerdings wurde den amerikanischen Befehlshabern im Verlauf des Pazifikkrieges deutlich, daß Chiffriermaschinen einen schwerwiegenden Nachteil hatten. Zwar bot die elektromechanische Verschlüsselung ein relativ hohes Maß an Sicherheit, doch war sie quälend langsam. Meldungen wurden Buchstabe für Buchstabe in die Maschine getippt, das Ergebnis wurde Schritt für Schritt notiert, und schließlich wurde der fertige Geheimtext von einem Funker gesendet. Der Funker, der auf der anderen Seite die verschlüsselte Meldung empfing, reichte sie an den zuständigen Entschlüßler weiter, der den richtigen Schlüssel heraussuchte und den Geheimtext in eine Chiffriermaschine tippte, um ihn wiederum Buchstabe für Buchstabe zu dechiffrieren.

Zeit und Platz für diese heikle Arbeit mochte es in den Kommandozentralen oder auf großen Schiffen geben, doch für so hart umkämpfte und gefährliche Gebiete wie die Pazifikinseln war die Maschinenverschlüsselung nicht besonders geeignet. Ein Kriegskorrespondent beschrieb die Schwierigkeiten des Fernmeldeverkehrs in der Hitze der Dschungelkämpfe: »Als die Kämpfe sich zunehmend auf ein kleines Gebiet konzentrierten, mußte alles in Windeseile passieren. Für Verschlüsselung und Entschlüsselung war keine Zeit. Dann wurde das gute alte Englisch zum Notbehelf – je derber, desto besser.« Zum Pech für die Amerikaner hatten viele japanische Soldaten amerikanische Colleges besucht, sprachen fließend Englisch und kannten auch dessen derbere Seiten. So fielen wertvolle Informationen über Strategie und Taktik der Amerikaner in die Hände des Feindes.

Einer der ersten, der auf dieses Problem reagierte, war Philip Johnston, ein Ingenieur aus Los Angeles. Er war zu alt für den Kampfeinsatz, wollte aber dennoch seinen Beitrag leisten. Anfang 1942 begann er ein Verschlüsselungssystem zu entwickeln, das auf Erfahrungen aus Kindertagen zurückging. Als Sohn eines protestantischen Missionars war Johnston in den Navajo-Reservaten von Arizona aufgewachsen und war daher mit der Welt der Navajos eng vertraut. Er war einer der wenigen Außenstehenden, der die Stammessprache fließend beherrschte, und so konnte er als Dolmetscher bei Gesprächen zwischen den Navajos und Regierungsbeamten auftreten. Seine Arbeit wurde schließlich mit einer Einladung ins Weiße Haus gekrönt. Der neunjährige Philip dolmetschte für zwei Navajos, die bei Präsident Theodore Roosevelt um eine fairere Behandlung ihrer Leute vorstellig wurden. Johnston, der genau wußte, wie undurchdringlich die Sprache der Navajos für Außenstehende war, kam auf die Idee, Navajo oder eine andere Sprache amerikanischer Ureinwohner könnte sich als praktisch nicht entschlüsselbarer Code erweisen. Wenn jedes Bataillon im Pazifik zwei amerikanische Ureinwohner als Funker einsetzte, konnte die Sicherheit des Funkverkehrs garantiert werden. Dies würde viel einfacher sein als ein mechanisches Verschlüsselungsverfahren und viel schwieriger zu knacken.

Johnston unterbreitete seine Idee Oberstleutnant James E. Jones, dem Fernmeldeoffizier von Camp Elliott bei San Diego. Er warf dem verdutzten Offizier ein paar Brocken Navajo vor und überzeugte ihn auf diese Weise, daß die Idee eine ernsthafte Prüfung verdiente. Vierzehn Tage später kehrte er mit zwei Navajos zurück, die vor einer Reihe hoher Marineoffiziere eine Probe ihres Könnens ablieferten. Die Navajos wurden voneinander getrennt, und einer von ihnen erhielt sechs typische Meldungen auf Englisch, die er in Navajo übersetzte und seinem Kollegen per Funk übermittelte. Der Navajo-Empfänger übersetzte die Meldungen ins Englische zurück, hielt sie schriftlich fest und händigte sie den Offizieren aus, die sie mit den Originalen verglichen. Der geflüsterte Dialog der Navajo-Sprecher erwies sich als fehlerlos. Die Marineoffiziere genehmigten ein Pilotprojekt und gaben Befehl, sofort mit der Rekrutierung zu beginnen.

Die Navajos lebten damals unter elenden Bedingungen und wurden als minderwertiges Volk behandelt. Doch ihr Stammesrat unterstützte den Kriegseintritt der Vereinigten Staaten und bekundete seine Loyalität: »Es gibt keine reinere Ausprägung des Patriotismus als unter Ersten Amerikanern.« Die Navajos waren so erpicht darauf, im Krieg mitzukämpfen, daß einige falsche Angaben über ihr Alter machten oder bündelweise Bananen und Unmengen von Wasser schluckten, um das Mindestgewicht von 55 Kilo zu erreichen. Auch fanden sich ohne weiteres geeignete Kandidaten für die Ausbildung zum Navajo-Codesprecher, wie sie dann getauft wurden. Vier Monate nach der Bombardierung von Pearl Harbor traten neunundzwanzig Navajos, manche erst fünfzehn Jahre alt, zu einem achtwöchigen Fernmeldekurs beim Marinecorps an.

Zunächst mußte das Marinecorps jedoch ein Problem lösen, das den bislang einzigen auf einer Sprache der amerikanischen Ureinwohner beruhenden Code belastet hatte. Während des Ersten Weltkriegs hatte Hauptmann E. W. Horner von der Kompanie D der 141sten Infanteriedivision befohlen, acht Männer vom Stamm der Choctaw als Funker einzusetzen. Natürlich verstand kein einziger Angehöriger der feindlichen Truppen ihre Sprache, und der Funkverkehr war bei den Choctaw in sicheren Händen. Allerdings hatte dieses Verschlüsselungsverfahren den einen entscheidenden Nachteil, daß die Choctaw-Sprache keine Entsprechungen für moderne militärische Fachausdrücke besaß. Ein bestimmter technischer Ausdruck mußte daher in einen vagen Choctaw-Begriff übersetzt werden, mit dem Risiko, vom Empfänger falsch gedeutet zu werden.

Dieselbe Schwierigkeit wäre bei der Navajo-Sprache aufgetaucht. So beschloß man im Marinecorps, ein Lexikon aus Navajowörtern zusammenzustellen, um den ansonsten unübersetzbaren englischen Wörtern eine Entsprechung zu geben und jede Mehrdeutigkeit zu vermeiden. Die künftigen Codesprecher halfen, das Lexikon zusammenzustellen. Bei der Übersetzung bestimmter Fachausdrücke bevorzugten sie Wörter für die natürliche Welt. So wurden Flugzeuge mit Vogelnamen bezeichnet und Schiffe mit Namen von Fischarten. Ein

Jagdflugzeug war ein Kolibri (Da-he-tih-hi), ein Amphibienfahrzeug war ein Frosch (Chal) und ein U-Boot ein eiserner Fisch (Besh-lo). Höhere Offiziere waren »Kriegshäuptlinge«, Kampfstellungen »Schlamm-Clans«, aus Befestigungen wurden »Höhlensiedlungen« und Mörser waren »hockende Gewehre«.

Zwar enthielt das gesamte Lexikon 274 Wörter, doch es blieb die Schwierigkeit, weniger häufige Wörter und Namen von Personen und Orten zu übersetzen. Die Lösung war ein codiertes phonetisches Alphabet für die Aussprache schwieriger Wörter. Zum Beispiel wurde das Wort »Pacific« als »pig, ant, cat, ice, fox, ice, cat« buchstabiert und dann in die Navajo-Sprache übersetzt, als bi-sodih, wol-la-chee, moasi, tkin, ma-e, tkin, moasi. Tabelle 8 zeigt das vollständige Navajo-Alphabet. Nach acht Wochen Ausbildung hatten die Codesprecher das Lexikon und das Alphabet auswendig gelernt. Codebücher, die dem Feind in die Hände hätten fallen können, waren damit überflüssig geworden. Für die Navajos war es ein leichtes Spiel, sich alles einzuprägen, denn ihre Sprache kannte keine Schrift,

A	Ant	Wol-lachee	N	Nut	Nesh-chee
B	Bear	Shush	O	Owl	Ne-ahs-jsh
C	Cat	Moasi	P	Pig	Bi-sodih
D	Deer	Be	Q	Quiver	Ca-yeilth
E	Elk	Dzeh	R	Rabbit	Gah
F	Fox	Ma-e	S	Sheep	Dibeh
G	Goat	Klizzie	T	Turkey	Than-zie
H	Horse	Lin	U	Ute	No-da-ih
I	Ice	Tkin	V	Victor	A-keh-di-glini
J	Jackass	Tkele-cho-gi	W	Weasel	Gloe-ih
K	Kid	Klizzie-yazzi	X	Cross	Al-an-as-dzoh
L	Lamb	Dibeh-yazzi	Y	Yucca	Tsah-as-zih
M	Mouse	Na-as-tso-si	Z	Zinc	Bseh-do-gliz

Tabelle 8: Der Navajo-Alphabetcode für das Englische.

so daß sie es gewohnt waren, ihre Legenden und Familiengeschichten zu memorieren. William McCabe, einer der Codesprecher, meinte dazu: »Bei den Navajos ist alles im Gedächtnis eingeprägt – Lieder, Gebete, alles. Damit wachsen wir auf.«

Am Ende der Ausbildung gab es eine Prüfung. Die Navajos in der Rolle der Sender übersetzten eine Reihe von Meldungen aus dem Englischen in die Navajo-Sprache und übermittelten sie. Die Empfänger übersetzten die Nachrichten anhand des memorierten Wörterbuchs und, falls nötig, des vereinbarten Alphabets ins Englische zurück. Sie bestanden die Prüfung mit Bravour. Um die Stärke des Verfahrens zu prüfen, übergab man der Marineaufklärung eine Aufzeichnung der Übertragungen, und zwar genau der Einheit, die Purple, die beste japanische Verschlüsselung, geknackt hatte. Nach drei Wochen mühsamer Analyse standen die Codeknacker der Marine immer noch ratlos vor den Meldungen. Sie nannten die Navajo-Sprache »eine merkwürdige Folge aus gutturalen, nasalen, zungenbrecherischen Lauten ... Wir konnten sie nicht einmal transkribieren, geschweige denn knacken.« Der Navajo-Code galt als Erfolg. Zwei Navajo-Soldaten, John Benally und Johnny Manuelito, erhielten Anweisung, zu bleiben und die nächste Gruppe von Rekruten auszubilden, während die anderen 27 Navajo-Codesprecher vier Regimentern zugewiesen und in den Pazifik geschickt wurden.

Die Japaner hatten am 7. Dezember 1941 Pearl Harbor angegriffen, und es dauerte nicht lange, bis sie große Teile des westlichen Pazifiks beherrschten. Am 10. Dezember überrannten japanische Truppen die amerikanische Garnison auf Guam, am 13. Dezember nahmen sie Guadalcanal in der Salomon-Kette ein, Hongkong kapitulierte am 25. Dezember, und die amerikanischen Truppen auf den Philippinen ergaben sich am 2. Januar 1942. Im kommenden Sommer wollten die Japaner ihre Herrschaft über den Pazifikraum festigen und bauten deshalb einen Flugplatz auf Guadalcanal, als Stützpunkt für die Bomber, welche die alliierten Nachschublinien zerstören sollten.

Damit wäre ein alliierter Gegenangriff fast unmöglich geworden. Admiral Ernest King, Oberbefehlshaber der amerikanischen Marine im Pazifik, drängte auf einen Angriff, bevor der Flugplatz fertiggestellt war, und am 7. August landete die 1. Marinedivision an der Spitze der Invasionstruppen auf Guadalcanal. Zu ihnen gehörte auch die erste Gruppe von Codesprechern, die zum Kampfeinsatz kam.

Obwohl die Navajos zuversichtlich waren, daß ihre Fähigkeiten ein Segen für die Marines sein würden, stifteten die ersten Versuche nur Verwirrung. Viele reguläre Funker kannten diesen neuen Code noch nicht, und in Panik funkten sie Meldungen über die Insel, die Japaner würden auf amerikanischen Frequenzen senden. Der befehlshabende Oberst ließ die Navajo-Sendungen sofort einstellen, bis er sich vom Nutzen des Experiments überzeugen konnte. Einer der Codesprecher erinnert sich, wie der Navajo-Code letztendlich doch wieder eingesetzt wurde:

Abbildung 39: Die ersten 29 Navajo-Codesprecher haben sich für das traditionelle Abschlußfoto aufgestellt.

Der Oberst hatte eine Idee. Er sagte, er würde uns unter einer Bedingung behalten: daß wir schneller wären als sein »weißer Code«, ein tickendes mechanisches Zylinderding. Wir schickten beide unsere Meldungen los – der andere mit dem weißen Zylinder und ich mit meiner Stimme. Wir bekamen beide Antwort, und jetzt legten wir los, um festzustellen, wer seine Antwort zuerst entschlüsseln konnte. Ich wurde gefragt: »Wie lange wirst du brauchen? Zwei Stunden?« »Eher zwei Minuten«, antwortete ich. Der andere war immer noch am Entschlüsseln, als ich schon das Okay für meine Rückantwort bekommen hatte, nach etwa viereinhalb Minuten. Ich sagte: »Oberst, wann geben Sie dieses Zylinderding auf?« Er sagte kein Wort. Er zündete nur seine Pfeife an und ging davon.

Die Codesprecher konnten bald beweisen, was sie in der Schlacht wert waren. Während der Kämpfe auf der Insel Saipan nahm ein Bataillon Marines Stellungen in Besitz, die von den Japanern aufgegeben worden waren. Plötzlich explodierte in der Nähe eine Granatsalve. Die Marines waren von den eigenen Leuten unter Feuer genommen worden, die von ihrem Vorstoß nichts wußten. Die Marines gaben auf Englisch ihre Position durch, doch das Feuer wurde nicht eingestellt, weil die vorrückenden amerikanischen Truppen glaubten, die Japaner wollten sie mit gefälschten Funksprüchen täuschen. Erst als ein Funkspruch auf Navajo hinausging, erkannten die Angreifer ihren Irrtum und stoppten den Vorstoß. Eine Navajo-Meldung konnte nicht gefälscht sein und war immer vertrauenswürdig.

Der Ruf der Codesprecher verbreitete sich, und schon Ende 1942 wurden 83 weitere Männer angefordert. Die Navajos dienten schließlich in allen sechs Divisionen des Marinecorps und wurden gelegentlich auch von anderen Truppenteilen ausgeliehen. Ihr Krieg der Worte machte die Navajos rasch zu Helden. Andere Soldaten erboten sich, Funkgeräte und Gewehre für sie zu tragen, und man stellte ihnen sogar Leibwächter zur

Seite, weil man sie gelegentlich auch vor den eigenen Leuten schützen mußte. In mindestens drei Fällen wurden Codesprecher für Japaner gehalten und von amerikanischen Soldaten gefangengenommen. Sie wurden erst freigelassen, als Kameraden aus ihrem eigenen Bataillon für sie bürgten.

Daß der Navajo-Code so undurchdringlich war, lag allein daran, daß Navajo zur Sprachfamilie Na-Dene gehört, die mit keiner einzigen asiatischen oder europäischen Sprache verwandt ist. Zum Beispiel wird ein Navajo-Verb nicht nur nach dem Subjekt konjugiert, sondern auch nach dem Objekt. Die Endung des Verbs hängt davon ab, welcher Kategorie das Objekt angehört: lang (z. B. Pfeife, Malstift), schlank und wendig (Schlange, Lederriemen), körnig (Zucker, Salz), gebündelt (Heu), dickflüssig (Schlamm, Kot) und viele andere. Das Verb enthält auch Adverbien und gibt wieder, ob der Sprecher

Abbildung 40: Obergefreiter Henry Bake Jr. (links) und Gefreiter George H. Kirk setzen den Navajo-Code im dichten Dschungel von Bougainville ein (1943).

das Berichtete selbst erlebt hat oder ob er es vom Hörensagen weiß. Daher kann ein einziges Verb einem ganzen Satz entsprechen, was es Fremden praktisch unmöglich macht, seine Bedeutung zu erschließen.

Der Krieg im Pazifik wurde mit wachsender Erbitterung geführt. Die Amerikaner stießen von den Salomon-Inseln aus gegen Okinawa vor, und dabei spielten die Navajo-Codesprecher eine immer wichtigere Rolle. Während der ersten Tage des Angriffs auf Iwo Jima wurden mehr als achthundert Navajo-Funksprüche gesendet, allesamt fehlerlos. Generalmajor Howard Conner zufolge hätten »die Marines ohne die Navajos niemals Iwo Jima eingenommen«. Die Leistung der Navajo-Codesprecher ist um so bemerkenswerter, wenn man bedenkt, daß sie, um ihre Pflicht zu erfüllen, häufig tiefsitzenden spirituellen Ängsten begegnen und sie überwinden mußten. Die Navajos glauben, daß die Geister der Toten, die *chindi*, sich bei den Lebenden rächen werden, wenn der Leichnam nicht auf bestimmte Weise rituell bestattet wird. Der Krieg im Pazifik war besonders blutig, die Schlachtfelder waren mit Leichen übersät, und doch brachten die Codesprecher den Mut auf, ohne Rücksicht auf die *chindi,* die sie jagten, weiterzumachen. In Doris Pauls Buch *The Navajo Code Talkers* schildert einer der Navajos einen Zwischenfall, der ihren Mut, ihre Loyalität und ihre Gefaßtheit deutlich macht:

> Wenn du deinen Kopf auch nur fünfzehn Zentimeter aus dem Loch gehoben hast, warst du tot, so dicht war das Feuer. Und dann, in den frühen Morgenstunden, ohne frische Kräfte auf unserer oder ihrer Seite, war es plötzlich totenstill. Dieser eine Japaner hat es dann wohl nicht mehr ausgehalten. Er sprang auf und rief und schrie, so laut er konnte, und stürmte dann auf unseren Graben zu, wobei er ein langes Samurai-Schwert schwang. Ich glaube, er wurde 25- bis 40mal getroffen, bevor er zusammenbrach.
> Bei mir im Graben war ein Kamerad. Doch die Japaner hat-

ten ihm die Kehle durchgeschnitten, glatt durch bis zu den Sehnen am Nacken. Er röchelte immer noch durch seine offene Luftröhre. Und es war schrecklich mit anzuhören, wie er zu atmen versuchte. Natürlich starb er. Als der Japaner zugeschlagen hatte, war mir warmes Blut über die ganze Hand gespritzt, in der ich ein Mikrofon hielt. Ich rief den Code für Hilfe hinein. Sie sagten mir, daß trotz allem jede Silbe meiner Meldung durchkam.

Insgesamt gab es 420 Navajo-Codesprecher. Zwar wurde ihr Mut im Kampf gelobt, doch ihre besondere Rolle bei der Sicherung des Funkverkehrs wurde als geheim eingestuft. Die Regierung verbot ihnen, über ihre Arbeit zu sprechen, und ihr einzigartiger Beitrag blieb unbekannt. Genau wie Turing und die Kryptoanalytiker von Bletchley Park wurden die Navajos jahrzehntelang totgeschwiegen. Im Jahr 1968 wurde die Geheimhaltung für den Navajo-Code endlich aufgehoben, und im Jahr darauf veranstalteten die Codesprecher ihr erstes Treffen. 1982 schließlich erklärte die amerikanische Regierung den 14. August zum »Nationalen Navajo-Codesprecher-Tag«. Der größte Tribut an die Arbeit der Navajo ist jedoch die schlichte Tatsache, daß ihr Code einer der wenigen in der gesamten Geschichte ist, der nie geknackt wurde. Generalleutnant Seizo Arisue, der japanische Geheimdienstchef, gab zu, daß man zwar den amerikanischen Luftwaffencode entschlüsselt hatte, doch beim Navajo-Code kein Stück vorangekommen war.

Die vergessenen Sprachen und Schriften des Altertums

Der Erfolg des Navajo-Codes beruhte weitgehend auf der Tatsache, daß die Muttersprache eines Menschen für jeden, der damit nicht vertraut ist, ein Buch mit sieben Siegeln ist. Die Aufgabe, vor der die japanischen Kryptoanalytiker standen, ähnelt in manchem jener der Archäologen, die eine längst vergessene Sprache entziffern wollen, die zudem in einer längst vergessenen Schrift aufgezeichnet war. Die Archäologen stehen im Grunde vor einem noch viel schwierigeren Problem. Während es den Japanern nicht an Navajo-Wörtern mangelte, an denen sie ihre Künste erproben konnten, haben die Archäologen oft nichts weiter in Händen als eine kleine Sammlung Tontafeln. Zudem wissen die Archäologen oft nicht, worum es in einem alten Text überhaupt geht und in welchem Zusammenhang er zu lesen ist, ganz im Gegensatz zu den militärischen Codebrechern, die mit solchen Anhaltspunkten eine Verschlüsselung knacken können.

Die Entzifferung eines alten Textes scheint ein fast hoffnungsloses Unterfangen, doch viele Frauen und Männer widmen sich mit Leidenschaft dieser Aufgabe. Dahinter steckt der Wunsch, die Schriften unserer Vorfahren zu verstehen und vielleicht sogar ihre Worte nachzusprechen und uns Einblicke in ihre Denk- und Lebensweisen zu verschaffen. Diese Lust an der Entzifferung alter Schriften faßt Maurice Pope, Autor von *Das Rätsel der alten Schriften,* in die Worte: »Entzifferungen sind die weitaus faszinierendsten Leistungen der Forschung. Um unbekannte Schriften weht ein Hauch von Rätselhaftem, vor allem wenn sie Zeugen fernster Vergangenheit sind. Und so wird besonderer Ruhm demjenigen zuteil, der als erster ihr Geheimnis lüftet.«

Die Entschlüsselung alter Schriften gehört nicht zum evolutionären Dauerkonflikt zwischen den Verschlüßlern und den Entschlüßlern. Es gibt zwar Entschlüßler in Gestalt von Archäologen, doch keine dazugehörigen Verschlüßler. Das heißt, es gab in den meisten Fällen, in denen Archäologen sich als Entschlüßler betätigten, keine Absicht des Urhebers, die Bedeutung seines Textes zu verbergen. Der Rest dieses Kapitels, der von den archäologischen Entzifferungen handelt, ist daher eine kleine Abschweifung vom Hauptthema des Buches. Allerdings sind die Grundregeln der archäologischen Entschlüsselung im Kern dieselben wie die der herkömmlichen militärischen Kryptoanalyse. Manch ein militärischer Codeknacker fühlt sich denn auch von einer noch nicht entzifferten alten Schrift angezogen, vermutlich, weil die archäologische Entzifferung eine erfrischende Abwechslung vom militärischen Alltagsgeschäft bietet und ein rein intellektuelles Rätsel darstellt. Kurz, der Beweggrund ist hier nicht Gegnerschaft, sondern Neugier.

Die berühmteste und sicher abenteuerlichste aller Entzifferungsgeschichten ist die der ägyptischen Hieroglyphen. Jahrhundertelang waren sie den Archäologen ein Rätsel geblieben, und sie konnten nichts weiter tun, als über ihren Sinn zu spekulieren. Es war eine klassische Meisterleistung, sie schließlich doch noch zu entziffern, und seither können jene Zeugnisse erster Hand gelesen werden, die von der Geschichte, der Kultur und dem Glauben der alten Ägypter künden. Mit der Entschlüsselung der Hieroglyphen wurde eine Brücke über die Jahrtausende geschlagen, zwischen uns Heutigen und der Kultur der Pharaonen.

Die frühesten Hieroglyphen stammen aus der Zeit um 3000 v. Chr., und diese kunstvolle Schrift hielt sich während der nächsten dreieinhalbtausend Jahre. Die fein ausgestalteten Schriftsymbole waren zwar ein idealer Schmuck für die Wände majestätischer Tempel (das griechische Wort *hieroglyphica* bedeutet »heiliges Schnitzwerk«), doch viel zu kompliziert, um profane Geschäfte aufzuzeichnen. Zur gleichen Zeit wie das Hieroglyphische entwickelte sich deshalb für alltägliche Zwecke die *hieratische* Schrift, bei der jede Hieroglyphe durch einen stilisierten Stellvertreter ersetzt wurde, der schneller und leichter zu schreiben war. Um 600 v. Chr. wurde das Hieratische von einer noch einfacheren Schrift abgelöst, dem *Demotischen*, vom griechischen *demotika,* »volksnah«, was auf ihre weltliche Funktion hindeutet. Hieroglyphisch, hieratisch und demotisch stehen im Grunde für dieselbe Schrift – man könnte sie als unterschiedliche Zeichensätze betrachten.

Alle drei Schriftformen sind phonographisch, das heißt, die Zeichen stellen im wesentlichen verschiedene Laute dar, wie die Buchstaben im deutschen Alphabet. Über dreitausend Jahre lang gebrauchten die alten Ägypter ihre Schriften für alle möglichen Zwecke, nicht anders als wir Heutigen. Dann, gegen Ende des 4. Jahrhunderts n. Chr., innerhalb einer Generation, verschwanden die ägyptischen Schriften. Die letzten datierbaren ägyptischen Schriftdokumente finden sich auf der Insel Philae. Im Jahr 394 n. Chr. wurde dort eine ägyptische Inschrift auf eine Tempelwand gemeißelt, und ein demotisches Graffito konnte auf 450 n. Chr. datiert werden. Es war das sich ausbreitende Christentum, das die ägyptische Schrift auslöschte; die Kirche verbot ihren Gebrauch, um jede Verbindung mit der heidnischen ägyptischen Vergangenheit zu kappen. Die alten Schriften wurden durch das Koptische ersetzt, eine Schrift, die aus den 24 Buchstaben des griechischen Alphabets bestand, ergänzt durch sechs demotische Buchstaben für ägyptische Laute, die im Griechischen nicht verwendet wurden. Das Koptische errang die unbestrittene Vorherrschaft, und die Fähigkeit, die Hieroglyphen oder die demotische und die hieratische Schrift zu lesen, starb aus. Zwar wurde die alte ägyptische Sprache immer noch gesprochen und entwickelte sich zur koptischen Sprache, doch bald schon, im 11. Jahrhundert, verdrängte das Arabische die koptische Sprache und Schrift. Die letzte sprachliche Verbindung zu den alten Reichen Ägyptens war gekappt, und das Wissen, das nötig war, um die Pharaonenlegenden zu lesen, ging verloren.

Das Interesse an den Hieroglyphen erwachte erneut im 17. Jahrhundert, als Papst Sixtus V. die Stadt Rom umgestaltete. Er ließ ein Netz von Prachtstraßen bauen und an jeder Kreuzung Obelisken aufstellen, die man aus Ägypten herbeigeschafft hatte. Viele Gelehrte versuchten, die Bedeutung der hieroglyphischen Inschriften auf den Obelisken zu entschlüsseln, legten sich jedoch durch falsche Vorannahmen selbst Steine in den Weg: Niemand wollte glauben, daß die Hieroglyphen phonographische Zeichen oder *Phonogramme* sein könnten. Vielmehr hielt man sie für eine Art Bilderschrift.

So veröffentlichte 1652 der deutsche Jesuit Athanasius Kircher ein Wörterbuch allegorischer Deutungen der Hieroglyphen mit dem Titel *Œdipus œgyptiacus* und schuf damit eine Reihe so wunderlicher wie wunderbarer Übersetzungen. Eine Handvoll Hieroglyphen, die, wie wir jetzt wissen, nichts weiter als den Namen des Pharaos Apries bilden, übersetzte Kircher wie folgt: »Die Gunst des göttlichen Osiris ist mittels heiliger Zeremonien und der Kette der Genii zu erbitten, damit der Nil uns seine Wohltaten erweist.« Heute mögen uns Kirchers Übertragungen lächerlich erscheinen, doch ihre Wirkung auf andere Möchtegern-Entzifferer war gewaltig. Kircher war mehr als nur ein Ägyptologe: er schrieb ein Buch über Kryptographie, baute einen Musikbrunnen, erfand die Laterna magica (eine Vorläuferin des Kinos) und ließ sich in den Vesuvkrater hinunter, was ihm den Ehrentitel »Vater der Vulkanologie« einbrachte. Der Jesuit war der weithin angesehenste Gelehrte seiner Zeit, und seine Ideen beeinflußten ganze Generationen künftiger Ägyptologen.

Anderthalb Jahrhunderte nach Kircher, im Sommer 1798, gerieten die Schätze des alten Ägypten erneut in den Blickpunkt. Napoleon Bonaparte ließ seinen Invasionstruppen eine Gruppe von Historikern, Naturwissenschaftlern und Zeichnern auf den Fuß folgen. Diese Gelehrten, »pekinesische Hunde«, wie die Soldaten sie nannten, kartographierten, zeichneten, transkribierten, vermaßen und notierten alles, was sie sahen – eine bemerkenswerte Leistung. Im Jahr 1799 stießen die französischen Gelehrten auf den berühmtesten Stein in der Geschichte der Archäologie. Gefunden hatten ihn französische Soldaten aus Fort Julien in der Stadt Rosette im Nildelta. Sie hatten den Befehl gehabt, eine alte Mauer niederzureißen, um Platz für eine Erweiterung des Forts zu schaffen. In die Mauer eingebaut war ein Stein mit einer erstaunlichen Reihe von Inschriften: derselbe Text war dreimal in den Stein eingraviert, auf Griechisch, Demotisch und in Hieroglyphenschrift. Der Stein von Rosette, wie er genannt wurde, war eine Art kryptoanalytischer Crib, ein Anhaltspunkt, wie er in Bletchley Park benutzt wurde, um in die Enigma-Verschlüsselung einzubrechen. Die einfach zu lesende griechische Inschrift war ein Stück Klartext, das mit dem demotischen und dem hieroglyphischen Geheimtext verglichen werden konnte. Der Stein von Rosette bot die einzigartige Chance, die Bedeutung der alten ägyptischen Zeichen zu entziffern.

Die Wissenschaftler erkannten sofort, was es mit dem Stein auf sich hatte, und schickten ihn ins Nationalinstitut nach Kairo zur eingehenden Untersuchung. Bevor sich das Institut jedoch ernsthaft an die Arbeit machten konnte, zeichnete sich ab, daß die vorrückenden britischen Streitkräfte der französische Armee eine Niederlage beibringen würden. Die Franzosen transportierten den Rosette-Stein von Kairo ins einigermaßen sichere Alexandria, doch als sie schließlich kapitulierten, gingen nach Artikel XVI des Kapitulationsabkommens alle Altertümer in Alexandria in den Besitz der Briten über, während die in Kairo befindlichen Stücke Frankreich zugeschlagen wurden. Die unschätzbar wertvolle Steinscheibe (118 cm hoch, 77 cm breit und 30 cm dick, mit einem Gewicht von einer dreiviertel Tonne) wurde 1802 an Bord der HMS *L'Egyptienne* nach Portsmouth verschifft und noch im selben Jahr dem Britischen Museum übergeben, wo sie seither zu sehen ist.

Die Übersetzung des griechischen Textes ergab bald, daß der Rosette-Stein ein Dekret des Rates der ägyptischen Priester von 196 v. Chr. enthielt. Der Text schildert die Wohltaten, die der Pharao Ptolemäus dem ägyptischen Volk zukommen ließ und beschreibt die Ehrungen, welche ihm die Priester dafür erwiesen. Zum Beispiel verkündeten sie, es solle »ein Fest stattfinden für König Ptolemäus, den Unsterblichen, den Liebling des Ptah, den Gott Epiphanes Eucharistos, alljährlich fünf Tage lang ab dem 1. Troth in den Tempeln des ganzen Landes, die man mit Blumen schmücken soll«. Wenn die anderen bei-

Abbildung 41: Der Rosette-Stein, 196 v. Chr. beschriftet und 1799 wiederentdeckt, enthält denselben Text in drei verschiedenen Schriften: im oberen Teil Hieroglyphisch, in der Mitte Demotisch und unten Griechisch.

den Inschriften dasselbe Dekret enthielten, dann konnte die Entzifferung der hieroglyphischen und demotischen Texte nicht schwer sein. Allerdings blieben drei große Schwierigkeiten zu überwinden. Erstens ist der Stein von Rosette, wie Abbildung 41 zeigt, erheblich beschädigt. Der griechische Text besteht aus 54 Zeilen, von denen die letzten 26 lädiert sind. Der demotische Text hat 32 Zeilen, von denen die Anfänge der ersten 14 beschädigt sind (übrigens sind demotischer und hieroglyphischer Text von links nach rechts zu lesen). Der hieroglyphische Text ist im schlechtesten Zustand, bei ihm fehlt die Hälfte der Zeilen gänzlich, die verbliebenen 14 Zeilen teilweise (die den letzten 28 Zeilen des griechischen Textes entsprechen). Das zweite Problem war, daß die beiden ägyptischen Schriften die alte ägyptische Sprache wiedergeben, die seit acht Jahrhunderten niemand mehr gesprochen hatte. Zwar war es möglich, eine Reihe ägyptischer Zeichen ausfindig zu machen, die einer Reihe griechischer Wörter entsprachen, was es den Archäologen ermöglicht hätte, die Bedeutung der ägyptischen Wörter zu erschließen, doch es war unmöglich, deren Klang wiedererstehen zu lassen. Erst wenn die Archäologen wußten, wie die ägyptischen Wörter ausgesprochen wurden, konnten sie die Lautentsprechung der Zeichen feststellen. Zudem verleitete das geistige Vermächtnis Kirchers die Archäologen immer noch dazu, die ägyptischen Schriftzeichen als Ideogramme (Bildzeichen) und nicht als Phonogramme (Lautzeichen) zu deuten, weshalb nur wenige eine Entzifferung der Hieroglyphen auf dieser Linie auch nur in Betracht zogen.

Einer der ersten Wissenschaftler, der das Vorurteil in Frage stellte, die Hieroglyphen seien eine Art Bilderschrift, war der begnadete englische Mathematiker Thomas Young. Young wurde 1773 in Milverton, Somerset, geboren und konnte mit zwei Jahren fließend lesen. Mit vierzehn hatte er Griechisch, Latein, Französisch, Hebräisch, Chaldäisch, Syrisch, Arabisch, Persisch, Türkisch und Äthiopisch gelernt, und später, als Student am Emmanuel College in Cambridge, brachte ihm seine Geni-

Abbildung 42: Thomas Young.

alität den Beinamen »Phänomen Young« ein. Er studierte Medizin, doch es hieß, er sei nur an den Krankheiten interessiert, nicht an den Patienten. Er konzentrierte sich zunehmend auf die Forschung und weniger auf die Heilung von Kranken.

Young veranstaltete eine ungewöhnliche Reihe medizinischer Experimente, viele davon mit dem Ziel, zu erklären, wie das menschliche Auge arbeitet. Er erkannte, daß wir Farben mittels dreier Rezeptortypen wahrnehmen, einem für jede der drei Primärfarben. Indem er Metallringe um ein lebendes Auge herum anbrachte, konnte er zeigen, daß zur Scharfeinstellung nicht das ganze Auge, sondern allein die innere Linse verzerrt wird. Sein Interesse an der Optik führte ihn zur Physik und erbrachte einige weitere Entdeckungen. Er veröffentlichte die klassische Abhandlung *Die Wellentheorie des Lichts*, entwickelte eine neue und bessere Erklärung für die Gezeiten, definierte den Begriff der Energie und veröffentlichte bahnbrechende Arbeiten über das Thema Elastizität. Young schien fähig, Probleme auf fast jedem Gebiet zu lösen, doch dies wirkte sich nicht unbedingt zu seinem Vorteil aus. Sein Denken war so leicht zu reizen, daß er von Fach zu Fach sprang und sich über ein neues Problem hermachte, bevor das alte endgültig geklärt war.

Sobald Young vom Rosette-Stein erfahren hatte, wurde er für ihn zur unwiderstehlichen Herausforderung. Als er im Sommer 1814 in den Badeort Worthing fuhr, um dort seinen Jahresurlaub zu verbringen, nahm er eine Kopie der drei Inschriften mit. Der Durchbruch gelang ihm, als er seine Aufmerksamkeit auf eine Gruppe von Hieroglyphen konzentrierte, die von einer Schleife, einer sogenannten *Kartusche,* umgeben waren. Er vermutete, daß diese Hieroglyphen eingerahmt waren, weil sie etwas sehr Wichtiges darstellten, wahrscheinlich den Namen des Pharaos Ptolemäus, denn dessen griechischer Name, Ptolemaios, wurde im griechischen Text erwähnt. Wenn dies zutraf, dann konnte Young die Lautentsprechung dieser Hieroglyphen erschließen, denn der Name eines Pharaos würde unabhängig von der Sprache ungefähr gleichlautend gesprochen werden. Die Ptolemäus-Kartusche kommt sechsmal auf dem Rosette-Stein vor, in einer sogenannten Standardversion wie auch in längeren, komplizierteren Versionen. Young vermutete, daß die längere Version den Namen Ptolemäus mitsamt den Titeln darstellte, also konzentrierte er sich auf die Symbole, die in der Standardversion auftauchten, und verlieh jeder Hieroglyphe probeweise einen Lautwert (Tabelle 9).

Wie sich erst später zeigte, gelang es Young, den meisten Hieroglyphen ihren richtigen Lautwert zuzuordnen. Glücklicherweise hatte er die ersten beiden Hieroglyphen (□, ◠), die übereinander stehen, in die richtige phonographische Reihenfolge gebracht. Der Schreiber hatte sie aus ästhetischen Gründen so angeordnet, auf Kosten der phonographischen Klarheit. Die Schreiber hatten eine Vorliebe für diese Art der Gestaltung, mit der sie Lücken vermieden und die Harmonie des Schriftbildes bewahrten. Gelegentlich vertauschten sie Buchstaben, was jeder sinnvollen Aussprache zuwiderlief, nur um der Schönheit der Inschrift willen. Nach dieser Entzifferung befaßte sich Young mit einer Kartusche aus dem Tempel von Karnak in Theben. Seiner Vermutung nach handelte es sich um den Namen der ptolemäischen Königin Berenika (oder Bere-

Hieroglyphe	Lautwert nach Young	tatsächlicher Lautwert
□	p	p
◠	t	t
⸙	optional	o
⚒	lo oder ole	l
⊂	ma oder m	m
৪৪	i	i oder y
⋂	osh oder os	s

Tabelle 9: Youngs Entzifferung von ⟨⟦🝰⟧⟩, der Kartusche des Ptolemäus (Standardversion) auf dem Rosette-Stein.

Hieroglyphe	Lautwert nach Young	tatsächlicher Lautwert
⌓	bir	b
⌒	e	r
〰	n	n
⑊⑊	i	i
▫	optional	k
🦅	ke oder ken	a
◯	weiblicher Abschluß	weiblicher Abschluß

Tabelle 10: Youngs Entzifferung von ⟨⌓〰▫🦅⟩, der Kartusche der Berenika aus dem Tempel von Karnak.

nice), und wiederum erprobte er sein Lösungsverfahren. Tabelle 10 zeigt die Ergebnisse.

Von den dreizehn Hieroglyphen beider Kartuschen hatte Young die Hälfte genau richtig gedeutet und ein weiteres Viertel teilweise richtig. Auch hatte er das weibliche Schlußsymbol ausfindig gemacht, das nach den Namen von Königinnen und Göttinnen gesetzt wurde. Obwohl Young unmöglich wissen konnte, wie erfolgreich er war, hätte ihm das Vorkommen von ⑊⑊ in beiden Kartuschen, die beide Male für i stehen, bestätigen können, daß er auf der richtigen Spur war und ihm die Zuversicht vermitteln können, die er brauchte, um seine Entzifferungen voranzutreiben. Sein Arbeitseifer erlahmte jedoch plötzlich. Offenbar hatte er zuviel Respekt vor Kirchers Auffassung, die Hieroglyphen seien Ideogramme, und war nicht bereit, diesen Grundsatz in Frage zu stellen. Seine Entdeckungen, die auf eine phonographische Sprache hindeuteten, erklärte er mit dem Hinweis, daß die ptolemäische Dynastie von Lagus abstammte, einem General Alexanders des Großen. Anders gesagt, die Ptolemäer waren Fremde in Ägypten, und Young stellte die Vermutung auf, daß ihre Namen phonographisch geschrieben werden mußten, weil es im gängigen Vokabular der Hieroglyphen kein eigens dafür bestimmtes Ideogramm gab. Young faßte seine Gedanken in einem Vergleich der Hieroglyphen mit den chinesischen Schriftzeichen zusammen, zu denen die Europäer erst damals allmählich Zugang fanden:

> Es ist äußerst interessant, einige der Schritte nachzuvollziehen, durch welche die alphabetische Schrift aus der hieroglyphischen entstanden sein muß. Diese Entwicklung kann nämlich in gewissem Maße durch die Art und Weise verdeutlicht werden, wie die modernen Chinesen eine fremde Lautkombination ausdrücken. In diesem Fall werden die Schriftzeichen durch eine geeignete Markierung einfach »phonographisch« gemacht und verlieren ihre natürliche Bedeutung. Diese Markierung nähert sich in einigen gedruckten Werken der neueren Zeit sehr stark dem Ring an, der die hieroglyphischen Namen umgibt.

Young nannte seine Leistungen »das Vergnügen einiger Mußestunden«. Er verlor das Interesse an der Hieroglyphenforschung und faßte seine Arbeiten in einem Artikel für das Supplement der *Encyclopaedia Britannica* zusammen.

In Frankreich unterdessen war der vielversprechende junge Linguist Jean-François Champollion dazu bereit, Youngs Gedanken zu ihrem naheliegenden Abschluß zu führen. Champollion war noch keine dreißig, doch die Hieroglyphenforschung fesselte ihn schon fast zwei Jahrzehnte. Seine Leidenschaft war im Jahr 1800 entflammt, als der französische Mathematiker Jean-Baptiste Fourier, vormals einer der »Pekinesen« im Gefolge Napoleons, den zehnjährigen Jean-François in seine Sammlung ägyptischer Altertümer einweihte, von denen viele mit merkwürdigen Inschriften geschmückt waren. Niemand könne diese geheimnisvolle Schrift lesen, erklärte Fourier, woraufhin der Junge versicherte, eines Tages werde er das Mysterium lösen. Nur sieben Jahre später, mit siebzehn, legte er einen Aufsatz mit dem Titel »Ägypten unter den Pharaonen«

Abbildung 43: Jean-François Champollion.

vor. Es war eine bahnbrechende Arbeit, und Champollion wurde flugs in die Grenobler Akademie gewählt. Die Nachricht, daß er in seinen jungen Jahren schon Professor geworden war, überwältigt ihn dermaßen, daß er auf der Stelle in Ohnmacht fiel.

Dies war nicht das letzte Mal, daß Champollion seine Alterskollegen verblüffte. Er meisterte Latein, Griechisch, Hebräisch, Äthiopisch, das altpersische Zend, Pehlevi, Arabisch, Syrisch, Chaldäisch, Persisch und Chinesisch, und dies alles, um sich für einen Angriff auf die Hieroglyphen zu wappnen. Ein Zwischenfall aus dem Jahr 1808 zeigt, mit welcher Leidenschaft er bei der Sache war. Damals traf er auf der Straße einen alten Freund, der beiläufig erwähnte, daß Alexandre Lenoir, ein bekannter Ägyptologe, eine vollständige Entzifferung der Hieroglyphen veröffentlicht habe. Champollion war so schockiert, daß er auf der Stelle zusammenbrach. (Auch darin scheint er ausgesprochen talentiert gewesen zu sein.) Er schien ausschließlich dafür zu leben, der erste zu sein, der die Schrift der alten Ägypter lesen würde. Zum Glück für Champollion war Lenoirs Entzifferung nicht weniger fabulös als Kirchers Versuche aus dem 17. Jahrhundert, und die Herausforderung blieb bestehen.

Im Jahr 1822 wandte Champollion Youngs Ansatz auf die anderen Kartuschen an. Der englische Naturforscher W. J. Bankes hatte einen Obelisken mit griechischen und hieroglyphischen Inschriften nach Dorset mitgebracht und soeben eine Lithographie dieser zweisprachigen Texte veröffentlicht, in denen auch Kartuschen von Ptolemäus und Kleopatra vorkamen. Champollion besorgte sich eine Abschrift, und es gelang ihm, einzelnen Hieroglyphen Lautwerte zuzuordnen (Tabelle 11). Die Buchstaben p, t, o, l und e kommen in beiden Namen vor, und nur in einem Fall, t, gibt es eine Abweichung. Champollion vermutete, der t-Laut könnte von zwei Hieroglyphen dargestellt werden. Von seinem Erfolg angefeuert, machte sich Champollion an Kartuschen ohne zweisprachige Übersetzung

Hieroglyphe	Lautwert	Hieroglyphe	Lautwert
□	p	◿	c
◠	t	🐰	l
𓊪	o	𓇋	e
🐰	l	𓊪	o
⌒	m	□	p
𓏭	e	𓅊	a
𓏥	s	◯	t
		𓅊	r
			a

Tabelle 11: Champollions Entzifferung von 𓂋𓏤𓉐 und 𓂋𓏤𓉐, den Kartuschen für Ptolemäus und Kleopatra auf dem von Bankes mitgebrachten Obelisken.

und ersetzte, wo immer möglich, die Hieroglyphen durch die Lautwerte, die er aus den Kartuschen für Ptolemäus und Kleopatra gewonnen hatte. Seine erste rätselhafte Kartusche (Tabelle 12) enthielt einen der größten Namen der Antike. Für Champollion lag es auf der Hand, daß die Kartusche, die zunächst als a-l-?-s-e?-t-r-? zu lesen war, den Namen **alksentrs** darstellte, Alexandros auf griechisch oder Alexander auf deutsch. Champollion wurde auch klar, daß die Schreiber nicht gerne Vokale gebrauchten und sie oft wegließen; sie nahmen an, die Leser würden die fehlenden Vokale mühelos selbst einfügen können. Mit zwei neuen Hieroglyphen gewappnet, studierte der junge Wissenschaftler weitere Inschriften und entzifferte wiederum eine Reihe von Kartuschen. Der ganze Erfolg bestand jedoch allein darin, daß er Youngs Arbeit ergänzte. Namen wie Alexander und Kleopatra waren eben fremd und untermauerten die Theorie, daß die Lautwerte nur für Wörter außerhalb des herkömmlichen ägyptischen Wortschatzes gebraucht wurden.

Dann jedoch, am 14. September 1822, erhielt Champollion Reliefdrucke aus dem Tempel von Abu Simbel mit Kartuschen,

Hieroglyphe	Lautwert
𓄿	a
𓃭	l
𓎡	?
𓊃	s
𓏏	e
𓈖	?
𓇌	t
𓂋	r
𓋴	?

Tabelle 12: Champollions Entzifferung von ⟨𓈖𓊃𓏏𓂋⟩, der Kartusche für Alksentrs (Alexander).

die vor der griechisch-römischen Herrschaft entstanden waren. Wichtig war dies deshalb, weil sie alt genug waren, um traditionelle ägyptische Namen zu enthalten, obwohl sie phonographisch dargestellt wurden – ein klarer Beweis gegen die Theorie, daß Lautwerte nur für fremde Namen benutzt wurden. Champollion konzentrierte sich auf eine Kartusche mit nur vier Hieroglyphen: ⟨𓊃𓊃⟩. Die ersten beiden Symbole waren unbekannt, doch das Zeichenpaar am Schluß, 𓊃𓊃, stellte, wie aus der Kartusche für Alexander (**alksentrs**) ersichtlich, zweimal den Buchstaben s dar. Die Kartusche lautete also (?-?-s-s). An diesem Punkt warf Champollion seine beeindruckenden Sprachkenntnisse in die Waagschale. Zwar war das Koptische, der direkte Abkömmling der alten ägyptischen Sprache, im 11. Jahrhundert n. Chr. zu einer toten Sprache geworden, es existierte jedoch noch immer in der Liturgie der Christlich-Koptischen Kirche. Champollion hatte als Heranwachsender Koptisch gelernt und beherrschte es so fließend, daß er damit sein Tagebuch führte. Allerdings hatte er bis dahin noch nie in Erwägung gezogen, daß das Koptische auch die Sprache der Hieroglyphen sein könnte.

Champollion fragte sich, ob das erste Zeichen in der Kartusche, ☉, ein Ideogramm für »Sonne« sein konnte. Dann, in einem Augenblick begnadeter Intuition, kam ihm der Gedanke, daß der Lautwert des Ideogramms der des koptischen Wortes für »Sonne«, ra, sein könnte. Das lieferte ihm die Folge (ra-?-s-s). Nur ein pharaonischer Name schien zu passen. Berücksichtige er die irritierende Auslassung der Vokale und nahm an, der fehlende Buchstabe sei m, dann mußte dies der Name von Ramses sein, einem der ersten und größten Pharaonen. Der Bann war gebrochen. Selbst uralte traditionelle Namen wurden buchstabiert. Champollion stürzte in das Büro seines Bruders und rief: »Je tiens l'affaire!« (»Ich hab's!«) Doch noch einmal gewann die heftige Leidenschaft für die Hieroglyphen die Oberhand: Er wurde wiederum auf der Stelle ohnmächtig und mußte die nächsten fünf Tage das Bett hüten.

Champollion hatte gezeigt, daß die Schreiber manchmal das Rebus-Prinzip ausnutzten. In einem Bilderrätsel, wie sie auch heute noch für Kinder angefertigt werden, werden lange Wörte in Lautbestandteile zerlegt, die dann als Ideogramme dargestellt werden können. Das Wort »Eisbein« beispielsweise kann in »Eis« und »Bein« zerlegt und mit den Bildern einer Eistüte und eines Beines dargestellt werden. In dem von Champollion entdeckten Fall wird nur die erste Silbe (ra) bildhaft dargestellt, nämlich vom Sonnen-Ideogramm, während der Rest des Wortes wie üblich buchstabiert wird.

Das Sonnen-Ideogramm in der Ramses-Kartusche ist von unschätzbarer Bedeutung, denn es läßt auf die von den Schreibern gesprochene Sprache schließen. So konnten sie zum Beispiel nicht Griechisch gesprochen haben, denn dann wäre die Kartusche als »helios-meses« ausgesprochen worden. Die Kartusche ist nur verständlich, wenn sie »ra-meses« ausgesprochen wird.

Zwar war dies nur eine unter vielen Kartuschen, doch ihre Entzifferung bahnte den Weg zu den vier Grundsätzen der Hieroglyphenkunde. Erstens ist die Sprache für diese Schrift mit dem Koptischen nicht nur verwandt, die Untersuchung weiterer Hieroglyphen ergab, daß es sich schlicht und einfach um das Koptische handelte. Zweitens, Ideogramme werden für einige Wörter verwendet, beispielsweise wird das Wort »Sonne« durch ein einfaches Bild der Sonne dargestellt. Drittens, manche langen Wörter werden zur Gänze oder teilweise nach dem Prinzip des Bilderrätsels zusammengebaut. Viertens schließlich gebrauchten die alten Schreiber für ihre Arbeit überwiegend das weitverbreitete phonographische Alphabet. Dies ist der wichtigste Punkt, und Champollion nannte die Phonographie die »Seele« der Hieroglyphenkunde.

Auf seinen eingehenden Kenntnissen des Koptischen aufbauend, konnte Champollion nun ohne Ballast mit der erfolgreichen Entzifferung der Hieroglyphen auch außerhalb der Kartuschen beginnen. Innerhalb von zwei Jahren fand er Lautwerte für die meisten Hieroglyphen und entdeckte, daß manche von ihnen Kombinationen von zwei oder gar drei Konsonanten darstellten. Dies gab den Schreibern die Möglichkeit, ein Wort mit einigen einfachen Hieroglyphen zu schreiben oder mit nur wenigen, mehrere Konsonanten darstellenden Hieroglyphen.

In einem Brief unterrichtete Champollion den Sekretär der französischen Académie des Inscriptions, Joseph Dacier, von seinen ersten Ergebnissen. Dann, im Jahr 1824, veröffentlichte er seine erfolgreichen Entzifferungen in einem Buch mit dem Titel *Précis du système hiéroglyphique*. Nach vierzehn Jahrhunderten war es nun wieder möglich, die Geschichte der Pharaonen so zu lesen, wie sie von den Schreibern des Altertums aufgezeichnet worden war. Die Linguisten hatten jetzt die Chance, die Entwicklung einer Sprache und einer Schrift über einen Zeitraum von über drei Jahrtausenden hinweg zu erforschen. Die Hieroglyphenschrift konnte vom 4. Jahrhundert

v. Chr. bis auf das 3. Jahrtausend v. Chr. zurückverfolgt und verstanden werden. Zudem konnte man ihre Entwicklung mit derjenigen der hieratischen und demotischen Schrift vergleichen, die nun ebenfalls entziffert werden konnten.

Wissenschaftspolitik und Neid sorgten dafür, daß es einige Jahre dauerte, bis Champollions herausragende Leistung allgemein anerkannt wurde. Ein besonders bissiger Kritiker war Thomas Young. Das eine Mal erklärte er, es sei unmöglich, daß die Hieroglyphen weitgehend phonographischen Charakter hätten; das andere Mal gestand er dies zu, beschwerte sich jedoch, er sei schon vor Champollion zu diesem Schluß gekommen und der Franzose habe nur die Lücken gefüllt. Youngs Feindseligkeit rührte vor allem daher, daß es Champollion nicht über sich brachte, ihn lobend zu erwähnen, wo doch Youngs Pionierleistung den Franzosen vermutlich erst auf die richtige Spur gebracht hatte.

Im Juli 1828 reiste Champollion zu seiner ersten Expedition nach Ägypten. Sie dauerte anderthalb Jahre und war eine hervorragende Gelegenheit für ihn, mit eigenen Augen die Inschriften zu begutachten, die er bislang nur als Zeichnungen oder Lithographien zu Gesicht bekommen hatte. Dreißig Jahre zuvor hatte man in Napoleons Expedition wild über die Bedeutung der Hieroglyphen spekuliert, die die Tempel schmückten, doch nun konnte Champollion sie Buchstabe für Buchstabe lesen und neu und richtig deuten. Seine Reise hatte er gerade noch rechtzeitig angetreten. Drei Jahre später, als er die Notizen, Zeichnungen und Übersetzungen seiner ägyptischen Expedition nachbearbeitet hatte, erlitt er einen schweren Herzanfall. Die Ohnmachtsanfälle, unter denen er sein ganzes Leben gelitten hatte, waren vermutlich die Symptome einer ernsteren Krankheit gewesen, die von seinen leidenschaftlichen und kräftezehrenden Studien noch verschlimmert wurde. Er starb am 4. März 1832, im Alter von einundvierzig Jahren.

5
Alice und Bob gehen an die Öffentlichkeit

Die moderne Kryptographie, die Lösung des sogenannten Schlüsselverteilungsproblems und die geheime Geschichte der nichtgeheimen Verschlüsselung

Während des Zweiten Weltkrieges gewannen die britischen Codebrecher in Bletchley Park vor allem deshalb die Oberhand über die deutschen Kryptographen, weil sie, mit Hilfe der polnischen Vorarbeit, die technischen Grundlagen der automatischen Entschlüsselung schufen. Neben Turings Bomben, mit denen sie die Enigma knackten, entwickelten die Briten die Colossus, eine Maschine, mit der sie ein noch stärkeres Chiffrierverfahren knacken konnten, nämlich die deutsche Lorenz-Chiffre. Es war Colossus, die die Entwicklung der Kryptographie in der zweiten Hälfte des 20. Jahrhunderts prägte.

Die Lorenz-Chiffre, der sogenannte *Schlüsselzusatz*, diente zur Chiffrierung des Nachrichtenverkehrs zwischen Hitler und seinen Generälen. Die dazu eingesetzte Maschine, die Lorenz SZ40, arbeitete ähnlich wie die Enigma, das Gerät war jedoch technisch viel komplizierter und stellte eine noch größere Herausforderung für die Codebrecher von Bletchley dar. Zwei von ihnen jedoch, John Tiltman und Bill Tutte, entdeckten eine Schwachstelle im Gebrauch des Lorenz-Schlüssels, die Bletchley ausnutzen konnte, und schließlich gelang es, Hitlers Funksprüche zu lesen.

Die Lorenz-Chiffre zu knacken war ein Erfolg, der Suchen, Vergleichen, statistische Analyse und erfahrene Urteilskraft zugleich verlangte, wozu die Bomben technisch nicht in der Lage waren. Sie konnten nur eine bestimmte Aufgabe mit hoher Geschwindigkeit lösen, waren aber nicht flexibel genug, um mit den Feinheiten des Lorenz-Schlüssels zurechtzukommen. Lorenz-verschlüsselte Meldungen mußten gleichsam von Hand geknackt werden, in Wochen mühseliger Arbeit, und dann waren die Meldungen schon weitgehend veraltet. Max Newman, als Mathematiker in Bletchley, trug schließlich eine Idee vor, wie die Analyse der Lorenz-Chiffre zu mechanisieren wäre. Auf der Grundlage von Alan Turings Konzept der universellen Maschine entwarf Newman ein Gerät, das in der Lage war, sich an verschiedene Probleme anzupassen. Heute würden wir diese Maschine einen programmierbaren Computer nennen.

Die Leitung von Bletchley hielt es jedoch für technisch unmöglich, Newmans Entwurf umzusetzen, und legte ihn vorerst zu den Akten. Zum Glück beschloß Tommy Flowers, ein Ingenieur, der an den Diskussionen über Newmans Entwurf teilgenommen hatte, trotz aller Vorbehalte die Maschine zu bauen. Im Forschungszentrum der Britischen Post in Dollis Hill im Norden Londons nahm sich Flowers die Blaupause Newmans vor und arbeitete zehn Monate am Bau der Colossus-Maschine. Am 8. Dezember 1943 schließlich brachte er die Colossus nach Bletchley Park. Sie bestand aus 1500 elektrischen Röhren, die um einiges schneller waren als die trägen Relais-Schalter der Bomben. Wichtiger jedoch als die Schnelligkeit der Colossus war die Tatsache, daß sie programmierbar war. Die Maschine war der Vorläufer des modernen digitalen Computers.

Wie alles andere in Bletchley Park wurde auch die Colossus nach dem Krieg zerstört, und allen, die mit ihr gearbeitet hatten, wurde Stillschweigen auferlegt. Als Tommy Flowers den Befehl erhielt, die Pläne für Colossus zu vernichten, trug er sie gehorsam hinunter in den Heizungsraum und verbrannte sie. Die Pläne des ersten Computers der Welt waren für immer verloren. Diese Geheimhaltung hatte zur Folge, daß andere Wissenschaftler die Lorbeeren für die Erfindung des Computers ernteten. Im Jahr 1945 vollendeten J. Presper Eckert und John W. Mauchly von der Universität Pennsylvania den Bau der ENIAC (Electronic Numerical Integrator And Calculator). Sie bestand aus 18 000 Röhren, die 5 000 Berechnungen pro Sekunde ausführen konnten. Jahrzehntelang galt die ENIAC, nicht die Colossus, als die Mutter aller Computer.

Die Kryptoanalytiker, im Krieg Geburtshelfer des modernen Computers, setzten auch im Frieden ihre Arbeit an der Entwicklung und Nutzung dieser Technik fort, die alle erdenklichen Verschlüsselungen knacken sollte. Nun konnten sie sich die Schnelligkeit und Flexibilität der programmierbaren Computer zunutze machen, um alle möglichen Schlüssel zu prüfen, bis der richtige gefunden war. Bald darauf jedoch schlugen die Kryptographen zurück und nutzten ihrerseits die Leistungsfähigkeit des Computers, um immer komplexere Chiffriersysteme zu entwickeln. Kurz, der Computer spielte eine entscheidende Rolle in der Nachkriegsschlacht zwischen Verschlüßlern und Codebrechern.

Die Verschlüsselung einer Botschaft mit dem Computer ähnelt weitgehend den herkömmlichen Verfahren. Es gibt nur drei kennzeichnende Unterschiede zwischen der computergestützten und der mechanischen Verschlüsselung, wie sie als Grundlage etwa für die Enigma-Chiffre diente. Der erste Unterschied ist, daß die mechanische Chiffriermaschine durch die bautechnischen Möglichkeiten beschränkt ist, während der Computer eine hypothetische Chiffriermaschine von immenser Komplexität nachahmen kann. Zum Beispiel könnte ein Computer so programmiert werden, daß er die Bewegungen von Hunderten von Walzen simuliert, von denen einige sich im

Uhrzeigersinn, andere dagegen drehen, manche nach jedem zehnten Buchstaben verschwinden, andere im Lauf der Verschlüsselung immer schneller rotieren. Eine solche mechanische Maschine wäre praktisch unmöglich zu bauen, doch ihr »virtuelles« Gegenstück im Computer würde eine äußerst starke Chiffre liefern.

Der zweite Unterschied ist schlicht und einfach die Geschwindigkeit. Die Elektronik arbeitet viel schneller als mechanische Walzen: ein Computer, auf dem ein Programm zur Nachahmung der Enigma-Verschlüsselung läuft, kann eine lange Nachricht im Bruchteil einer Sekunde verschlüsseln. Und ein Rechner, der für eine noch komplexere Form der Verschlüsselung programmiert ist, kann seine Aufgabe immer noch in annehmbarer Zeit lösen.

Der dritte und wohl wichtigste Unterschied besteht darin, daß Computer Zahlen und nicht Buchstaben des Alphabets verarbeiten. Computer arbeiten nur mit binären Zahlen (*binary digits* oder Bits), also Folgen von Einsen und Nullen. Jede Nachricht muß daher vor der Verschlüsselung in Binärzahlen verwandelt werden. Dafür gibt es verschiedene Normen, etwa den American Standard Code for Information Interchange, bekannt unter dem Kürzel ASCII. ASCII weist jedem Buchstaben des Alphabets eine siebenstellige binäre Zahl zu. Vorläufig genügt es, wenn wir uns eine solche binäre Zahl einfach als eine Folge von Einsen und Nullen vorstellen, der jeweils genau ein Buchstabe zugeordnet ist (Tabelle 13), wie beim Morsecode jedes Muster aus Punkten und Strichen einem Buchstaben zugeordnet ist. Es gibt 128 (2^7) Möglichkeiten, Nullen und Einsen auf einer Länge von sieben Stellen anzuordnen, daher kann ASCII höchstens 128 Zeichen einer Binärzahl zuordnen. Das genügt vollauf, um alle Kleinbuchstaben zu definieren (so ist **a** = **1100001**), die notwendigen Satzzeichen (z. B. **!** = **0100001**) sowie eine Reihe anderer Symbole (z. B. **&** = **0100110**). Sobald die Mitteilung in binäre Zahlen verwandelt ist, kann die Verschlüsselung beginnen.

Zwar haben wir es mit Computern und Zahlen zu tun und nicht mit Maschinen und Buchstaben, doch verschlüsselt wird nach wie vor in der traditionellen Weise.

Nehmen wir an, wir wollen die Botschaft HALLO verschlüsseln und entscheiden uns für eine schlichte computergestützte Substitution. Bevor die Verschlüsselung beginnen kann, müssen wir die Botschaft gemäß Tabelle 13 in ASCII übersetzen:

Klartext = HALLO = 1001000   1000001   1001100   1001100
                   1001111

Wie üblich ist die Grundlage der Substitution ein zwischen Sender und Empfänger vereinbarter Schlüssel. In diesem Fall ist der Schlüssel das Wort DAVID – in den ASCII-Code übertragen und wie folgt eingesetzt: Jeder Baustein des Klartextes wird zu dem entsprechenden Baustein des Schlüssels »hinzuaddiert«. Die Addition von Binärzahlen folgt zwei einfachen Regeln. Wenn die Bausteine im Klartext und im Schlüssel gleich sind, wird der Baustein im Klartext durch eine 0 im Ge-

A	1	0	0	0	0	0	1	N	1	0	0	1	1	1	0
B	1	0	0	0	0	1	0	O	1	0	0	1	1	1	1
C	1	0	0	0	0	1	1	P	1	0	1	0	0	0	0
D	1	0	0	0	1	0	0	Q	1	0	1	0	0	0	1
E	1	0	0	0	1	0	1	R	1	0	1	0	0	1	0
F	1	0	0	0	1	1	0	S	1	0	1	0	0	1	1
G	1	0	0	0	1	1	1	T	1	0	1	0	1	0	0
H	1	0	0	1	0	0	0	U	1	0	1	0	1	0	1
I	1	0	0	1	0	0	1	V	1	0	1	0	1	1	0
J	1	0	0	1	0	1	0	W	1	0	1	0	1	1	1
K	1	0	0	1	0	1	1	X	1	0	1	1	0	0	0
L	1	0	0	1	1	0	0	Y	1	0	1	1	0	0	1
M	1	0	0	1	1	0	1	Z	1	0	1	1	0	1	0

Tabelle 13: Die Binärzahlen des ASCII-Codes für die Großbuchstaben.

heimtext ersetzt. Wenn sich die Bausteine in der Botschaft und im Schlüssel unterscheiden, wird der Baustein im Klartext durch eine 1 im Geheimtext ersetzt:

Botschaft **HALLO**
Botschaft in ASCII 10010001000001100110010011001001111
Schlüssel = DAVID 10001001000001101011010010011000100
Geheimtext 00011000000000011010000010100010 11

Die so erzeugte verschlüsselte Botschaft ist eine ununterbrochene Folge aus 35 Binärzahlen, die dem Empfänger übermittelt wird, der die Substitution mit demselben Schlüssel rückgängig macht. Am Ende überträgt er die Binärzahlen des ASCII-Codes in Buchstaben und erhält das Wort **HALLO**.

Die computergestützte Verschlüsselung blieb zunächst jenen vorbehalten, die Computer besaßen, und in der Pionierzeit waren dies staatliche Behörden und das Militär. Eine Reihe bahnbrechender wissenschaftlicher und technischer Leistungen machte die Computerverschlüsselung jedoch auch einem breiteren Publikum zugänglich. Im Jahr 1947 wurde bei AT&T Bell Laboratories der Transistor erfunden, eine kostengünstige Alternative zur elektrischen Röhre. Der kommerzielle Einsatz des Computers begann 1951, als Firmen wie Ferranti begannen, auf Bestellung Computer zu bauen. IBM präsentierte 1953 seinen ersten Computer, und vier Jahre später führte es die Programmiersprache Fortran ein, die es allen Interessierten ermöglichte, Computerprogramme zu schreiben. Im Jahr 1959 schließlich läutete die Erfindung des integrierten Schaltkreises eine neue Ära der Computertechnologie ein.

In den sechziger Jahren wurden die Computer leistungsfähiger und zugleich billiger. Immer mehr Unternehmen konnten sich Computer leisten und damit wichtige Mitteilungen, etwa Geldüberweisungen oder vertrauliche Geschäftsberichte, verschlüsseln. Während nun ein Unternehmen nach dem andern Computer kaufte und die Verschlüsselung in der Wirtschaft immer gebräuchlicher wurde, ergab sich für die Kryptographen ein neues Problem. Man nennt es das Problem der *Schlüsselverteilung*.

Nehmen wir an, eine Bank will einem Kunden vertrauliche Daten per Telefon schicken, sorgt sich aber, jemand könnte die Leitung angezapft haben. Die Bank wählt einen Schlüssel und chiffriert das Datenpaket mit DES (Data Encryption Standard), dem seit 1976 offiziellen Verschlüsselungsstandard. Um die Sendung zu entschlüsseln, braucht der Kunde nicht nur eine lauffähige Version von DES auf seinem Computer, er muß auch wissen, welcher Schlüssel verwendet wurde. Wie teilt die Bank ihrem Kunden den Schlüssel mit? Am Telefon kann sie ihn nicht übermitteln, weil sie vermutet, daß jemand den Anschluß abhört. Die einzig sichere Art und Weise, den Schlüssel zu übermitteln, besteht darin, ihn persönlich auszuhändigen, und das ist natürlich sehr zeitaufwendig. Eine weniger sichere, doch praktischere Lösung bestünde darin, den Schlüssel von einem Kurier überbringen zu lassen. In den siebziger Jahren gingen die Banken dazu über, ihre Schlüssel von eigenen Botenfahrern verteilen zu lassen, besonders zuverlässigen Mitarbeitern, die zudem auf Herz und Nieren geprüft wurden. Diese Boten fuhren mit schloßbehangenen Aktenkoffern kreuz und quer durchs Land und verteilten die Schlüssel an alle Kunden, die in der Woche darauf Mitteilungen von ihrer Bank erhalten sollten. Doch die Unternehmensnetze wuchsen, immer mehr Daten wurden verschickt und immer mehr Schlüssel mußten verteilt werden. Die Firmen mußten schließlich einsehen, daß sich diese Art der Schlüsselverwaltung zu einem fürchterlichen logistischen Alptraum auswuchs und die Kosten ins Unermeßliche trieb.

Das Problem der Schlüsselverteilung hat den Kryptographen schon immer Kopfzerbrechen bereitet. Beispielsweise mußte das deutsche Oberkommando im Zweiten Weltkrieg die monatlichen Schlüsselbücher an alle Enigma-Operateure verteilen – ein gewaltiges logistisches Problem. Auch die U-Boote, die oft lange Zeit im Einsatz waren, mußten regelmäßig ihren Schlüsselnachschub bekommen. Wer in noch früheren Zeiten die Vigenère-Verschlüsselung verwenden wollte, mußte einen Weg finden, das Schlüsselwort zum Empfänger zu bringen. Wie sicher eine Verschlüsselung theoretisch auch sein mag, in der Praxis kann sie durch das Problem der Schlüsselverteilung unterhöhlt werden.

Die Schlüsselverteilung scheint eine simple Sache zu sein, doch für die Nachkriegskryptographen wurde sie zum erstrangigen Problem. Wenn zwei Parteien sicher kommunizieren wollten, mußten sie sich auf eine dritte Partei verlassen, die den Schlüssel lieferte, und diese wurde zum schwächsten Glied in der Sicherheitskette.

Zwar gab es Stimmen, die behaupteten, das Problem der Schlüsselverteilung sei unlösbar, doch eine Gruppe wagemutiger Pioniere schlug alle Skepsis in den Wind und legte Mitte der siebziger Jahre eine brillante Lösung vor. Sie entwickelten ein Verschlüsselungssystem, das offenbar aller Logik ins Gesicht schlug. Die Computer mochten die Praxis der Verschlüsselung verändert haben, doch die größte Revolution in der Kryptographie des 20. Jahrhunderts war die Entwicklung von Verfahren, mit denen das Problem der Schlüsselverteilung aus der Welt geschafft wurde. Tatsächlich gilt dieser Durchbruch als die größte kryptographische Leistung seit Erfindung der monoalphabetischen Verschlüsselung vor über zweitausend Jahren.

Gott belohnt die Narren

Whitfield Diffie ist einer der engagiertesten Kryptographen seiner Generation. Schon sein bloßer Anblick erweckt einen verblüffenden und etwas widersprüchlichen Eindruck. Sein tadelloser Anzug sagt uns, daß er die neunziger Jahren überwiegend im Dienst einer der großen amerikanischen Computerfirmen verbracht hat – seine gegenwärtige Stellenbezeichnung bei Sun Microsystems lautet Distinguished Engineer, man könnte sagen, ein Programmentwickler mit herausragenden Verdiensten. Sein schulterlanges Haar und sein langer weißer Bart jedoch verraten, daß sein Herz immer noch in den Sixties schlägt. Einen großen Teil seiner Zeit verbringt er vor einer Workstation, doch er sieht aus, als würde er sich in einem Bombayer Ashram genauso wohl fühlen. Diffie ist sich bewußt, daß seine Kleidung und seine Persönlichkeit andere durchaus beeindrucken können: »Die Leute halten mich immer für größer, als ich wirklich bin. Man sagt mir, das sei der Doppler-Effekt.«

Diffie wurde 1944 geboren und verbrachte den größten Teil seiner Kindheit im New Yorker Stadtteil Queens. Als Kind schon fesselte ihn die Mathematik, er las alles querbeet, vom *Handbuch mathematischer Tabellen für die Gummi-Industrie* bis zu G. H. Hardys *Course of Pure Mathematics*. Später dann studierte er am Massachusetts Institute of Technology (MIT),

Abbildung 44:
Whitfield Diffie.

wo er 1965 seinen Abschluß machte. Er nahm eine Reihe von Jobs in der Datensicherung an, und Anfang der Siebziger hatte er sich zu einem der wenigen wirklich unabhängigen Sicherheitsexperten gemausert, einem schöpferischen Kryptographen, der nicht in Diensten der Regierung oder eines der großen Konzerne stand. Rückblickend kann man ihn den ersten Cypher-Punk nennen.

Diffie interessierte sich vor allem für das Problem der Schlüsselverteilung, und eines war ihm klar: Wer dafür eine Lösung fand, würde als einer der größten Kryptographen aller Zeiten in die Geschichte eingehen. Das Problem schlug Diffie so sehr in Bann, daß es zum wichtigsten Eintrag in seinem speziellen Notizbuch für »Probleme einer anspruchsvollen Theorie der Kryptographie« wurde. Nicht zuletzt feuerte ihn seine Vision einer verdrahteten Welt an. Schon in den sechziger Jahren stellte das amerikanische Verteidigungsministerium Mittel für ein Unternehmen an der vordersten Forschungsfront bereit. Eines der wichtigsten Projekte der Advanced Research Projects Agency (ARPA) war die Frage, wie man die Computer des Militärs über weite Entfernungen miteinander verbinden konnte. Dann würde ein beschädigter Computer seine Aufgaben an einen anderen Rechner im Netzwerk übertragen. Das Hauptziel war, die Computerbasis des Pentagon stärker gegen einen nuklearen Angriff zu schützen, doch würde ein solches Netz auch Wissenschaftlern die Möglichkeit bieten, sich Mitteilungen zu schicken und für aufwendige Berechnungen freie Kapazitäten weit entfernter Computer zu nutzen. Das ARPAnet entstand 1969, und gegen Ende des Jahres gab es vier miteinander vernetzte Rechenzentren. Es wuchs unaufhaltsam, und 1982 gebar es das Internet. Gegen Ende der achtziger Jahre erhielten auch Nichtwissenschaftler und Privatleute Zugang zum Internet, und daraufhin wuchs die Zahl der Nutzer explosionsartig an. Heute nutzen mehr als hundert Millionen Menschen das Internet, um Informationen auszutauschen und sich E-Mails zu schicken.

Als das ARPAnet noch in den Kinderschuhen steckte, war Diffie weitsichtig genug, die kommende Datenautobahn und die digitale Revolution vorherzusagen. Eines Tages würden auch ganz gewöhnliche Leute Computer besitzen, und diese Computer würden über die Telefonleitungen miteinander verbunden sein. Wenn diese Menschen sich dann elektronische Briefe schickten, überlegte Diffie, sollten sie das Recht haben, ihre Mitteilungen zu verschlüsseln und ihr Privatleben zu schützen. Die Verschlüsselung setzte jedoch den sicheren Austausch von Schlüsseln voraus. Wenn die Regierungen und großen Unternehmen schon Schwierigkeiten damit hatten, würde es für das breite Publikum unmöglich sein, und damit würde ihm letztlich das Recht auf Privatsphäre verwehrt.

Diffie stellte sich zwei Fremde vor, die sich via Internet begegnen, und fragte sich, wie sie verschlüsselte Botschaften austauschen konnten. Außerdem dachte er über die Lage eines Menschen nach, der über das Internet eine Ware bestellen will. Wie war es möglich, daß dieser Kunde eine E-Mail mit den verschlüsselten Daten seiner Kreditkarte auf eine Weise verschickte, daß nur der Internet-Händler sie entschlüsseln konnte? In beiden Fällen brauchten die beiden Parteien allem Anschein nach einen gemeinsamen Schlüssel, doch wie sollten sie ihre Schlüssel auf sicherem Weg austauschen? Die Zahl der beiläufigen Kontakte und die Zahl der spontanen E-Mails im breiten Publikum würde gewaltig sein, und dies bedeutete, daß eine Verteilung von Schlüsseln wie bisher praktisch unmöglich sein würde. Diffie befürchtete, dieses Hindernis würde der Masse der Anwender das Recht auf ihre digitale Privatsphäre verwehren, und er vernarrte sich in den Gedanken, es müsse eine Lösung für dieses Problem zu finden sein.

Im Jahr 1974 besuchte Diffie, der ruhelose Kryptograph, das Thomas J. Watson-Forschungszentrum von IBM, wo er zu einem Vortrag eingeladen war. Er sprach über verschiedene Strategien, das Problem der Schlüsselverteilung anzugehen, doch seine Überlegungen steckten noch in den Anfängen und die Zuhörer äußerten sich skeptisch zu den Lösungsaussichten. Der einzige, bei dem Diffie Zustimmung fand, war Alan Konheim, ein führender Kryptographie-Experte von IBM. Er erwähnte, daß vor kurzem ein anderer Gast im Forschungszentrum über die Schlüsselverteilung gesprochen hatte, nämlich Martin Hellman, Professor an der kalifornischen Stanford-Universität. Noch am selben Abend setzte sich Diffie in seinen Wagen und machte sich auf die fünftausend Kilometer lange Reise zur Westküste, um den einzigen Menschen zu treffen, der seine Leidenschaft offenbar teilte. Das Arbeitsbündnis Diffie-Hellman wurde zu einer der fruchtbarsten Partnerschaften in der Kryptographie.

Martin Hellman wurde 1946 in einem jüdischen Viertel in der Bronx geboren, doch als er vier war, zog seine Familie in eine vorwiegend von irischen Katholiken bewohnte Gegend. Das habe seine Lebenseinstellung für immer geprägt, erzählt Hellman: »Die anderen Kinder gingen zur Kirche und lernten dort, daß die Juden Christus ermordet hätten, und so nannten sie mich ›Christusmörder‹. Natürlich haben sie mich auch verprügelt. Zu Anfang wollte ich wie die anderen Kinder sein, ich wollte auch einen Weihnachtsbaum und ich wollte auch Weihnachtsgeschenke. Aber dann erkannte ich, daß ich nicht so sein konnte wie sie und wehrte mich nach dem Motto: ›Wer will schon wie alle andern sein?‹« Hellman führt sein Interesse an Verschlüsselung auf diesen tiefsitzenden Wunsch zurück, anders zu sein. Seine Kollegen hatten ihn als verrückt bezeichnet, weil er auf dem Gebiet der Kryptographie forschte, denn immerhin würde er ja mit der NSA und deren Multimillionen-Dollar-Budget konkurrieren. Wie konnte er nur hoffen, etwas zu entdecken, von dem sie nicht schon wußten? Und wenn er wirklich etwas entdeckte, würde die NSA es unter Geheimhaltung stellen.

Im September 1974 erhielt er einen überraschenden Anruf von Whitfield Diffie. Hellman hatte noch nie von Diffie gehört und stimmte nur widerwillig einem halbstündigen Treffen später am Nachmittag zu. Am Ende des Gesprächs war Hellman klar, daß Diffie der sachkundigste Mensch war, den er je getroffen hatte. Der Eindruck beruhte auf Gegenseitigkeit. Hellman erinnert sich: »Ich hatte meiner Frau versprochen, nach Hause zu kommen und auf die Kinder aufzupassen, also nahm ich ihn mit, und wir aßen gemeinsam zu Abend. Gegen zwölf brach er auf. Vom Typ her sind wir sehr unterschiedlich – er ist eher ein Mann der Gegenkultur –, doch der Zusammenprall unserer Persönlichkeiten war letztlich sehr produktiv. Für mich war es wie ein Schwall frischer Luft. Es war sehr schwer gewesen, in einem Vakuum zu arbeiten.«

Da Hellman keine großen Mittel zur Verfügung hatte, konnte er seinen neuen Seelenverwandten nicht als Forschungskraft einstellen. Statt dessen schrieb sich Diffie als Doktorand an der Universität ein. Hellman und Diffie arbeiteten von nun an zusammen und suchten mit aller Kraft nach einer Alternative zum mühseligen physischen Transport der Schlüssel über weite Entfernungen. Nach kurzer Zeit stieß Ralph Merkle zu den beiden. Merkle war ein intellektueller Emigrant, aus einer anderen Forschergruppe geflohen, weil der zuständige Professor kein Verständnis hatte für den absurden Traum von einer Lösung des Problems der Schlüsselverteilung. Hellman erinnert sich:

Ralph war wie wir bereit, ein Narr zu sein. Und wenn es darum geht, in der Forschung etwas wirklich Neues zu entwickeln, gelangt man nur an die Spitze der Meute, wenn man ein Narr ist, weil nur Narren es immer wieder probieren. Du hast Idee Nummer 1, du bist begeistert, und sie ist ein Flop. Dann hast du Idee Nummer 2, du bist begeistert, und sie ist ein Flop. Irgendwann hast du Idee Nummer 99, du bist aus dem Häuschen, und sie floppt. Nur ein Narr wäre von der hundertsten Idee begeistert, aber vielleicht brauchst du hundert Ideen, bis sich eine auszahlt. Wenn du nicht närrisch genug bist, ständig begeistert zu sein, hast du nicht die Motivation, nicht die Kraft, um es durchzuhalten. Gott belohnt die Narren.

Das ganze Problem der Schlüsselverteilung ist eine klassische Paradoxie. Wenn ein Mensch einem anderen eine geheime Nachricht am Telefon übermitteln will, muß er sie verschlüsseln. Dazu braucht er einen Schlüssel, der selbst wiederum ein Geheimnis ist, und so ergibt sich das Problem, diesen geheimen Schlüssel dem Empfänger zu übermitteln, damit die geheime Botschaft gesendet werden kann. Kurz, wenn zwei Menschen sich ein Geheimnis (eine verschlüsselte Botschaft) mitteilen wollen, müssen sie sich zuvor bereits ein Geheimnis (den Schlüssel) mitgeteilt haben.

Beim Nachdenken über das Problem der Schlüsselverteilung hilft es, sich drei Personen vorzustellen, Alice, Bob und Eve, wie sie in der kryptographischen Diskussion genannt werden. In der Standardsituation will Alice Bob eine Mitteilung schicken, oder umgekehrt, und Eve versucht, diese Nachricht zu belauschen und aufzuzeichnen. Wenn Alice private Mitteilungen an Bob schickt, wird sie jede dieser Botschaften zuvor chiffrieren, und jedesmal verwendet sie einen anderen Schlüssel. Alice muß sich ständig mit dem Problem herumschlagen, wie sie Bob die Schlüssel auf sicherem Wege übermitteln soll, damit er ihre Mitteilungen lesen kann. Eine Möglichkeit wäre, daß Alice und Bob sich einmal in der Woche treffen und genug Schlüssel für die Mitteilungen der nächsten sieben Tage austauschen. Die persönliche Schlüsselübergabe ist natürlich eine sichere, allerdings aufwendige Lösung, und wenn Alice oder Bob krank wird, funktioniert sie nicht mehr. Alice und Bob könnten auch Kuriere beauftragen, ein weniger sicheres und teureres Verfahren, doch zumindest hätten sie ihren Arbeitsaufwand verringert. So oder so, um den Austausch der Schlüssel kommen sie offenbar nicht herum. Zwei Jahrtausende lang galt dies als Axiom der Kryptographie – als unbestreitbare

Wahrheit. Diffie und Hellman jedoch kannten ein Gedankenexperiment, das diesem Axiom zu widersprechen schien.

Stellen wir uns vor, Alice und Bob lebten in einem Land, in dem der Postdienst völlig korrumpiert ist und die Postboten jede ungeschützte Mitteilung lesen. Eines Tages will Alice Bob eine sehr persönliche Nachricht schicken. Sie legt sie in eine kleine eiserne Kiste, klappt sie zu und sichert sie mit einem Vorhängeschloß. Sie gibt die Kiste zur Post und behält den Schlüssel für das Vorhängeschloß. Wenn Bob die Kiste bekommt, kann er sie nicht öffnen, weil er den Schlüssel nicht hat. Alice überlegt vielleicht, den Schlüssel in eine zweite Kiste zu stecken, sie ebenfalls mit einem Vorhängeschloß zu verschließen und an Bob zu schicken, doch ohne den Schlüssel zum zweiten Schloß kann er die zweite Kiste nicht öffnen, also kommt er auch nicht an den Schlüssel für die erste Kiste heran. Die einzige Möglichkeit, das Problem zu umgehen, besteht of-

Abbildung 45:
Martin Hellman.

fenbar darin, daß Alice eine Kopie ihres Schlüssels, einen Nachschlüssel, anfertigt und ihn Bob, wenn sie sich das nächste Mal zum Kaffee treffen, im voraus überreicht. Bis hierher ist das alte Problem nur mit neuen Worten beschrieben. Die Vermeidung der Schlüsselverteilung scheint logisch unmöglich: Wenn Alice ihren Brief in eine Kiste schließt, die nur Bob öffnen kann, muß sie ihm einen Nachschlüssel geben. Oder, in kryptographischen Begriffen, wenn Alice eine Botschaft so verschlüsseln will, daß nur Bob sie entschlüsseln kann, muß sie ihm eine Kopie des Schlüssels geben. Der Schlüsselaustausch ist ein unvermeidlicher Teil der Verschlüsselung – oder etwa nicht?

Stellen wir uns nun die folgende Situation vor. Wie zuvor will Alice eine höchst persönliche Mitteilung an Bob schicken. Wiederum legt sie ihre Nachricht in die Eisenkiste, sichert sie mit einem Vorhängeschloß und schickt sie an Bob. Sobald die Kiste angekommen ist, fügt Bob sein eigenes Vorhängeschloß hinzu und schickt die Kiste an Alice zurück. Sie entfernt ihr Schloß, so daß jetzt nur noch Bobs Schloß die Kiste sichert. Dann schickt sie die Kiste an Bob zurück. Der entscheidende Unterschied ist nun: Bob kann die Kiste öffnen, weil sie nur mit seinem eigenen Vorhängeschloß gesichert ist, dessen Schlüssel er allein besitzt.

Diese kleine Geschichte hat es in sich. Sie zeigt, daß eine geheime Mitteilung auf sichere Weise übermittelt werden kann, ohne daß die beiden Beteiligten einen Schlüssel austauschen müssen. Zum ersten Mal schöpfen wir den Verdacht, daß ein Schlüsselaustausch in der Kryptographie nicht unbedingt notwendig ist. Wir können die Geschichte unter dem Gesichtspunkt der Verschlüsselung umformulieren: Alice verschlüsselt ihre Botschaft an Bob mit ihrem eigenen Schlüssel, Bob verschlüsselt sie zusätzlich mit seinem Schlüssel und schickt sie zurück. Wenn Alice die doppelt verschlüsselte Nachricht erhält, entfernt sie ihre eigene Verschlüsselung und schickt die Nachricht an Bob zurück, der seine Verschlüsselung entfernen und die Nachricht lesen kann.

Dem Anschein nach ist das Problem der Schlüsselverteilung damit gelöst, denn bei der doppelten Verschlüsselung ist ein Schlüsselaustausch unnötig. Allerdings hat dieses Verfahren, bei dem Alice verschlüsselt, Bob verschlüsselt, Alice entschlüsselt und Bob entschlüsselt, einen entscheidenden Nachteil. Das Problem besteht in der Reihenfolge, in der Verschlüsselungen und Entschlüsselungen vorgenommen werden. Im allgemeinen ist diese Reihenfolge von entscheidender Bedeutung und muß dem Grundsatz »die letzte muß die erste sein« gehorchen: Die letzte Verschlüsselung sollte die erste sein, die wieder rückgängig gemacht wird. Im obigen Beispiel führt Bob die letzte Verschlüsselung aus, deshalb müßte er sie auch als erste rückgängig machen. Doch Alice entfernte die ihre zuerst, danach kam Bob. Wie wichtig die Reihenfolge ist, begreifen wir am besten, wenn wir uns eine ganz alltägliche Handlung ansehen. Morgens ziehen wir zuerst unsere Socken und dann unsere Schuhe an, und abends ziehen wir die Schuhe aus, bevor wir die Socken ausziehen – die Socken können wir unmöglich vor den Schuhen ausziehen. Das Beispiel mit den Vorhängeschlössern leuchtet insofern ein, als sie in beliebiger Reihenfolge angebracht und wieder entfernt werden können, doch für die meisten Chiffriersysteme ist die Reihenfolge von Verschlüsselung und Entschlüsselung entscheidend. Hier gilt unbedingt die Grundregel »die letzte muß die erste sein«.

Zwar würde das Verfahren mit den doppelt verschlossenen Kisten in der wirklichen Welt der Kryptographie nicht funktionieren, doch es ermutigte Diffie und Hellman auf ihrer Suche nach einer brauchbaren Methode, das Problem der Schlüsselverteilung zu umgehen. 1975 hatte Diffie schließlich eine brillante Idee. Er weiß noch gut, wie der Gedanke ihm plötzlich einfiel und dann beinahe wieder verschwand. »Ich ging nach unten, um mir eine Cola zu holen, und dabei vergaß ich die Idee fast wieder. Ich wußte nur noch, daß ich über etwas Interessantes nachgedacht hatte, aber nicht mehr, was es genau war. Dann kam es mit einem richtigen Adrenalinschub zurück. Zum ersten Mal während dieser ganzen Kryptographiearbeit war mir klar, daß ich etwas wirklich Wertvolles entdeckt hatte. Alles, was ich auf diesem Gebiet bis dahin herausgefunden hatte, kam mir vor wie unbedeutender technischer Kleinkram.« Es war Nachmittag, und er mußte ein paar Stunden warten, bis Mary, seine Frau, nach Hause kam. »Whit stand schon an der Tür«, erinnert sie sich. »Er müsse mir etwas sagen, meinte er und machte dabei ein komisches Gesicht. Ich ging rein, und er sagte: ›Setz dich bitte, ich möchte mit dir reden. Ich glaube, ich hab eine große Entdeckung gemacht – ich weiß, daß ich bei dieser Sache der erste bin.‹ Für einen Augenblick stand die Welt still. Ich kam mir vor wie in einem Hollywood-Film.«

Diffie hatte ein neues Verschlüsselungsverfahren entwickelt, das mit einem sogenannten *asymmetrischen Schlüssel* arbeitete. Alle bisher dargestellten Verschlüsselungstechniken sind *symmetrisch,* das heißt, die Entschlüsselung ist einfach die Umkehr der Verschlüsselung. Die Enigma beispielsweise verwendet einen bestimmten Schlüssel, um eine Meldung zu chiffrieren, und der Empfänger stellt auf seiner identischen Maschine denselben Schlüssel ein, um sie zu dechiffrieren. Sender und Empfänger haben das gleiche Wissen und benutzen denselben Schlüssel zur Ver- und Entschlüsselung – ihre Beziehung ist symmetrisch. Bei einem asymmetrischen Schlüsselsystem hingegen sind, wie der Name schon sagt, Verschlüsselungs-Schlüssel und Entschlüsselungs-Schlüssel nicht identisch. Beim asymmetrischen Verfahren kann Alice zwar, wenn sie den Chiffrier-Schlüssel kennt, eine Botschaft verschlüsseln, diese Botschaft jedoch nicht wieder entschlüsseln. Dazu braucht sie Zugang zum Dechiffrier-Schlüssel. Diese Unterscheidung zwischen Chiffrier-Schlüssel und Dechiffrier-Schlüssel ist das Kennzeichen der asymmetrischen Verschlüsselung.

An diesem Punkt sollte gesagt werden, daß Diffie zwar den Begriff einer asymmetrischen Verschlüsselung entwickelt hatte, doch noch kein konkretes Beispiel dafür besaß. Allerdings war schon der bloße Begriff einer asymmetrischen Verschlüsselung revolutionär. Wenn die Kryptographen eine echte, funktionierende asymmetrische Verschlüsselung finden konnten, ein System, das Diffies Anforderungen erfüllte, dann würde dies die Lage von Alice und Bob grundlegend verändern. Alice könnte dann ihr eigenes Schlüsselpaar herstellen: einen Chiffrier-Schlüssel und einen Dechiffrier-Schlüssel. Wenn wir davon ausgehen, daß die asymmetrische Chiffre computergestützt ist, dann ist Alices Chiffrier-Schlüssel eine Zahl und ihr Dechiffrier-Schlüssel eine andere Zahl. Alice hält ihren Dechiffrier-Schlüssel geheim, weshalb er als *privater Schlüssel* bezeichnet wird. Hingegen veröffentlicht sie ihren Chiffrier-Schlüssel und stellt ihn allen zur Verfügung, weshalb er als *öffentlicher Schlüssel* bezeichnet wird. Wenn Bob Alice eine Mitteilung schicken will, sucht er einfach ihren öffentlichen Schlüssel heraus, den er in einem Verzeichnis, ähnlich einem Telefonregister, aufbewahrt. Dann verwendet Bob Alices öffentlichen Schlüssel, um die Mitteilung zu chiffrieren. Er schickt sie an Alice, und wenn die Mitteilung angekommen ist, kann Alice sie mit ihrem privaten Schlüssel dechiffrieren. Wenn Charlie, Sophie oder Edward verschlüsselte Mitteilungen an Alice schicken wollen, können sie ebenfalls ihren öffentlichen Schlüssel heraussuchen. In allen Fällen hat nur Alice Zugang zu dem geheimen Schlüssel, der nötig ist, um die Mitteilungen zu lesen.

Der große Vorteil dieses Verfahrens ist, daß es das Problem der Schlüsselverteilung löst. Alice muß ihren öffentlichen Schlüssel keineswegs auf sicherem Weg Bob überbringen, im Gegenteil: sie kann ihn, wenn sie will, allen andern zur Verfügung stellen. Sie will ja, daß alle Welt ihren öffentlichen Schlüssel kennt, damit es allen freisteht, ihr verschlüsselte Nachrichten zu schicken. Doch selbst wenn Gott und die Welt Alices öffentlichen Schlüssel kennen, kann niemand, auch Eve nicht, irgendeine damit verschlüsselte Nachricht dechiffrieren, weil der öffentliche Schlüssel dazu nicht taugt. Daher kann nicht einmal Bob, sobald er mit Alices öffentlichem Schlüssel eine Nachricht chiffriert hat, diese wieder entschlüsseln. Das kann nur Alice mit ihrem privaten Schlüssel.

Dieses Verfahren ist das genaue Gegenteil der herkömmlichen symmetrischen Verschlüsselung, bei der Alice einigen Aufwand treiben muß, um den Schlüssel auf sicherem Wege Bob zu überbringen. Bei einer symmetrischen Verschlüsselung sind Chiffrier- und Dechiffrier-Schlüssel identisch, daher müssen Alice und Bob scharf darauf achten, ihn nicht in Eves Hände fallen zu lassen. Das ist der Kern des Schlüsselverteilungsproblems.

Wenn wir zu dem Vergleich mit dem Vorhängeschloß zurückkehren, kann man sich die asymmetrische Kryptographie wie folgt vorstellen. Jeder kann ein Vorhängeschloß einschnappen lassen, doch nur der Besitzer des Schlüssels kann es wieder öffnen. Das Verschließen (Verschlüsselung) ist einfach, alle können es tun, doch das Öffnen (Entschlüsselung) ist einzig dem Besitzer des Schlüssels vorbehalten. Das schlichte Wissen, wie man das Vorhängeschloß zuschnappen läßt, bedeutet nicht, daß man es auch öffnen kann. Stellen wir uns weiter vor, daß Alice ein Vorhängeschloß mit Schlüssel bastelt. Sie behält den Schlüssel, stellt jedoch Tausende von identischen Vorhängeschlössern her und verteilt sie an Postämter in aller Herren Länder. Wenn Bob ihr eine Nachricht schicken will, legt er sie in eine Kiste, geht zum nächsten Postamt, verlangt ein »Vorhängeschloß Alice« und verschließt damit seine Kiste. Jetzt kann er sie nicht mehr öffnen, doch wenn sie bei Alice ankommt, kann sie die Kiste mit ihrem, dem einzigen Schlüssel, aufmachen. Der öffentliche Schlüssel ist vergleichbar mit dem Vorhängeschloß, das man zuschnappen läßt, denn jeder hat Zugang zu den Vorhängeschlössern und kann damit seine Nachricht in eine Kiste schließen. Der private Schlüssel ist vergleichbar mit dem Schlüssel zum Vorhängeschloß, denn nur Alice besitzt ihn, nur sie kann das Vorhängeschloß öffnen, und nur sie hat Zugang zur Mitteilung in der Kiste.

Das Verfahren erscheint simpel, wenn man es anhand von

Vorhängeschlössern erklärt, doch es ist keineswegs einfach, eine mathematische Funktion zu finden, die für diese Aufgabe geeignet ist und in ein brauchbares kryptographisches Verfahren eingebaut werden kann. Um die großartige Idee einer asymmetrischen Verschlüsselung in eine praktische Neuerung zu verwandeln, mußte eine geeignete mathematische Funktion gefunden werden, die als mathematisches Vorhängeschloß taugt. Eine Funktion ist eine mathematische Regel, die jede Zahl in eine andere verwandelt. Zum Beispiel ist »verdoppeln« eine Funktion, weil dabei die Zahl 3 in 6 verwandelt wird oder die Zahl 9 in 18. Auch alle Formen der computergestützten Verschlüsselung können wir als Funktionen betrachten, weil sie eine Zahl (den Klartext) in eine andere (den Geheimtext) verwandeln.

Die meisten mathematischen Funktionen lassen sich als *umkehrbar* bezeichnen, weil sie genauso leicht in der einen wie in der anderen Richtung auszuführen sind. »Verdoppeln« zum Beispiel ist eine umkehrbare Funktion, weil es leicht ist, eine Zahl zu verdoppeln und damit eine neue Zahl zu erhalten, und genauso leicht, diese Funktion umzukehren und von der neuen Zahl wieder zur Ausgangszahl zu gelangen. Wenn wir beispielsweise wissen, daß das Ergebnis einer Verdopplung 26 ist, dann ist es einfach, die Funktion umzukehren und darauf zu schließen, daß die ursprüngliche Zahl 13 lautete. Den Begriff der umkehrbaren Funktion versteht man am einfachsten, wenn man an alltägliche Handlungen denkt. Einen Lichtschalter zu drehen ist eine Funktion, weil damit eine Glühbirne in eine brennende Glühbirne verwandelt wird. Es handelt sich um eine umkehrbare Funktion, denn wenn der Schalter gedreht ist, kann er auch einfach wieder zurückgedreht werden, und damit kehrt die Glühbirne in ihren Ausgangszustand zurück.

Diffie und Hellman jedoch interessierten sich nicht für umkehrbare Funktionen. Ihre Aufmerksamkeit galt allein den Einwegfunktionen. Wie der Name schon sagt, ist eine Einwegfunktion leicht auszuführen, doch sehr schwer wieder umzukehren. Dies läßt sich wiederum mit einem alltäglichen Beispiel erläutern. Gelbe und blaue Farbe zu grüner Farbe vermischen ist eine Einwegfunktion, weil es leicht ist, die Farbe zu mischen, aber unmöglich, sie wieder zu entmischen. Eine andere Einwegfunktion ist das Zerschlagen eines Hühnereis, weil es leicht ist, das Ei in die Pfanne zu hauen, jedoch unmöglich, es in seinen alten Zustand zurückzuversetzen.

Vorhängeschlösser sind ebenfalls in der Wirklichkeit vorkommende Beispiele für Einwegfunktionen, weil man sie leicht verschließen, aber schwer wieder öffnen kann. Diffies Idee beruhte auf einer Art mathematischem Vorhängeschloß, und deshalb richtete die Stanforder Arbeitsgruppe aus Diffie, Hellman und Merkle ihr Augenmerk auf die Untersuchung von Einwegfunktionen.

Die *Modul-Arithmetik,* in Schulen manchmal auch Uhren-Arithmetik genannt, ist ein Gebiet der Mathematik, auf dem sich reichlich Einwegfunktionen finden. In der Modul-Arithmetik werden endliche Gruppen von Zahlen untersucht, die auf einer Schleife angeordnet sind, ähnlich wie die Ziffern einer Uhr. Abbildung 46 zeigt beispielsweise eine Uhr für modulo 7 (oder mod 7), die nur 7 Zahlen von 0 bis 6 besitzt. Um die Aufgabe 2+3 zu lösen, beginnen wir bei 2, gehen drei Schritte im Kreis und landen bei 5, erhalten also dieselbe Antwort wie in der üblichen Arithmetik. Um 2+6 zu lösen, beginnen wir bei 2 und gehen sechs Schritte im Kreis, doch diesmal überschreiten wir die 0 und landen bei 1, was wir in der normalen Arithmetik nicht erhalten würden. Die Rechnungen können wie folgt dargestellt werden:

$$2+3 = 5 \ (\text{mod } 7) \text{ und } 2+6 = 1 \ (\text{mod } 7)$$

Die Modul-Arithmetik ist relativ einfach, und tatsächlich betreiben wir sie jeden Tag, wenn wir über die Zeit reden. Wenn es jetzt 9 Uhr ist und wir in 8 Stunden eine Verabredung haben, können wir sagen, das Treffen ist um 5 Uhr. Wir haben im

Kopf 9+8 in (mod 12) ausgerechnet. Stellen wir uns eine Uhr vor, schauen wir auf die 9 und gehen 8 Ziffern weit im Kreis, dann landen wir bei 5:

$$9 + 8 = 5 \ (\text{mod } 12)$$

Anstelle von Uhren nehmen die Mathematiker eine Abkürzung und führen Modulberechnungen nach der folgenden Regel aus. Erstens wird das Ergebnis in der normalen Arithmetik berechnet. Wenn wir zweitens die Antwort in (mod x) wissen wollen, teilen wir das normale Ergebnis durch x und notieren den Rest. Dieser Rest ist die Antwort in (mod x). Um die Antwort auf 11×9 (mod 13) zu finden, tun wir folgendes:

$$11 \times 9 = 99$$
$$99 \div 13 = 7, \text{Rest } 8$$
$$11 \times 9 = 8 \ (\text{mod } 13)$$

Funktionen in der Modul-Arithmetik verhalten sich oft unstet, was sie in manchen Fällen zu Einwegfunktionen macht. Dies wird deutlich, wenn wir eine einfache Funktion in der gewöhnlichen Arithmetik mit der gleichen einfachen Funktion in der Modul-Arithmetik vergleichen. Im ersten Fall haben wir es mit

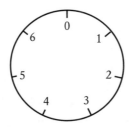

Abbildung 46: Die Modul-Arithmetik arbeitet mit einer endlichen Menge von Zahlen, die man sich im Uhrzeigersinn angeordnet vorstellen kann. Im obigen Fall können wir 6+5 modulo 7 ausrechnen, indem wir bei 6 beginnen und fünf Schritte im Kreis gehen, was uns zur 4 bringt. (Anders ausgedrückt, 11 geteilt durch 7 ergibt 1 mit Rest 4).

einer Zweiwegfunktion zu tun, die leicht umzukehren ist; in der Modul-Arithmetik jedoch ist sie eine Einwegfunktion. Nehmen wir beispielsweise die Funktion 3^x. Das heißt, wir nehmen ein Zahl x, multiplizieren dann die 3 x-mal mit sich selbst und erhalten eine neue Zahl. Wenn $x=2$ ist und wir die Funktion ausführen, dann erhalten wir:

$$3^x = 3^2 = 3 \times 3 = 9$$

Die Funktion verwandelt also 2 in 9. In der normalen Arithmetik erhöht sich mit dem Wert von x auch das Ergebnis der Funktion. Wenn man uns also das Ergebnis der Funktion lieferte, wäre es recht einfach, sie umzukehren und die Ausgangszahl zu erschließen. Wenn das Resultat beispielsweise 81 lautet, können wir schließen, daß x den Wert 4 hat, denn $3^4 = 81$. Wenn wir nur raten und annehmen, x habe den Wert 5, können wir $3^5 = 243$ berechnen und feststellen, daß wir zu hoch angesetzt haben. Dann können wir den Wert von x auf 4 senken und bekommen die richtige Antwort. Kurz, selbst wenn wir falsch raten, können wir uns auf den richtigen Wert von x einpendeln und damit die Funktion umkehren.

In der Modul-Arithmetik verhält sich dieselbe Funktion jedoch nicht so vernünftig. Nehmen wir an, man sagt uns, daß $3x$ in (mod 7) 1 ist und fordert uns auf, den Wert von x zu finden. Auf Anhieb fällt uns kein Wert ein, weil wir mit der Modul-Arithmetik nicht vertraut sind. Wir könnten versuchsweise annehmen, daß $x=5$ und das Ergebnis von 3^5 (mod 7) ausrechnen. Die Antwort lautet 5, und das ist zu groß, denn wir suchen nach 1 als Ergebnis. Wenn wir dann den Wert von x verringern, vielleicht auf 4, und es erneut probieren, würden wir in die falsche Richtung gehen, denn die Antwort lautet $x=6$.

In der normalen Arithmetik können wir Zahlenwerte ausprobieren und feststellen, ob die Spur heißer oder kälter wird. Auf dem Feld der Modul-Arithmetik gibt es keine nützlichen Hinweise, und die Umkehrung der Funktionen ist viel schwie-

x	1	2	3	4	5	6
3^x	3	9	27	81	243	729
$3^x(\bmod 7)$	3	2	6	4	5	1

Tabelle 14: Werte der Funktion 3^x in der gewöhnlichen Arithmetik (Zeile 2) und in der Modul-Arithmetik (Zeile 3). Im ersten Fall steigen die Werte kontinuierlich an, im zweiten Fall verhalten sie sich höchst unstet.

riger. Oft besteht der einzige Weg darin, die Funktion für viele Werte von x zu berechnen und eine Tabelle zu erstellen, bis die richtige Antwort gefunden ist. Tabelle 14 zeigt die Ergebnisse mehrerer Werte von x für die Funktion 3x in der gewöhnlichen Arithmetik und in der Modul-Arithmetik. Sie zeigt deutlich das unstete Verhalten der Funktion, wenn sie in der Modul-Arithmetik berechnet wird.

Eine solche Tabelle mit relativ kleinen Zahlen zu erstellen ist zwar ein wenig mühselig, doch wäre es unglaublich schwer, eine Tabelle für Funktionen wie 453^x (mod 21997) zu erstellen. Dies ist ein klassisches Beispiel für eine Einwegfunktion, weil ich einen Wert für x wählen und das Ergebnis der Funktion berechnen könnte, doch wenn ich dem Leser ein Resultat geben würde, sagen wir 5787, hätte er enorme Schwierigkeiten, die Funktion umzukehren und auf das von mir gewählte x zu schließen. Er würde Stunden brauchen, um die Tabelle zu erstellen und das von mir gewählte x herauszufinden.

Allerdings ist diese bestimmte Einwegfunktion nicht geeignet, als mathematisches Vorhängeschloß zu dienen, weil Vorhängeschlösser als Einwegfunktionen ein besonderes Merkmal aufweisen. Es ist leicht, ein Vorhängeschloß zuzuklicken, doch sehr schwierig, es wieder aufzubekommen... außer natürlich, man besitzt den Schlüssel! Der Schlüssel macht aus dem Vorhängeschloß eine besondere Art von Einwegfunktion. Das wahre mathematische Gegenstück eines Vorhängeschlosses ist eine Funktion, die in einer Richtung immer leicht auszuführen ist, in der Gegenrichtung jedoch im allgemeinen große Schwierigkeiten bereitet, außer man besitzt eine bestimmte Information (den Schlüssel).

Wenn es einen solchen Funktionstyp gäbe, dann könnte Alice für sich persönlich eine bestimmte Funktion zurechtschneidern und sich jene spezielle Information sichern, mit der sie die Funktion umkehren kann. Diese Information würde sie geheimhalten, ihre persönliche Funktion jedoch verteilen, damit Bob und alle andern ihre Nachrichten für Alice damit verschlüsseln können. Die an sie geschickten chiffrierten Botschaften könnte sie dann gleichsam mit ihrem Geheimschlüssel aufschließen. Desgleichen wird Bob eine persönliche Funktion erstellen und sich sein privates Stück Geheiminformation sichern. Auch er verteilt sein mathematisches Vorhängeschloß, damit Alice und alle andern ihre Nachrichten an ihn verschlüsseln und dann versenden können. Nur Bob hat die spezielle Information, die notwendig ist, um die mit seinem persönlichen Vorhängeschloß verschlüsselten und an ihn geschickten Nachrichten zu entschlüsseln.

Die Arbeitsgruppe von Diffie, Hellman und Merkle hatte frischen Wind in die Welt der Kryptographen gebracht. Sie hatten alle Welt davon überzeugt, daß es eine Lösung für das Problem der Schlüsselverteilung gab, und ein asymmetrisches Verschlüsselungsverfahren vorgeschlagen – ein perfektes, in der Praxis allerdings noch nicht funktionsfähiges System. Sie trieben ihre Forschungen an der Universität Stanford weiter, auf der Suche nach einer speziellen Einwegfunktion, mit der man die asymmetrische Verschlüsselung in die Praxis umsetzen konnte. Doch es waren nicht sie, denen die Entdeckung gelang. Das Wettrennen um die asymmetrische Verschlüsselung gewann eine andere Forschergruppe, die 5000 Kilometer entfernt an der amerikanischen Ostküste arbeitete.

Die üblichen Verdächtigen: Primzahlen

»Ich kam in Ron Rivests Büro«, erinnert sich Leonard Adleman, »und Ron hatte diesen Artikel in der Hand. Dann fing er an: ›Diese Stanford-Leute haben da wirklich etwas ... blablabla‹, und ich dachte nur: ›Schön und gut, Ron, aber ich will was anderes mit dir besprechen.‹ Von der Geschichte der Kryptographie hatte ich keine Ahnung, und was er sagte, interessierte mich herzlich wenig.«

Was Ron Rivest so aufgeregt in Händen hielt, war der Artikel von Diffie und Hellman, in dem sie ihr Konzept der asymmetrischen Verschlüsselung vorstellten. Am Ende konnte Rivest Adleman doch noch davon überzeugen, daß in dem Problem interessante mathematische Fragen steckten, und sie beschlossen, nach einer Einwegfunktion zu suchen, die den Anforderungen entsprach. An der Jagd beteiligte sich auch Adi Shamir. Alle drei arbeiteten als Forscher im achten Stock des MIT-Labors für Computerwissenschaften.

Rivest, Shamir und Adleman bildeten das perfekte Team. Rivest, ein Computerwissenschaftler, hatte eine beeindruckende Fähigkeit, neue Ideen aufzunehmen und sie auf Gebieten anzuwenden, an die niemand gedacht hätte. Er las immer die neueste wissenschaftliche Literatur, die ihn dazu anregte, eine ganze Reihe merkwürdiger und schöner Kandidatinnen für die Einwegfunktionen im Herzen der asymmetrischen Verschlüsselung vorzuschlagen. Allerdings hatten alle den einen oder anderen Makel. Shamir, ebenfalls Computerwissenschaftler, hatte einen blitzschnellen Intellekt und war in der Lage, alles Nebensächliche beiseite zu lassen und zum Kern eines Problems vorzustoßen. Auch er brachte regelmäßig Ideen für eine asymmetrische Verschlüsselung vor, doch auch sie waren letztlich fehlerhaft. Adleman, als Mathematiker ausdauernd, gründlich und geduldig, war weitgehend dafür zuständig, die Fehler in den Ideen von Rivest und Shamir aufzuspüren und so dafür zu sorgen, daß sie ihre Zeit nicht auf Holzwegen verschwendeten. Rivest und Shamir entwickelten ein Jahr lang neue Ideen, und Adleman verbrachte das Jahr damit, sie zu zerfleddern. Das Trio verlor allmählich die Hoffnung, doch sie wußten, daß dieses ständige Scheitern ein notwendiger Teil ihrer Forschungsarbeit war und sie mit sanfter Hand aus mathematischen Sümpfen hinaus in fruchtbarere Gefilde führte. Und bald schon wurden ihre Mühen belohnt.

Im April 1977 verbrachten Rivest, Shamir und Adleman das Passahfest im Haus eines Studenten. Beträchtliche Mengen Manischewitz-Wein flossen, bis sie schließlich um Mitternacht nach Hause fuhren. Rivest konnte nicht schlafen und legte sich mit einem Mathematik-Lehrbuch auf die Couch. Er begann das Problem zu wälzen, das ihn schon seit Wochen beschäftigte: Ist es möglich, eine asymmetrische Verschlüsselung zu entwickeln? Ist es möglich, eine Einwegfunktion zu finden, die nur umgekehrt werden kann, wenn der Empfänger eine besondere Information besitzt? Plötzlich lichtete sich der Nebel, und die Lösung stand ihm klar vor Augen. Den Rest der Nacht verbrachte er mit der mathematischen Ausarbeitung seiner Idee, und noch vor Tagesanbruch hatte er einen kompletten wissenschaftlichen Artikel geschrieben. Rivest war der Durchbruch gelungen, doch sein Erfolg wäre nicht möglich gewesen ohne die jahrelange Zusammenarbeit mit Shamir und Adleman. Am Schluß des Artikels führte er die Autoren in alphabetischer Reihenfolge auf: Adleman, Rivest, Shamir.

Am nächsten Morgen überreichte Rivest das Papier Adleman, der wie üblich versuchte, die Argumentation zu zerfleddern, doch diesmal konnte er keine Fehler ausfindig machen. Nur gegen die Autorenliste erhob er Einwände: »Ich sagte Ron, er solle meinen Namen streichen«, erinnert sich Adleman. »Es sei immerhin seine Erfindung, nicht meine. Aber Ron weigerte sich, und wir gerieten in Streit. Schließlich kamen wir überein, daß ich das Papier nach Hause nehmen und es mir die Nacht über durch den Kopf gehen lassen sollte. Am nächsten Tag schlug ich Ron vor, mich an dritter Stelle zu nennen. Ich weiß noch, daß ich dachte, es wäre der uninteressanteste Artikel, der je meinen Namen tragen würde.« Adleman täuschte sich gründlich. Das Verfahren, das sie nicht ARS, sondern RSA (Rivest, Shamir, Adleman) tauften, sollte die einflußreichste Verschlüsselung der modernen Kryptographie werden.

Bevor ich Rivests Idee erläutere, sei hier noch einmal kurz zusammengefaßt, wonach die Wissenschaftler suchten, um die asymmetrische Verschlüsselung in die Praxis umsetzen zu können.

(1) Alice muß einen öffentlichen Schlüssel erzeugen, den sie öffentlich an Bob (und andere) übergibt, damit er Mitteilungen an sie verschlüsseln kann. Der öffentliche Schlüssel muß eine Einwegfunktion sein, es muß also praktisch unmöglich sein, die Funktion umzukehren und die Mitteilungen für Alice zu entschlüsseln.

(2) Alice jedoch muß die ihr zugeschickten Mitteilungen entschlüsseln können. Dazu braucht sie einen privaten Schlüssel, ein besonderes Stück Information, das es ihr erlaubt, die Wirkung des öffentlichen Schlüssels umzukehren. So

Abbildung 47: Ronald Rivest, Adi Shamir und Leonard Adleman.

hat Alice (und nur Alice) die Möglichkeit, an sie gerichtete Mitteilungen zu entschlüsseln.

Kern der asymmetrischen Verschlüsselung von Rivest ist eine Einwegfunktion, die auf den oben beschriebenen Modulfunktionen beruht. Rivests Einwegfunktion kann zur Verschlüsselung einer Nachricht verwendet werden – die Nachricht, letztlich eine Zahl, wird in die Funktion eingesetzt, und das Ergebnis ist ebenfalls eine Zahl, nämlich der Geheimtext. Ich beschreibe Rivests Einwegfunktion nicht im Detail (siehe dazu Anhang E), möchte jedoch einen bestimmten Aspekt erläutern, der einfach als N bezeichnet wird. Es ist dieses N, das die Einwegfunktion unter bestimmten Voraussetzungen umkehrbar macht, weshalb es für den Gebrauch als asymmetrische Verschlüsselung bestens geeignet ist.

N ist ein variabler Bestandteil der Einwegfunktion, der es ermöglicht, daß jeder Anwender einen anderen Wert von N wählen kann. Um ihren eigenen Wert für N zu bestimmen, nimmt Alice zwei Primzahlen, p und q, und multipliziert sie. Eine Primzahl ist eine Zahl, die nur durch sich selbst und durch 1 geteilt werden kann. Zum Beispiel ist 7 eine Primzahl, weil sie sich nur durch 1 und durch 7 ohne Rest teilen läßt. Auch 13 ist eine Primzahl, weil sie sich ohne Rest nur durch 1 und 13 teilen läßt. Hingegen ist die 8 keine Primzahl, weil sie durch 2 und 4 geteilt werden kann.

Alice könnte beispielsweise die Primzahlen $p = 17159$ und $q = 10247$ wählen. Die Multiplikation dieser beiden Zahlen ergibt $N = 17159 \times 10247 = 175828273$. Alices N wird nun ihr öffentlicher Schlüssel, sie könnte ihn auf ihre Visitenkarte drucken, ihn per E-Mail im Internet verschicken oder ihn in einem Verzeichnis öffentlicher Schlüssel abdrucken lassen, zusammen mit den Werten, die andere Menschen für N gewählt haben. Wenn Bob eine Botschaft an Alice verschlüsseln will, sucht er sich Alices Wert N heraus (175828273) und setzt ihn in die allgemeine Form der Einwegfunktion ein, die ebenfalls öffentlich bekannt ist. Bob hat jetzt eine Einwegfunktion, die auf Alices Schlüssel zugeschnitten ist, man könnte sie daher Alices Einwegfunktion nennen. Um eine Mitteilung an Alice zu verschlüsseln, nimmt er Alices Einwegfunktion, fügt die Nachricht ein, notiert das Ergebnis und schickt es Alice.

An diesem Punkt ist die verschlüsselte Nachricht sicher. Die Botschaft wurde mit einer Einwegfunktion verschlüsselt, deren Umkehrung naturgemäß sehr schwierig ist. Allerdings bleibt die Frage: Wie kann Alice die Mitteilung entschlüsseln? Um die für sie bestimmte Nachricht zu lesen, muß Alice die Möglichkeit haben, die Einwegfunktion umzukehren. Sie braucht ein besonderes Stück Information, das es ihr erlaubt, die Nachricht zu entschlüsseln. Zum Glück für Alice hat Rivest die Einwegfunktion so angelegt, daß sie für jemanden, der die Werte von p und q kennt, umkehrbar ist. Zwar hat Alice überall verkündet, daß ihr Wert für N 175828273 lautet, doch ihre Werte für p und q, deren Produkt N ist, hält sie streng geheim. Nur sie besitzt die besondere Information, die zur Entschlüsselung ihrer Post nötig ist.

Wie p und q verwendet werden, um die Einwegfunktion umzukehren, wird in Anhang E näher beschrieben. Eine Frage jedoch muß sofort beantwortet werden. Wenn alle Welt N, den öffentlichen Schlüssel, kennt, dann gibt es doch sicher Leute, die p und q, den privaten Schlüssel, herausfinden und Alices Post lesen können? Schließlich wurde N aus p und q erzeugt. Wenn N groß genug ist, so stellt sich jedoch heraus, ist es praktisch unmöglich, p und q aus N zu deduzieren, und dies ist der vielleicht schönste und eleganteste Zug an der asymmetrischen RSA-Chiffrierung.

Alice selbst hat p und q gewählt, sie multipliziert und damit N erzeugt. Der entscheidende Punkt ist, daß ebendies eine Einwegfunktion war. Um zu zeigen, daß die Multiplikation von Primzahlen eine Einwegfunktion ist, nehmen wir zwei Primzahlen, beispielsweise 9419 und 1933, und multiplizieren sie. Mit einem Taschenrechner bekommen wir sofort das Ergebnis, nämlich 18 206 927. Hätten wir jedoch die Zahl 18 206 927 vorgelegt bekommen und wären nach den Primfaktoren gefragt worden (den beiden Zahlen, die miteinander multipliziert 18 206 927 ergeben), dann hätten wir viel länger gebraucht. Wer bezweifelt, daß die Suche nach Primfaktoren schwierig ist, nehme folgendes Beispiel. Um die Zahl 1 709 023 zu erzeugen, habe ich nur zehn Sekunden gebraucht, doch der Leser wird mit dem Taschenrechner fast einen ganzen Nachmittag benötigen, um deren Primfaktoren zu berechnen.

Dieses RSA genannte asymmetrische Verfahren ist ein Form der Public-Key-Kryptographie, der *Kryptographie mit öffentlichem Schlüssel*. Um uns zu verdeutlichen, wie sicher RSA ist, müssen wir uns klarmachen, wie schwierig es ist, N zu faktorieren, denn eben dies müßte Eve tun, um p und q zu finden und damit den privaten Schlüssel zu erzeugen, der nötig ist, um Botschaften zu dechiffrieren.

Um ein hohes Maß an Sicherheit zu erreichen, könnte Bob sehr große Primzahlen wählen. Bob könnte beispielsweise Werte für p und q nehmen, die um die 10^{65} groß sind (eine 1 gefolgt von 65 Nullen, eine astronomisch hohe Zahl). Dann würde sich ein Wert für N ergeben, der im Bereich von $10^{65} \times 10^{65}$ liegt, das heißt 10^{130}. Ein Computer könnte die beiden Primzahlen multiplizieren und N in knapp einer Sekunde erzeugen, doch wenn Eve den Prozeß umkehren und p und q herausfinden wollte, würde dies sehr viel länger dauern. Wie lange genau, hinge von der Schnelligkeit ihres Computers ab. Der Sicherheitsexperte Garfinkel hat vor einiger Zeit geschätzt, daß ein 100 Mhz Intel Pentium Computer mit 8 MB Arbeitsspeicher ungefähr 50 Jahre benötigen würde, um eine Zahl im Bereich von 10^{130} in ihre Faktoren zu zerlegen. Die Kryptographen neigen ein wenig zur Paranoia und stellen sich gerne die größten anzunehmenden Katastrophen vor, etwa eine weltweite Verschwörung mit dem Ziel, ihre Verschlüsselungen zu knacken. Garfinkel überlegte also, wie es wäre, wenn hundert Millionen PCs vernetzt würden (so viel wurden 1995 verkauft). Dann könnte eine Zahl im Bereich von 10^{130} in etwa 15 Sekunden faktoriert werden. Daher geht man heute allgemein davon aus, daß noch höhere Primzahlen verwendet werden müssen, um in den wirklich sicheren Bereich zu gelangen. Für wichtige Banktransaktionen liegt N bei mindestens 10^{308}, das ist zehn Millionen Milliarden Milliarden Milliarden Milliarden Milliarden Milliarden Milliarden Milliarden Milliarden Milliarden Milliarden Milliarden Milliarden Milliarden Milliarden Milliarden Milliarden Milliarden mal größer als 10^{130}. Mit den vereinten Kräften von hundert Millionen PCs würde man mehr als tausend Jahre brauchen, um eine solche Verschlüsselung zu knacken. Bei hinreichend hohen Werten für p und q ist RSA unschlagbar.

Der einzige Sicherheitsvorbehalt bei der Public-Key-Methode RSA ist, daß irgendwann in der Zukunft ein schnellerer Weg gefunden werden könnte, um N in Faktoren zu zerlegen. Dies ist vielleicht in einem Jahrzehnt möglich, vielleicht sogar schon morgen, und damit würde RSA unbrauchbar. Allerdings suchen die Mathematiker seit zweitausend Jahren vergeblich nach einer Abkürzung, und die Faktorzerlegung ist bis heute eine enorm zeitaufwendige Beschäftigung. Die meisten Mathematiker glauben, daß dies in der Natur der Sache liegt und ein mathematisches Gesetz jede Abkürzung verwehrt. Wenn wir davon ausgehen, daß sie recht haben, dann ist RSA für die absehbare Zukunft eine sichere Bank.

Der große Vorteil der RSA-Kryptographie ist, daß sie alle Probleme, die mit den herkömmlichen Verfahren und dem Schlüsselaustausch verbunden sind, beseitigt. Alice muß sich nicht mehr darum sorgen, wie sie Bob den Schlüssel sicher überbringen kann und ob Eve ihn vielleicht abfangen könnte. Im Gegenteil, Alice ist es gleich, wer den öffentlichen Schlüssel sieht – je mehr, desto besser, denn der öffentliche Schlüssel dient nur zur Chiffrierung, nicht zur Dechiffrierung. Das einzige, was geheim bleiben muß, ist der private Schlüssel zur Dechiffrierung, und den kann Alice immer bei sich tragen.

RSA hatte im August 1977 seinen ersten öffentlichen Auftritt. Martin Gardner stellte das Verfahren in seiner Kolumne »Mathematische Spiele« für den *Scientific American* vor. »Eine neue Verschlüsselung, die zu knacken Millionen Jahre dauern würde«, lautete der Artikel, in dem Gardner zunächst erklärte, wie die Kryptographie mit öffentlichem Schlüssel funktioniert, und dann seine Leser zu einem Wettbewerb aufrief. Er druckte einen verschlüsselten Text ab und dazu den öffentlichen Schlüssel, mit dem er chiffriert war:

$N =$ 114 381 625 757 888 867 669 235 779 976 146 612 010 218 296 721 242 362 562 561 842 935 706 935 245 733 897 830 597 123 563 958 705 058 989 075 147 599 290 026 879 543 541.

Die Herausforderung für die Leser lautete, N in die Faktoren p und q zu zerlegen und anhand dieser Zahlen die Botschaft zu entschlüsseln. Gardner hatte nicht genug Platz, um die Einzelheiten von RSA zu erläutern, und bat seine Leser, an das Labor für Computerwissenschaften am MIT zu schreiben, das die soeben fertiggestellten mathematischen Unterlagen verschicken würde. Zu ihrer Verblüffung erhielten Rivest, Shamir und Adleman dreitausend Anfragen. Sie antworteten jedoch nicht sofort, weil sie befürchteten, die weite Verbreitung ihrer Idee könne ihre Chancen auf ein Patent gefährden. Als die Patentfrage endlich geklärt war, veranstalteten die drei ein Fest, auf dem Professoren und Studierende bei Bier und Pizza die technischen Unterlagen für die Leser des *Scientific American* in Briefe eintüteten.

Es sollte siebzehn Jahre dauern, bis Gardners Verschlüsselung geknackt war. Am 26. April 1994 verkündete eine Gruppe von sechshundert Freiwilligen die Faktoren von N:

$q =$ 3 490 529 510 847 650 949 147 849 619 903 898 133 417 764 638 493 387 843 990 820 577

p = 32 769 132 993 266 709 549 961 988 190 834 461 413 177 642 967 992 942 539 798 288 533.

Mit diesen Werten, dem geheimen Schlüssel, konnten sie die Nachricht dechiffrieren. Sie bestand aus einer Reihe von Ziffern, doch als diese in Buchstaben verwandelt waren, stand da zu lesen: »Die magischen Worte sind zimperliche Lämmergeier.« Das Problem der Faktorzerlegung war unter Freiwilligen aus der ganzen Welt, aus Ländern wie Australien, England, USA und Venezuela, aufgeteilt worden. Sie stellten freie Rechenkapazitäten ihrer Bürocomputer, Großrechner oder Supercomputer zur Verfügung, um jeweils ein kleines Stück des Problems abzuarbeiten. Auf diese Weise bildete sich ein weltumspannendes Netzwerk aus Computern, die gleichzeitig an Gardners Aufgabe arbeiteten. Selbst angesichts dieses gewaltigen Aufwands an parallel laufenden Computern werden einige Leser überrascht sein, daß RSA in so kurzer Zeit geknackt wurde. Allerdings verwendete Gardner für seine Aufgabe einen relativ kleinen Wert von N – nämlich im Bereich von 10^{129}. Heute wählen RSA-Anwender viel größere Werte, um ihre wichtigen Informationen zu schützen. Inzwischen werden Nachrichten mit hinreichend großen Werten von N verschlüsselt, so daß alle Computer des Planeten länger brauchen würden, als das Universum alt ist, um die Verschlüsselung zu knacken.

Public-Key-Kryptographie: Die geheime Geschichte

In den vergangenen zwei Jahrzehnten gelangten Diffie, Hellman und Merkle als die Erfinder des Konzepts der Public-Key-Kryptographie zu Ruhm, Rivest, Shamir und Adleman wiederum ernteten die Lorbeeren für RSA, die eleganteste Umsetzung dieses Konzepts. In jüngster Zeit jedoch wurde bekannt, daß dieser Abschnitt der Kryptographiegeschichte umgeschrieben werden muß. Britischen Regierungsquellen zufolge wurde die Public-Key-Kryptographie zuerst von Mitarbeitern des Government Communications Headquarters (GCHQ) in Cheltenham erfunden, jener hochgeheimen Organisation, die nach dem Zweiten Weltkrieg aus den Überbleibseln von Bletchley Park aufgebaut worden war. Die folgende Geschichte handelt von verblüffendem Erfindergeist, von namenlosen Helden und von einer Jahrzehnte währenden, staatlich verordneten Geheimhaltung.

Anfang 1969 bat das Militär James Ellis, einen herausragenden Kryptographen im Staatsdienst, verschiedene Möglichkeiten auszuloten, wie man das Problem der Schlüsselverteilung bewältigen könnte. Am 1. April 1965 war Ellis nach Cheltenham gezogen, wo er in einer Arbeitsgruppe des GCHQ zur Sicherung der elektronischen Kommunikation arbeitete. Da er mit Fragen der nationalen Sicherheit befaßt war, schwor man Ellis für seine gesamte Laufbahn auf Geheimhaltung ein. Zwar wußten seine Frau und seine Familie, daß er für das GCHQ arbeitete, doch von seinen Entdeckungen ahnten sie nichts, und ebensowenig, daß er einer der besten Kryptographen seines Landes war.

Ein großer Vorzug von Ellis war seine umfassende Bildung. Er las jede Fachzeitschrift, die er in die Hände bekam, und warf nie etwas weg. Aus Sicherheitsgründen müssen GCHQ-Mitarbeiter jeden Abend ihre Schreibtische aufräumen und alles in Schränke schließen. Ellis' Schränke waren vollgestopft mit den obskursten Publikationen. Er erwarb sich den Ruf eines Krypto-Gurus, und wenn die Forscherkollegen sich vor unlösbaren Problemen sahen, klopften sie bei ihm an, in der Hoffnung, mit seinem breiten Wissen und seinem originellen Geist würde er eine Lösung finden. Wahrscheinlich war dieser Ruf der Grund, warum man ihn aufforderte, das Problem der Schlüsselverteilung zu untersuchen.

Ellis nahm das Problem zunächst in Angriff, indem er seinen Schatz wissenschaftlicher Literatur durchsah. Jahre später erinnerte er sich, wie er die Entdeckung machte, daß die Verteilung geheimer Schlüssel zum Austausch geheimer Nachrichten nicht unbedingt notwendig ist:

> Was diese Auffassung zu Fall brachte, war die Entdeckung eines von Bell Telephone in Auftrag gegebenen Berichts. Der unbekannte Autor legte darin eine geniales Konzept für abhörsichere Telefongespräche vor. Der Empfänger solle die Worte des Senders verbergen, indem er ein Rauschen in die Leitung brachte. Das Rauschen konnte der Empfänger später wieder abziehen, denn er selbst hatte es hinzugefügt und wußte daher, woraus es bestand. Die offensichtlichen praktischen Nachteile dieses Systems verhinderten, daß es eingesetzt wurde, doch es war unter verschiedenen Gesichtspunkten recht interessant. Der Unterschied zur herkömmlichen Verschlüsselung ist, daß der

Abbildung 48: James Ellis.

Empfänger hier am Verschlüsselungsprozeß teilnimmt ... Damit war die Idee in der Welt.

Rauschen ist der Fachbegriff für jedes Signal, das auf eine Kommunikation einwirkt. Es hat meist natürliche Ursachen und den besonderen Nachteil, daß es ganz und gar zufällig ist. Das Rauschen aus einer Nachrichtenverbindung zu entfernen ist daher sehr schwierig. Eine gute Funkanlage hält den Rauschpegel niedrig, und die Mitteilung ist klar verständlich, doch wenn der Rauschpegel hoch ist und die Mitteilung übertönt, gibt es keine Möglichkeit, sie zu retten. Ellis' Vorschlag lautete, der Empfänger, Alice, solle absichtlich Rauschen erzeugen, es messen und dann die Verbindung mit Bob mit diesem Rauschen überlagern. Bob könnte dann eine Nachricht an Alice schicken, und selbst wenn Eve die Verbindung angezapft hätte, wäre sie nicht in der Lage, die Mitteilung zu lesen, weil sie im Rauschen unterginge. Die einzige Person, die das Rauschen entfernen und die Botschaft lesen kann, ist in diesem Fall Alice, weil nur sie weiß, um welche Art von Rauschen es sich handelt, denn sie hat es ja erzeugt. Bei diesem Verfahren war die Sicherheit auch ohne Schlüsseltausch gewährleistet. Das Rauschen war der Schlüssel, und nur Alice konnte dessen Eigenschaften genau kennen.

In einem Memorandum erläuterte Ellis seinen Gedankengang genauer: »Die nächste Frage lag auf der Hand: Ist dies auch mit einer gewöhnlichen Verschlüsselung zu bewerkstelligen? Können wir eine sicher verschlüsselte Nachricht erzeugen, die der berechtigte Empfänger lesen kann, ohne daß vorher ein Austausch geheimer Schlüssel stattgefunden hat? Diese Frage fiel mir übrigens eines Nachts im Bett ein, und der Beweis der theoretischen Möglichkeit nahm nur einige Minuten in Anspruch. Wir hatten jetzt einen Existenzsatz. Das Undenkbare war tatsächlich möglich.« (Ein Existenzsatz beweist, daß die Lösung eines Problems möglich ist, ohne zu sagen, wie sie aussieht.) Bis dahin glich die Suche nach einer Lösung für das Problem der Schlüsselverteilung der sprichwörtlichen Suche nach der Nadel im Heuhaufen. Dank des Existenzsatzes wußte Ellis jetzt immerhin, daß es die Nadel überhaupt gab.

Ellis' Ideen hatten große Ähnlichkeit mit denen Diffies, Hellmans und Merkles, er war ihnen allerdings um mehrere Jahre voraus. Davon wußte jedoch niemand, weil er für die britische Regierung arbeitete und auf Geheimhaltung eingeschworen war. Ende 1969 schließlich steckte Ellis offenbar in der gleichen Sackgasse, in die das Stanforder Trio 1975 geriet. Er hatte sich selbst bewiesen, daß die Kryptographie mit öffentlichem Schlüssel möglich war (er nannte es nichtgeheime Verschlüsselung), und er hatte den Begriff des öffentlichen und privaten Schlüssels entwickelt. Er wußte zudem, daß er eine besondere Einwegfunktion finden mußte, die nur umgekehrt werden konnte, wenn der Empfänger ein spezielles Stück Information besaß. Nun war Ellis kein Mathematiker. Er experimentierte mit einigen mathematischen Funktionen, doch bald wurde ihm klar, daß er auf eigene Faust nicht mehr weiterkommen würde.

Während der nächsten drei Jahre suchten die hellsten Köpfe des GCHQ verbissen nach einer Einwegfunktion, die Ellis' Anforderungen genügte, doch ohne Erfolg. Dann, im September 1973, stieß ein neuer Mathematiker zur Arbeitsgruppe. Clifford Cocks hatte soeben seinen Abschluß in Cambridge gemacht, wo er sich auf die Zahlentheorie spezialisiert hatte, eine der reinsten Disziplinen der Mathematik. Als Anfänger im GCHQ wußte er sehr wenig über Verschlüsselung und die Schattenwelt des militärischen und diplomatischen Nachrichtenverkehrs, und so stellte man ihm einen Mentor zur Seite, Nick Patterson, der ihn durch die ersten Wochen im GCHQ geleitete.

Nach gut sechs Wochen erzählte Patterson Cocks von einer »wirklich verrückten Idee«. Er skizzierte Ellis' Theorie einer Kryptographie mit öffentlichem Schlüssel und erklärte, es sei bisher niemandem gelungen, eine mathematische Funktion zu finden, die den Anforderungen genügte. Patterson erzählte davon, weil es gerade die verlockendste kryptographische Idee im Umlauf war, nicht weil er erwartete, Cocks würde das Problem lösen. Cocks jedoch setzte sich nach eigenen Worten noch am selben Tag an die Arbeit: »Es lag nichts Besonderes an, also begann ich über die Idee nachzudenken. Weil ich auf dem Feld der Zahlentheorie gearbeitet hatte, lag es nahe, daß ich an Einwegfunktionen dachte, also an etwas, was man tun, aber nicht wieder umkehren kann. Primzahlen und Faktorzerlegung waren die natürlichen Kandidaten, und das wurde zu meinem Ausgangspunkt.« Cocks begann jetzt das zu formulieren, was später als asymmetrische RSA-Verschlüsselung bezeichnet wurde. Rivest, Shamir und Adleman entdeckten ihre Formel für die Public-Key-Kryptographie im Jahr 1977, doch vier Jahre zuvor verfolgte der junge Cambridge-Absolvent genau den gleichen Denkweg. Cocks erinnert sich: »Alles in allem brauchte ich nicht länger als eine halbe Stunde. Ich war ganz zufrieden mit mir. ›Ach, ist ja schön‹, dachte ich. ›Man gibt mir ein Problem, und ich löse es.‹«

Cocks war die Bedeutung seiner Entdeckung nicht so recht klar. Er hatte keine Ahnung, daß die besten Köpfe des GCHQ sich drei Jahre lang mit dem Problem herumgeschlagen hatten und daß ihm eine der bedeutendsten kryptographischen Erkenntnisse des Jahrhunderts gelungen war. Vielleicht war Cocks' Naivität ein Grund für seinen Erfolg, denn er ging das Problem voll Zuversicht an und stocherte nicht schüchtern im Nebel herum. Cocks erzählte seinem Mentor Patterson von der Entdeckung, der daraufhin einen Bericht an die Vorgesetzten schrieb. Cocks war eigentlich noch ein Grünschnabel und recht unerfahren, doch Patterson kannte die Zusammenhänge genau und konnte die technischen Fragen besser beantworten, die unweigerlich auftauchen würden. Plötzlich traten wildfremde Leute auf das Wunderkind Cocks zu und gratulierten ihm. Einer dieser Unbekannten war James Ellis, der unbedingt den Mann sehen wollte, der seine Träume verwirklicht hatte. Weil Cocks immer noch nicht begriffen hatte, was an seiner Leistung so besonders sein sollte, prägte sich das Treffen nicht in sein Gedächtnis ein, und heute, mehr als zwei Jahrzehnte später, weiß er nicht mehr, was Ellis gesagt hat.

Cocks' Idee, vom GCHQ unter Verschluß gehalten, hatte es zwar in sich, war ihrer Zeit jedoch weit voraus. Cocks hatte eine mathematische Funktion für die Kryptographie mit öffentlichem Schlüssel entdeckt, doch es blieb das Problem, wie man das Verfahren praktisch umsetzen sollte. Public-Key-Kryptograpie verlangt viel leistungsfähigere Computer als ein symmetrisches Verfahren wie DES. Anfang der siebziger Jahre waren die Rechner noch vergleichsweise lahm und brachten in vernünftiger Zeit keine solche Verschlüsselung zustande. Daher war das GCHQ nicht in der Lage, sich die Public-Key-Kryptographie zunutze zu machen. Cocks und Ellis hatten bewiesen, daß das Unmögliche möglich war, doch niemand fand einen Weg, um das Mögliche auch ins Praktische umzusetzen.

Anfang des folgenden Jahres, 1974, erläuterte Cocks seine Arbeit dem Kryptographen Malcolm Williamson, einem Neuling im GCHQ. Es traf sich, daß Cocks und Williamson alte Freunde waren. Beide hatten ein Gymnasium in Manchester besucht, dessen Motto *sapere aude* lautet: wage es, weise zu sein. Im Jahr 1968 hatten die beiden Schüler Großbritannien bei der Mathematik-Olympiade in Moskau vertreten. Nach dem gemeinsamen Studium in Cambridge waren sie für einige Jahre getrennte Wege gegangen, doch nun saßen sie wieder zusammen im GCHQ. Schon als Elfjährige hatten sie über ihre mathematischen Ideen geredet, doch Cocks' Konzept einer Kryptographie mit öffentlichem Schlüssel war die verblüffendste Idee, von der Williamson je gehört hatte. »Cliff hatte mir seine Idee erklärt«, erinnert sich Williamson, »und ich konnte es einfach nicht fassen. Ich war ziemlich skeptisch, denn damit kann man einige unheimliche Dinge anstellen.«

Nach dem Gespräch versuchte Williamson zu beweisen,

daß Cocks ein Fehler unterlaufen war und die Public-Key-Kryptographie unmöglich war. Er prüfte die mathematischen Grundlagen aufs genaueste, denn irgendwo mußte ein Fehler stecken. Die Idee schien einfach zu gut, um wahr zu sein. Williamson, fest entschlossen, einen Irrtum zu finden, arbeitete auch zu Hause weiter an dem Problem. Den Mitarbeitern des GCHQ ist es verboten, Arbeit mit nach Hause zu nehmen, weil ihre gesamte Tätigkeit geheim ist und die Wohnungen bessere Angriffspunkte für Spionage bieten. Williamson trug das Problem jedoch im Kopf herum und konnte einfach nicht anders, als darüber nachzudenken. Entgegen den Anweisungen arbeitete er also zu Hause weiter. Fünf Stunden lang versuchte er, einen Fehler zu entdecken. »In diesem Punkt bin ich gescheitert«, meint Williamson. »Statt dessen hatte ich am Schluß eine weitere Lösung für das Problem der Schlüsselverteilung in der Hand.« Er hatte ein Verfahren entdeckt, das heute als Schlüsselaustauschprotokoll nach Diffie, Hellman und Merkle bezeichnet wird (weil es unabhängig und in der öffentlichen Forschung auch von den Amerikanern entdeckt wurde).

Im Jahr 1975 hatten James Ellis, Clifford Cocks und Mal-

Abbildung 49: Malcolm Williamson (zweiter von links) und Clifford Cocks (ganz rechts) bei der Ankunft zur Mathematik-Olympiade in Moskau 1968.

colm Williamson alle wesentlichen Elemente der Public-Key-Kryptographie beisammen, doch sie waren gezwungen, Stillschweigen zu bewahren. Die drei Briten mußten stumm mit ansehen, wie ihre Entdeckungen in den folgenden drei Jahren von Diffie, Hellman, Merkle, Rivest, Shamir und Adleman noch einmal gemacht wurden.

Die Wissenschaftspresse berichtete über die Erfolge in Stanford und am MIT, und die Forscher, die ihre Arbeiten in den Fachzeitschriften veröffentlichen durften, wurden zu Berühmtheiten der wissenschaftlichen Kryptographie. Ein kurzer Blick ins Internet mit einer Suchmaschine ergibt 15 Webseiten mit dem Namen Clifford Cocks, hingegen 1382 Seiten mit dem Namen Whitfield Diffie. Cocks nimmt es bewundernswert gelassen: »Man arbeitet nicht wegen der öffentlichen Anerkennung in dieser Branche.« Williamson ist genauso leidenschaftslos: »Meine Reaktion war: ›Okay, es ist nun einmal so.‹ Das Leben ging einfach weiter.«

Zwar wurde die Public-Key-Kryptographie zuerst vom GCHQ erfunden, doch dies sollte nicht die Leistungen der Forscher an den Universitäten schmälern, die sie ein zweites Mal erfunden haben. Es waren die Hochschulforscher, die als erste das Potential dieser Form der Kryptographie erkannten, und sie waren es auch, die ihr zum Durchbruch verhalfen. Zudem ist es durchaus denkbar, daß das GCHQ aus eigenem Antrieb nie seine Erfindungen veröffentlicht und damit eine Technik verhindert hätte, die der digitalen Revolution erst richtig zur Entfaltung verhalf. Schließlich gelang den Akademikern ihre Entdeckung völlig unabhängig vom GCHQ und mit den gleichen intellektuellen Mitteln. Die hochgeheimen Forschungsstätten sind von der akademischen Welt abgeschottet, und die Hochschulforscher haben keinen Zugang zu den Werkzeugen und dem geheimen Wissen, das dort womöglich verborgen liegt. Dagegen haben die Forscher der Geheimdienste immer Zugang zur wissenschaftlichen Literatur. Diesen Informationsfluß könnte man fast mit einer Einwegfunktion vergleichen – die Information fließt ungehindert in die eine Richtung, doch es ist verboten, Informationen in die andere Richtung zu schicken.

28 Jahre nach Ellis' bahnbrechender Leistung ging das GCHQ doch noch an die Öffentlichkeit. Im Jahr 1997 stellte Clifford Cocks eine wichtige, nicht als geheim klassifizierte Arbeit über RSA fertig, die auch für eine breitere Öffentlichkeit interessant war und kein Sicherheitsrisiko darstellte. Daher bat man ihn, einen Vortrag auf der Konferenz für Mathematik und ihre Anwendungen in Cirencester zu halten. Dort sollten viele Kryptographie-Experten zusammenkommen. Eine Handvoll von ihnen wußte, daß Cocks, der nur über einen Aspekt von RSA sprechen würde, in Wahrheit der nie gepriesene Erfinder dieses Verfahrens war. Es gab durchaus das Risiko, daß jemand eine peinliche Frage stellte, etwa: »Haben Sie RSA erfunden?« Was sollte Cocks dann tun? Den Regeln des GCHQ zufolge mußte er dann seine Rolle bei der Entwicklung von RSA verleugnen, also bei einem vollkommen harmlosen Thema lügen. Das war offensichtlich lächerlich, und das GCHQ beschloß, es sei an der Zeit, seine Politik zu ändern. Cocks erhielt die Erlaubnis, seinen Vortrag mit einer kurzen historischen Würdigung der Beiträge des GCHQ zur Public-Key-Kryptographie zu beginnen.

Am 18. Dezember 1997 hielt Cocks seinen Vortrag. Nach fast drei Jahrzehnten der Geheimhaltung ernteten Ellis, Cocks und Williamson die verdiente Anerkennung. Leider war James Ellis nur einen Monat zuvor, am 25. November 1997, im Alter von dreiundsiebzig Jahren gestorben. Ellis verlängerte damit die Liste britischer Kryptologen, deren Leistungen zu ihren Lebzeiten nie anerkannt wurden. Daß Charles Babbage die Vigenère-Verschlüsselung geknackt hatte, wurde zu seinen Lebzeiten nie honoriert, weil seine Arbeit für die britischen Streitkräfte im Krimkrieg wertlos war. Statt dessen erntete Friedrich Kasiski die Lorbeeren. Auch Alan Turings Beitrag zum Krieg war von unermeßlicher Bedeutung, und doch verlangte die staatlich verordnete Geheimhaltung, daß seine Arbeit zur Entschlüsselung der Enigma nicht veröffentlicht werden durfte.

Im Jahr 1987 schrieb Ellis einen geheimen Bericht über seinen Beitrag zur Public-Key-Kryptographie, der auch seine Überlegungen zur Geheimhaltung enthält, die die kryptographische Arbeit oft umgibt:

Die Kryptographie ist eine höchst ungewöhnliche Wissenschaft. Die meisten Wissenschaftler von Beruf wollen mit ihrer Arbeit möglichst schnell an die Öffentlichkeit, denn nur so kann sie auch ihren Wert verwirklichen. Hingegen erlangt die Kryptographie nur dann ihren vollen Wert, wenn die entsprechenden Informationen vor potentiellen Gegnern geschützt werden. Daher arbeiten die professionellen Kryptographen meist in geschlossenen Zirkeln, die genug Austauschmöglichkeiten bieten, um die Qualität zu gewährleisten, doch Außenstehenden verborgen bleiben. Der Gang an die Öffentlichkeit ist normalerweise nur im Interesse der historischen Wahrheit zu verantworten, nachdem bewiesen ist, daß eine weitere Geheimhaltung keinen Nutzen mehr abwirft.

6

Pretty Good Privacy

*Politik und Privatsphäre, die Zukunft der
Kryptographie und die Suche nach der
unknackbaren Verschlüsselung*

Der Austausch digitaler Information ist zu einem wesentlichen Moment unserer Gesellschaft geworden. Schon heute werden täglich Dutzende Millionen E-Mails verschickt, und die elektronische Post wird bald beliebter sein als die herkömmliche Briefpost. Das Internet, immer noch in den Kinderschuhen, stellt die Infrastruktur für den digitalen Markt bereit, und der elektronische Handel floriert. Geld fließt durch den Cyberspace, und Schätzungen zufolge wird die Hälfte des Bruttosozialprodukts der Welt durch das Netz der Society of Worldwide International Financial Telecommunication (SWIFT) geleitet. In Zukunft werden Volksabstimmungen in Demokratien auch per Online-Stimmabgabe möglich sein, und der Staat wird sich das Internet für seine Aufgaben zunutze machen und den Bürgern beispielsweise die Möglichkeit bieten, ihre Steuererklärungen über das Netz abzuliefern.

Für den Erfolg des Informationszeitalters ist jedoch wichtig, ob die Informationen auf ihrer Reise um den Globus geschützt werden können, und hier spielt die Kryptographie die entscheidende Rolle. Die Kryptographie liefert die Schlüssel und Schlösser des Informationszeitalters. Zwei Jahrtausende lang war die Verschlüsselung vor allem für die Obrigkeit und das Militär von Bedeutung, doch heute erleichtert sie auch den Geschäftsver-

Abbildung 50: Phil Zimmermann.

kehr, und morgen werden sich die Durchschnittsbürger der Kryptographie bedienen, um ihre Privatsphäre zu schützen. Zum Glück haben wir am Beginn des Informationszeitalters die Werkzeuge für beeindruckend starke Verschlüsselungen zur Hand. Mit der Entwicklung der Public-Key-Kryptographie, besonders des RSA-Verfahrens, haben die heutigen Kryptographen einen klaren Vorteil in ihrem ständigen Kampf gegen die Kryptoanalytiker errungen. Wenn der Wert von N groß genug ist, dann braucht Eve unendlich lange, um p und q zu finden, und daher ist die RSA-Verschlüsselung praktisch nicht zu knacken. Entscheidend ist, daß diese Kryptographietechnik nicht mehr durch das Problem des Schlüsselaustauschs beeinträchtigt wird. Für unsere wertvollsten Informationen liefert RSA Schlösser, die fast nicht mehr zu knacken sind.

Allerdings hat die Verschlüsselung wie jede Technik ihre dunkle Seite. Sie schützt nicht nur die Kommunikation gesetzestreuer Bürger, sondern auch die von Kriminellen und Terroristen. Gegenwärtig dringt die Polizei in die elektronischen Kommunikationsmedien ein, um in schweren Fällen, etwa organisiertem Verbrechen oder Terrorismus, Beweise zu sammeln. Dies wird jedoch unmöglich, wenn die Kriminellen starke Chiffrierverfahren einsetzen.

Am Beginn des 21. Jahrhunderts steckt die Kryptographie in einem Dilemma. Wie sollen der Öffentlichkeit und der Wirtschaft die Verschlüsselung und damit die Früchte des Informationszeitalters zugute kommen, ohne daß Kriminelle die Verschlüsselung mißbrauchen und der Strafverfolgung entgehen? Gegenwärtig ist die Debatte um den richtigen Weg in vollem Gange. Angeregt wurde sie vor allem durch die Geschichte des Phil Zimmermann. Er hatte sich zum Ziel gesetzt, die hochgradig sichere Verschlüsselung einem breiten Publikum zugänglich zu machen, versetzte damit die amerikanischen Sicherheits-Experten in Panik, stellte den Nutzen der milliardenschweren NSA in Frage, brachte das FBI gegen sich auf und handelte sich ein gerichtliches Untersuchungsverfahren ein.

Zimmermann, der zuvor in der Anti-Atombewegung aktiv gewesen war, begann in den späten achtziger Jahren sein Augenmerk auf die digitale Revolution und die Notwendigkeit der Verschlüsselung zu richten:

Die Kryptographie war früher ein obskures Fach, das kaum Bedeutung für das Alltagsleben hatte. Historisch gesehen spielte es jedoch immer eine besondere Rolle im militärischen und diplomatischen Nachrichtenverkehr. Doch im Informationszeitalter geht es in der Kryptographie um politische Macht und besonders um das Machtverhältnis zwischen Regierung und Volk. Es geht um das Recht auf Privatsphäre, um Meinungsfreiheit, Versammlungsfreiheit, Pressefreiheit, Freiheit von willkürlicher Durchsuchung und Festnahme, um die Freiheit, in Ruhe gelassen zu werden.

Zimmermann sieht einen wesentlichen Unterschied zwischen der herkömmlichen und der digitalen Kommunikation, der sich entscheidend auf die Sicherheit auswirkt:

Wenn die Regierungen in früheren Zeiten die Privatsphäre der Bürger verletzen wollten, mußten sie einen gewissen Aufwand betreiben, um die Briefpost abzufangen, unter Dampf zu öffnen und zu lesen oder Telefongespräche abzuhören und womöglich zu protokollieren. Das ist, wie wenn man mit Angel und Leine fischt, einen Fisch nach dem andern. Zum Glück für Freiheit und Demokratie ist diese Art der arbeitsintensiven Überwachung in großem Maßstab nicht mehr zu leisten. Heute ersetzt die elektronische Post allmählich die herkömmliche Briefpost, bald wird sie die Norm für alle sein, nicht mehr der neueste Schrei. Im Gegensatz zur Briefpost sind E-Mails unglaublich leicht abzufangen und auf interessante Stichwörter hin elektronisch zu prüfen. Das läßt sich ohne weiteres, routinemäßig, automatisch und nicht nachweisbar in großem Maßstab bewerkstelligen. Man kann das mit dem Schleppnetzfischen vergleichen – ein quantitativer und qualitativer Unterschied mit Orwellschen Folgen für das Wohlergehen der Demokratie.

Der Unterschied zwischen herkömmlicher und digitaler Post läßt sich anhand eines Beispiels verdeutlichen. Alice will Einladungen zu ihrer Geburtstagsfeier verschicken, und Eve, die nicht eingeladen ist, will erfahren, wo und wann die Party stattfindet. Wenn Alice die herkömmliche Briefpost benutzt, ist es für Eve recht schwierig, eine ihrer Einladungen abzufangen. Zunächst einmal weiß Eve gar nicht, an welchem Punkt Alices Einladungen ins Postsystem gelangen, weil Alice jeden Briefkasten in der Stadt benutzen kann. Eves einzige Hoffnung, eine der Einladungen abzufangen, besteht darin, die Adresse eines Freundes von Alice ausfindig zu machen und sich ins örtliche Zustellamt einzuschleichen. Dort muß sie jeden einzelnen Brief von Hand prüfen. Wenn es ihr gelingt, einen Brief von Alice zu finden, muß sie ihn über Dampf öffnen, um an die Informationen heranzukommen, und ihn dann sorgfältig in den ursprünglichen Zustand zurückversetzen, um keinen Verdacht zu erregen.

Im Vergleich dazu ist Eves Aufgabe beträchtlich einfacher, wenn Alice ihre Einladungen per E-Mail versendet. Wenn Alice die Texte am Computer abschickt, gelangen sie zunächst in einen lokalen Server, ein Haupttor für das Internet. Wenn Eve pfiffig genug ist, kann sie sich von zu Hause aus in diesen Server einhacken. Die Einladungen tragen Alices E-Mail-Adresse, und es wäre kein Problem, ein elektronisches Raster einzurichten, das nach E-Mails mit Alices Adresse sucht. Wenn sich dann eine Einladung findet, muß nicht erst ein Umschlag geöffnet werden, um die Nachricht zu lesen. Zudem kann sie weitergeschickt werden ohne den geringsten Hinweis darauf, daß sie gelesen wurde. Alice würde es nie erfahren. Allerdings gibt es eine Möglichkeit, Eve daran zu hindern, Alices E-Mails zu lesen, nämlich die Verschlüsselung.

Mehr als hundert Millionen E-Mails jagen täglich rund um die Erde, und sie alle können abgefangen werden. Die Digitaltechnik hat der Kommunikation zwar Beine gemacht, doch liefert sie zugleich die Möglichkeit, elektronische Mitteilungen zu überwachen. Zimmermann ist der Überzeugung, daß die Kryptographen die Pflicht haben, sich für den breiten Gebrauch der Verschlüsselung einzusetzen und damit die Privatsphäre der Bürger zu schützen:

> Eine künftige Regierung könnte eine technische Infrastruktur erben, die für Überwachungszwecke bestens geeignet ist. Sie kann dann die Bewegungen der politischen Gegner, jede finanzielle Transaktion, jede Kommunikation, jede einzelne E-Mail, jedes Telefongespräch überwachen. Alle Mitteilungen könnten gefiltert und gescannt und mit Stimmerkennungsverfahren automatisch zugeordnet und protokolliert werden. Es ist an der Zeit, daß die Kryptographie aus dem Schatten der Geheimdienste und des Militärs ins Sonnenlicht tritt und von uns allen genutzt wird.

Als RSA 1977 erfunden wurde, bot es theoretisch die Möglichkeit, den Großen Bruder in die Schranken zu weisen. Denn nun konnten die Bürger ihre eigenen öffentlichen und privaten Schlüssel erzeugen und damit vollkommen sichere Mitteilungen versenden und empfangen. In der Praxis jedoch gab es ein schwerwiegendes Problem, denn eine RSA-Verschlüsselung benötigte im Vergleich zu symmetrischen Verfahren wie DES sehr viel leistungsfähigere Computer. In den achtziger Jahren besaßen allerdings nur die Regierung, das Militär und große Unternehmen solche Computer, auf denen RSA lief. Es überrascht nicht, daß RSA Data Security, das zur Vermarktung von RSA gegründete Unternehmen, seine Verschlüsselungssoftware ausschließlich für diese Zielgruppen entwickelte.

Dagegen glaubte Zimmermann, jeder Mann und jede Frau

habe das Recht auf Privatsphäre, und diese werde durch RSA geschützt. Von nun an steckte er seine politischen Energien in die Entwicklung einer RSA-Verschlüsselungssoftware für die breite Öffentlichkeit. Als Computerfachmann wollte er ein Produkt entwickeln, das vor allem wirtschaftlich und schnell arbeitete und die Leistungsfähigkeit eines durchschnittlichen PCs nicht überforderte. Seine Version von RSA sollte zudem eine besonders anwenderfreundliche Programmoberfläche erhalten, so daß die Nutzer keine Experten sein mußten, um damit zu arbeiten. Er taufte sein Projekt Pretty Good Privacy, kurz PGP. Zu dieser Namensgebung inspiriert hatte ihn Ralph's Pretty Good Groceries, Sponsor für den *Prairie Home Companion,* eine Radioshow von Garrison Keillor, die Zimmermann gerne hörte.

In den späten achtziger Jahren baute Zimmermann zu Hause in Boulder, Colorado, seine Verschlüsselungssoftware Stück für Stück zusammen. Sein Hauptziel war, die RSA-Verschlüsselung zu beschleunigen. Wenn Alice mittels RSA eine Nachricht an Bob verschlüsseln will, dann sucht sie normalerweise seinen öffentlichen Schlüssel heraus und wendet dann die Einwegfunktion von RSA auf den Text an. Bob wiederum entschlüsselt den Geheimtext, indem er seinen privaten Schlüssel benutzt, um die Einwegfunktion umzukehren. Beide Vorgänge erfordern beträchtlichen mathematischen Aufwand und können, wenn die Nachricht lang genug ist, auf einem PC mehrere Minuten dauern. Wenn Alice hundert Mitteilungen am Tag verschickt, kann sie es sich nicht leisten, bei jeder Verschlüsselung ein paar Minuten zu warten. Zimmermann fand eine pfiffige Methode, um Ver- und Entschlüsselung zu beschleunigen. Er verwendete die asymmetrische RSA-Verschlüsselung zusammen mit dem althergebrachten symmetrischen Verfahren. Dieses kann genauso sicher sein wie die asymmetrische Verschlüsselung und läßt sich viel schneller ausführen, doch muß der Schlüssel verteilt, also auf sicherem Wege vom Sender zum Empfänger gebracht werden. Hier bietet sich RSA als Verfahren an, den symmetrischen Schlüssel zu chiffrieren.

Zimmermann stellte sich folgende Situation vor. Wenn Alice Bob eine verschlüsselte Nachricht senden will, chiffriert sie diese zunächst mit einem symmetrischen Verfahren. Zimmermamm schlug ein Verfahren namens IDEA vor, das mit DES zu vergleichen ist. Um mit IDEA zu chiffrieren, muß Alice einen Schlüssel wählen, doch damit Bob die Nachricht entschlüsseln kann, muß sie den Schlüssel irgendwie an Bob übermitteln. Alice löst dieses Problem, indem sie sich Bobs öffentlichen RSA-Schlüssel heraussucht und ihn dann benutzt, um den IDEA-Schlüssel zu verschlüsseln. Alice schickt also zweierlei an Bob: die mit dem symmetrischen IDEA-Verfahren chiffrierte Nachricht und den IDEA-Schlüssel, der mit dem asymmetrischen RSA-Verfahren chiffriert wurde. Auf der Empfängerseite entschlüsselt Bob den IDEA-Schlüssel mit seinem privaten RSA-Schlüssel, dann benutzt er den IDEA-Schlüssel, um die eigentliche Nachricht zu entschlüsseln. Das mag kompliziert erscheinen, hat jedoch den Vorteil, daß die Nachricht, die womöglich sehr umfangreich ist, mit einem schnellen symmetrischen Verfahren verschlüsselt wird und nur der symmetrische IDEA-Schlüssel, der vergleichsweise wenig Information enthält, mit dem langsamen asymmetrischen Verfahren chiffriert wird. Zimmermann wollte diese Verbindung aus RSA und IDEA in seine PGP-Software packen, sie jedoch mit einer anwenderfreundlichen Oberfläche ausstatten, die es dem Nutzer ersparen würde, sich mit den Einzelheiten zu befassen.

Im Sommer 1991 war Zimmermann auf dem besten Weg, PGP den letzten Schliff zu verpassen. Es gab da nur noch ein Problem: den Gesetzentwurf zur Verbrechensbekämpfung, der 1991 im amerikanischen Senat verhandelt wurde und folgende Klausel enthielt: »Der Kongreß hält es für erforderlich, daß die Anbieter elektronischer Kommunikationsdienste und die Hersteller elektronischer Kommunikationsgeräte garantieren, ihre Kommunikationssysteme so auszustatten, daß die Klartextinhalte von Telefongesprächen, Datenübertragungen und anderen Mitteilungen den staatlichen Behörden zur Verfügung gestellt werden können, sofern hierzu eine gesetzliche Erlaubnis vorliegt.« Die Senatoren befürchteten, neue Entwicklungen in der Digitaltechnik, etwa die Mobiltelefone, könnten die Abhörmöglichkeiten der Gesetzeshüter deutlich beschränken. Allerdings sollte die Industrie mit diesem Gesetz nicht nur gezwungen werden, Abhörmöglichkeiten zu gewährleisten, es schien auch alle sicheren Verschlüsselungstechniken in Frage zu stellen.

Eine gemeinsame Kampagne von RSA Data Security, von Unternehmen der Kommunikationselektronik und von Bürgerrechtsgruppen erzwang die Streichung dieser Klausel, doch offenbar hatte man es nur mit einem vorübergehenden Rückzug zu tun. Zimmermann fürchtete, die Regierung werde früher oder später erneut versuchen, Verschlüsselungsverfahren wie PGP gesetzlich zu verbieten. Bislang hatte er PGP am Markt verkaufen wollen, doch jetzt besann er sich anders. Statt abzuwarten und ein staatliches Verbot seiner Software zu riskieren, erschien es ihm besser, sie jedermann verfügbar zu machen, bevor es zu spät war. Im Juni 1991 wagte er den entscheidenden Schritt und bat einen Freund, PGP auf einem Bulletin Board im Usenet auszuhängen. PGP ist nichts weiter als ein Stück Software, und alle Nutzer konnten sie von diesem elektronischen Schwarzen Brett kostenlos herunterladen. PGP war auf die Reise durchs Internet gegangen.

Zunächst erregte PGP nur bei jenen Aufsehen, die sich schon länger mit Kryptographie befaßt hatten. Es dauerte einige Zeit, dann luden auch andere Internet-Nutzer die Software herunter. Computer-Zeitschriften brachten erst kurze Berichte, dann groß aufgemachte Artikel über das Phänomen PGP. Ganz allmählich drang PGP in die entferntesten Winkel der Netzgemeinde vor. In vielen Ländern nutzten beispielsweise Menschenrechtsgruppen PGP, um ihre Dokumente zu verschlüsseln, damit sie nicht in die Hände der Regimes fielen, die sie anklagten. Zimmermann erhielt jetzt E-Mails mit Lobeshymnen auf sein Geschöpf. »In Burma gibt es Widerstandsgruppen, die es in ihren Trainingslagern im Dschungel verwenden«, berichtet er. »Sie sagen, es stützte die Moral, denn vor PGP hatten die abgefangenen Dokumente Verhaftungen, Folter und die Hinrichtung ganzer Familien zur Folge.« Im Oktober 1993, am Tag, als Boris Jelzin das lettische Parlamentsgebäude beschießen ließ, erhielt Zimmermann die folgende E-Mail aus Lettland: »Phil, ich möchte, daß Sie wissen: Möge es nie geschehen, aber wenn Rußland eine Diktatur wird, dann gibt es ihr PGP von der Ostsee bis in den Fernen Osten, und im Notfall wird es den demokratischen Menschen helfen. Danke.«

Während Zimmermann begeisterte Anhänger auf der ganzen Welt gewann, wurde er zu Hause in den USA zur Zielscheibe der Kritik. Im Februar 1993 bekam er Besuch von zwei Ermittlern. Nach anfänglichen Fragen zum Vorwurf des Patentmißbrauchs gingen sie zu der schwerwiegenderen Anschuldigung über: Zimmermann habe illegal eine Waffe exportiert. Weil die amerikanische Regierung auch Verschlüsselungs-Software zu den Rüstungsgütern zählte – neben Raketen, Granatwerfern und Maschinengewehren –, durfte PGP nicht ohne eine Genehmigung des Außenministeriums exportiert werden. Mit anderen Worten, Zimmermann sah sich beschuldigt, ein Waffenhändler zu sein, weil er PGP über das Internet exportiert habe. Während der nächsten drei Jahre lief ein Verfahren zur Anklageerhebung gegen Zimmermann, und das FBI setzte sich auf seine Fährte.

Die Untersuchung in Sachen Phil Zimmermann und PGP entfesselte eine Debatte über Nutzen und Nachteil der Verschlüsselung im Informationszeitalter. Die Verbreitung von PGP veranlaßte Krypto-Experten, Politiker, Bürgerrechtler und Ermittlungsbehörden, über die Folgen eines weitverbreiteten Gebrauchs der Verschlüsselung nachzudenken. Auf der einen Seite standen Leute wie Zimmermann, die darin einen gesellschaftlichen Nutzen sahen, weil die Bürger auch im Bereich der elektronischen Kommunikation ihre Privatsphäre schützen konnten. Auf der anderen Seite standen jene, die glaubten, Verschlüsselung sei eine Gefahr für die Gesellschaft, weil Kriminelle und Terroristen in der Lage sein würden, geschützt vor Lauschaktionen der Ermittler, geheime Mitteilungen auszutauschen.

Die Strafverfolger behaupten, nur mit effizienten Abhöraktionen seien Recht und Ordnung aufrechtzuerhalten, deshalb solle der Einsatz von Chiffrierverfahren beschränkt werden. Bereits jetzt kann man auf Fälle verweisen, in denen Kriminelle starke Verschlüsselungsverfahren eingesetzt haben. Einem deutschen Rechtsexperten zufolge werden »heiße Geschäfte wie Waffen- und Drogenhandel nicht mehr per Telefon erledigt, sondern in verschlüsselter Form über die weltweiten Datennetze«. Ein Sprecher des Weißen Hauses verwies auf eine ähnlich beunruhigende Entwicklung für Amerika, wo die »Mitglieder des organisierten Verbrechens im Besitz einiger der technisch fortgeschrittensten Computer und starker Verschlüsselungsverfahren sind«. Das kolumbianische Cali-Kartell beispielsweise organisiert seine Drogengeschäfte mit Hilfe verschlüsselter Absprachen. Die Ermittler befürchten, daß das Internet, gepaart mit der Kryptographie, den Kriminellen helfen wird, ihre Machenschaften gegenseitig abzustimmen.

Kriminelle und Terroristen verschlüsseln nicht nur ihre Mitteilungen, sondern auch ihre Pläne und Aufzeichnungen, und erschweren dadurch die Beweissicherung. Die Aum-Sekte, verantwortlich für die Giftgasanschläge von 1995 in der Tokioter U-Bahn, hatte erwiesenermaßen manche ihrer Unterlagen mit RSA verschlüsselt. Ramsey Yousef, ein am Bombenanschlag auf das World Trade Center beteiligter Terrorist, hatte Pläne für künftige terroristische Gewalttaten verschlüsselt in seinem Laptop gespeichert. Neben dem internationalen Terrorismus profitieren auch durchschnittliche Kriminelle von der Verschlüsselung. Ein illegales Glücksspiel-Syndikat in den USA beispielsweise hat jahrelang seine Buchführung verschlüsselt. Eine 1997 von einer amerikanischen Behörde zur Bekämpfung des organisierten Verbrechens in Auftrag gegebene Untersuchung hat den Autoren Dorothy Denning und William Baug zufolge ergeben, daß es im genannten Jahr weltweit etwa fünfhundert Kriminalfälle gab, bei denen Verschlüsselung eine Rolle gespielt hat, und diese Zahl werde sich vermutlich jährlich verdoppeln.

Neben der Verbrechensbekämpfung sind auch Fragen der nationalen Sicherheit betroffen. Die amerikanische National Security Agency sammelt Informationen über die Gegner der USA und belauscht zu diesem Zweck deren Nachrichtenverkehr. Die NSA betreibt ein weltweites Netz von Horchposten in Zusammenarbeit mit England, Australien, Kanada und Neuseeland, die ebenfalls Informationen sammeln und sie untereinander teilen. Zu diesem Netz gehören Einrichtungen wie die Menwith Hill Signals Intelligence Base in Yorkshire, die weltgrößte Spionagestation. Menwith Hill arbeitet unter anderem mit dem Echelon-System, das in der Lage ist, E-Mails, Faxe, Telexe und Telefongespräche auf bestimmte Stichwörter hin zu überprüfen. Echelon arbeitet mit einem Verzeichnis verdächtiger Wörter, etwa »Hisbollah«, »Attentäter« und »Clinton«, und das System ist schnell genug, um diese Wörter in Echtzeit zu erkennen. Echelon kann verdächtige Mitteilungen zur weiteren Überprüfung markieren und auf diese Weise den Nachrichtenverkehr bestimmter politischer Gruppen oder terroristischer Organisationen überwachen. Allerdings wäre Echelon praktisch wertlos, wenn alle Mitteilungen stark verschlüsselt wären. Sämtlichen an Echelon beteiligten Ländern würden dann wertvolle Informationen über politische Verschwörungen und terroristische Anschläge entgehen.

Auf der anderen Seite der Debatte stehen die Bürgerrechtler, darunter Gruppen wie das amerikanische Zentrum für Demokratie und Technologie und die Electronic Frontier Foundation. Die Befürworter der Verschlüsselung stützten sich auf die Überzeugung, daß es ein elementares Menschenrecht auf Privatsphäre gibt, wie es in Artikel 12 der Allgemeinen Erklärung der Menschenrechte festgehalten ist: »Niemand darf willkürlichen Eingriffen in sein Privatleben, seine Familie, sein Heim oder seinen Briefwechsel noch Angriffen auf seine Ehre und seinen Ruf ausgesetzt werden. Jeder Mensch hat Anspruch auf rechtlichen Schutz gegen derartige Eingriffe oder Anschläge.«

Die Bürgerrechtler argumentieren, daß der breite Gebrauch von Verschlüsselungstechniken für die Gewährleistung des Rechts auf Privatsphäre unerläßlich ist. Ansonsten, so fürchten sie, werde mit der Digitaltechnik, die die Überwachung stark erleichtere, auch eine Ära eingeläutet, in der das Abhören und der unweigerlich daraus folgende Mißbrauch von Daten gang und gäbe seien. In der Vergangenheit finden sich genug Beispiele dafür, daß Regierungen ihre Macht eingesetzt haben, unbescholtene Bürger abzuhören.

Einer der bekanntesten Fälle ungerechtfertigter Lauschangriffe betraf Martin Luther King, dessen Telefongespräche mehrere Jahre lang abgehört wurden. Im Jahr 1963 zum Beispiel erhielt das FBI über eine angezapfte Leitung Informationen über King und gab sie an Senator James Eastland weiter, um ihn im Bürgerrechtsstreit gegen King zu unterstützen. Doch das FBI sammelte auch unterschiedslos Informationen über Kings Privatleben, mit denen er in Mißkredit gebracht werden sollte. Bänder mit anzüglichen Gesprächen Kings wurden an seine Frau geschickt und vor Präsident Johnson abgespielt. Später, nachdem King den Friedensnobelpreis erhalten hatte, wurden vermeintlich peinliche Details über Kings Privatleben an jede Organisation weitergereicht, die beabsichtigte, ihn zu ehren.

Das internationale Echelon-Programm stellt vielleicht den größten Übergriff auf das Privatleben der Bürger dar. Die Echelon-Betreiber müssen ihre Angriffe nicht rechtfertigen und beschränken sich nicht auf bestimmte Personen. Die Abhöranlagen für den Satellitenfunk sammeln vielmehr unterschiedslos Informationen. Wenn Alice eine harmlose Mitteilung an Bob über den Atlantik schickt und die Nachricht zufällig ein paar Wörter enthält, die im Echelon-Verzeichnis auftauchen, wird sie zur weiteren Prüfung ausgesondert, zusammen mit Mitteilungen extremistischer politischer Gruppen und terroristischer Banden. Während die Strafverfolger darauf dringen, die Verschlüsselung zu verbieten, weil sie Echelon wertlos machen würde, behaupten die Bürgerrechtler, die Verschlüsselung sei notwendig, eben weil sie Echelon wertlos mache.

Ron Rivest, einer der Erfinder von RSA, ist der Auffassung, daß die Beschränkung des Gebrauchs der Kryptographie ein Eigentor wäre:

> Es ist schlechte Politik, eine bestimmte Technik unterschiedslos zu verdammen, nur weil ein paar Kriminelle vielleicht in der Lage sind, sie zu ihrem Vorteil auszunutzen. So kann jeder amerikanische Bürger ohne weiteres ein Paar Handschuhe kaufen, obwohl ein Einbrecher damit ein Haus ausräumen könnte, ohne Fingerabdrücke zu hinterlassen. Die Kryptographie ist eine Datenschutztechnik, und Handschuhe sind eine Handschutztechnik. Die Kryptographie schützt Daten vor Hackern, vor Betriebsspionage und Betrugskünstlern, während Handschuhe die Hände vor Schnitten, Kratzern, Hitze, Kälte und Infektionen schützen. Mit dem einen kann man sich vor Abhöraktionen des FBI schützen, mit dem andern kann man die Fingerabdruck-Auswertung durch das FBI verhindern. Kryptographie und Handschuhe sind spottbillig und überall zu haben. Tatsächlich kann man gute Kryptographie-Software aus dem Internet herunterladen und bezahlt dafür weniger als für ein gutes Paar Handschuhe.

Die wohl stärksten Verbündeten der Bürgerrechtler sind die großen Unternehmen. Der Internet-Handel steckt immer noch in den Kinderschuhen, doch die Umsätze wachsen schnell, wobei die Anbieter von Büchern, Musik-CDs und Software die Speerspitze bilden, mit Supermärkten, Reiseunternehmen und anderen Anbietern im Gefolge. Im Jahr 1998 haben eine Million Briten über das Internet Waren im Wert von 400 Millionen Pfund gekauft, eine Zahl, die sich 1999 vervierfacht haben dürfte. In nur wenigen Jahren könnte der Internet-Handel den Markt beherrschen, doch nur, wenn die Unternehmen Sicherheit und Vertraulichkeit gewährleisten können. Ein Unternehmen muß in der Lage sein, die Vertraulichkeit finanzieller Transaktionen zu garantieren, und das geht nur mit Hilfe starker Verschlüsselung.

Gegenwärtig kann ein Kauf per Internet mit Public-Key-Kryptographie abgesichert werden. Alice besucht die Webseite eines Unternehmens und wählt eine Ware. Dann füllt sie ein Bestellformular aus, mit Name, Adresse und Angaben zur Kreditkarte. Schließlich nutzt sie den öffentlichen Schlüssel des Unternehmens, um das Bestellformular zu chiffrieren. Die verschlüsselte Bestellung wird der Firma übermittelt, die sie als einzige entschlüsseln kann, denn nur sie hat den privaten Schlüssel. All dies erledigt Alices Browser (z. B. Netscape oder Explorer) automatisch in Zusammenarbeit mit dem Firmencomputer.

Die Wirtschaft braucht die starke Verschlüsselung auch aus einem anderen Grund. Unternehmen speichern riesige Mengen an Informationen in Datenbanken, etwa Produktbeschreibungen, Kundendaten und ihre gesamte Buchhaltung. Natürlich sollen diese Informationen vor Hackern geschützt werden, die in den Computer eindringen könnten. Dazu dient die Verschlüsselung gespeicherter Informationen, zu denen nur Mitarbeiter mit Dechiffrier-Schlüssel Zugang haben.

Fassen wir zusammen. Der Streit tobt zwischen zwei Lagern: Bürgerrechtler und Unternehmen sind für die starke Verschlüsselung, während die Strafverfolger für drastische Einschränkungen plädieren. Doch schon seit geraumer Zeit deutet sich eine dritte Möglichkeit an, die vielleicht einen Kompromiß bietet. Seit etwa zehn Jahren diskutieren Kryptographen und Politiker die Vor- und Nachteile des Konzepts der *Schlüsselhinterlegung*. Dabei denkt man zuerst an ein Geschäft, bei dem die eine Partei Geld bei einer dritten Partei hinterlegt, die den Betrag unter bestimmten Bedingungen einer zweiten Partei aushändigen kann. Ein Mieter beispielsweise kann bei einem Notar einen Betrag hinterlegen, den er im Falle eines Schadens an der Wohnung dem Vermieter aushändigen kann. In der Kryptographie bedeutet dies, daß Alice eine Kopie ihres geheimen privaten Schlüssels einem Schlüsseltreuhänder überläßt, einer unabhängigen, zuverlässigen Instanz, die mit der Vollmacht ausgestattet ist, den Schlüssel der Polizei zu übergeben, wenn es genügend Verdachtsmomente dafür gibt, daß Alice an einem Verbrechen beteiligt war.

Der bekannteste Großversuch in dieser Richtung war der 1994 verabschiedete American Escrowed Encryption Standard. Das Ziel war die Verbreitung zweier Chiffriersysteme namens *Clipper* und *Capstone* für die Telefon- bzw. Computerkommunikation. Um die Clipper-Verschlüsselung einzusetzen, muß sich Alice ein Telefon mit eingebautem Chip kaufen, der ihren geheimen privaten Schlüssel enthält. In dem Augenblick, da sie ein Clipper-Telefon kauft, wird eine Kopie des privaten Schlüssels im Chip zweigeteilt, dann wird jeweils eine Hälfte an zwei Bundesbehörden zur Aufbewahrung geschickt. Die amerikanische Regierung behauptet, Alice könne ihre Mitteilungen von nun an sicher verschlüsseln, und ihre Privatsphäre würde nur verletzt, wenn die Polizei die beiden Bundesbehörden davon überzeugen könne, daß es gute Gründe für die Aushändigung ihres hinterlegten privaten Schlüssels gebe.

Der Staat setzte Clipper und Capstone für den eigenen Nachrichtenverkehr ein und machte den Standard für Unternehmen anwendungspflichtig, die Regierungsaufträge erhalten wollten. Andere Unternehmen und Privatpersonen konnten weiterhin frei verschlüsseln, doch die Regierung hoffte, Clipper und Capstone würden allmählich zur bevorzugten Verschlüsselungstechnik im Land werden. Allerdings scheiterte diese Strategie. Der Gedanke der Schlüsselhinterlegung fand außerhalb der staatlichen Behörden wenig Anhänger. Die Bürgerrechtler konnten sich nicht mit dem Gedanken anfreunden, daß Bundesbehörden im Besitz der Schlüssel aller Privatleute sein sollten. Sie zogen einen Vergleich mit Haustürschlüsseln und fragten, was die Leute davon halten würden, wenn die Regierung Schlüssel für alle Häuser besäße. Kryptologen wiesen darauf hin, daß ein einziger korrupter Mitarbeiter, der die Schlüssel an den höchsten Bieter verkauft, das ganze System untergraben würde. Unternehmen wiederum zweifelten an der Vertraulichkeit des Verfahrens. Ein europäisches Unternehmen in den USA beispielsweise müßte befürchten, seine Mitteilungen könnten von amerikanischen Einfuhrbehörden abgefangen werden, um den amerikanischen Rivalen einen Wettbewerbsvorteil zu verschaffen.

Zwar hat die amerikanische Regierung zunächst einen Rückzieher gemacht, doch viele vermuten, daß sie eines nahen Tages versuchen wird, eine andere Form der Schlüsseltreuhänderschaft einzuführen. Nachdem es auf freiwilliger Basis nicht gelungen ist, könnten Regierungen sogar versucht sein, ein solches Verfahren zur Pflicht zu machen. Unterdessen kämpft die Verschlüsselungs-Lobby weiter gegen die Schlüsselhinterlegung. Der Technikjournalist Kenneth Neil Cukier schreibt dazu: »Die Leute, die sich an der Krypto-Debatte beteiligen, sind intelligent, ehrenwert und für die Schlüsselhinterlegung, doch keiner vereint mehr als zwei dieser Vorzüge auf sich.«

Es gibt verschiedene andere Möglichkeiten, für die sich der Gesetzgeber entscheiden könnte, um die Positionen von Bürgerrechtlern, Unternehmen und Strafverfolgern unter einen Hut zu bringen. Was sich schließlich durchsetzen wird, ist völlig offen, eine klare Kontur der Kryptographie-Politik zeichnet sich gegenwärtig noch nicht ab. Bis zum Erscheinen dieses Buches wird es noch viel Irrungen und Wirrungen in der Kryptographiedebatte geben.

Niemand kann voraussagen, wie die Kryptographiepolitik in zehn Jahren aussieht. Ich vermute jedoch, daß die Befürworter der Verschlüsselung den Streit in naher Zukunft zunächst für sich entscheiden werden, vor allem, weil sich kein Land Kryptographie-Gesetze wird leisten wollen, die den elektronischen Handel blockieren. Wenn sich diese Politik jedoch als Fehlschlag erweist, ist es immer noch möglich, die Gesetze wieder aufzuheben. Wenn es zu einer Reihe terroristischer Greueltaten käme und die Strafverfolger zeigen könnten, daß sie durch Abhöraktionen hätten verhindert werden können, dann würden die Regierungen rasch Zustimmung für eine gesetzliche Pflicht zur Schlüsselhinterlegung gewinnen. Alle Anwender starker Verschlüsselung wären dann gezwungen, ihre Schlüssel bei einem Treuhänder zu hinterlegen, und in der Folgezeit würde jeder, der eine verschlüsselte Mitteilung mit einem nicht hinterlegten Schlüssel verschickt, eine Straftat begehen. Bei entsprechend scharfer Strafandrohung könnten die Ermittlungsbehörden schließlich die Oberhand gewinnen. Später dann, wenn Regierungen beginnen sollten, das mit der Schlüsseltreuhänderschaft einhergehende Vertrauen zu mißbrauchen, könnte die Öffentlichkeit erneut eine kryptographische Liberalisierung verlangen, und das Pendel würde zurückschwingen. Kurz, es gibt keinen Grund, warum sich die Kryptographiepolitik nicht dem wirtschaftlichen und gesellschaftlichen Klima anpassen sollte. Entscheidend wird sein, wen die Öffentlichkeit am meisten fürchtet – die Kriminellen oder die Regierung.

Die Zukunft der Kryptographie

1996, nach dreijähriger Ermittlung, stellte die amerikanische Bundesanwaltschaft das Verfahren gegen Phil Zimmermann ein. Dem FBI war klar, daß es ohnehin zu spät war – PGP war durchs Internet entwischt, und Zimmermann strafrechtlich zu belangen würde daran nichts ändern. Außerdem hatte Zimmermann den Rückhalt wichtiger Institutionen, namentlich der MIT-Press, die PGP in einem sechshundertseitigen Buch veröffentlicht hatte. Das Buch wurde auf der ganzen Welt vertrieben, eine Anklage gegen Zimmermann hätte also einen Prozeß gegen MIT-Press nach sich gezogen. Das FBI zögerte außerdem, den Fall weiterzuverfolgen, weil Zimmermann gute Chancen auf einen Freispruch hatte. Würde man weiter auf eine Anklage drängen, handelte man sich vermutlich nichts weiter ein als eine für das FBI peinliche Verfassungsdebatte zum Recht auf Privatsphäre und würde ausgerechnet dazu beitragen, daß noch mehr Bürger sich für die Verschlüsselung ihrer Mitteilungen entschieden.

Endlich war PGP ein legales Produkt, und Zimmermann war ein freier Mann. Die Untersuchung hatte aus ihm einen Kreuzzügler für die Kryptographie gemacht, und jeder Marketing-Chef muß ihn um die Bekanntheit und die kostenlose Medienpräsenz beneidet haben, die der Fall dem Produkt PGP verschaffte. Ende 1997 verkaufte Zimmermann PGP an Network Associates und wurde zugleich Unternehmensteilhaber. Zwar wird PGP inzwischen an die Industrie verkauft, doch es steht weiterhin allen frei zur Verfügung, die es nicht für kommerzielle Zwecke nutzen wollen. Mit anderen Worten, wer nur sein Recht auf Privatsphäre schützen will, kann PGP immer noch kostenlos aus dem Internet herunterladen.

Wer PGP nutzen will, findet die Software auf vielen Seiten im Internet. Die wohl zuverlässigste Quelle ist http://www.pgpi.com/, die internationale PGP-Homepage, von der die amerikanische und internationale Version von PGP heruntergeladen werden kann. Ich möchte an dieser Stelle betonen, daß dabei die Verantwortung allein bei den Nutzern liegt – wenn sie sich entscheiden, PGP zu installieren, müssen sie prüfen, ob es auf ihrem Computer lauffähig ist, ob die Software virenfrei ist und so weiter. Sie sollten auch prüfen, ob sie in einem Land leben, das den Gebrauch starker Chiffrierung erlaubt.

Ich erinnere mich noch lebhaft an jenen Sonntag nachmittag, an dem ich zum ersten Mal eine Kopie der PGP-Software aus dem Internet heruntergeladen habe. Seit diesem Tag kann ich darauf vertrauen, daß meine E-Mails nicht mitgelesen werden, weil ich vertrauliche Mitteilungen für Alice, Bob und alle andern, die PGP besitzen, verschlüsseln kann. Mein Laptop und seine PGP-Software bieten mir eine Datensicherheit, der auch mit den vereinten Kräften aller Codeknackerdienste der Welt nicht beizukommen ist.

Mit der Public-Key-Kryptographie und der politischen Debatte um die starke Kryptographie sind wir in der Gegenwart angelangt, und nun sieht es so aus, als würden die Kryptographen den Informationskrieg gewinnen. Phil Zimmermann zufolge leben wir in einem Goldenen Zeitalter: »In der modernen Kryptographie lassen sich Chiffren herstellen, die tatsächlich weit jenseits der Reichweite aller Verfahren der Kryptoanalyse sind. Und ich glaube, das wird so bleiben.« William Crowell, stellvertretender NASA-Direktor, pflichtet ihm bei: »Wenn alle PCs der Welt – annähernd 200 Millionen Computer – auf eine PGP-verschlüsselte Mitteilung angesetzt würden, würde es etwa 12 Millionen mal länger dauern, als das Universum alt ist, um diese eine Mitteilung zu knacken.«

Die Erfahrung zeigt jedoch, daß noch jede vermeintlich narrensichere Verschlüsselung früher oder später der Kryptoanalyse zum Opfer gefallen ist. Die Vigenère-Chiffre wurde »le chiffre indéchiffrable« genannt, doch Babbage hat sie geknackt; Enigma hielt man für uneinnehmbar, bis die Polen ihre Schwächen aufdeckten. Stehen die Kryptoanalytiker also vor einem neuen Durchbruch, oder hat Zimmermann recht? Künftige

Entwicklungen einer bestimmten Technik vorherzusagen ist immer schwierig, besonders waghalsig ist dies jedoch, wenn es um Chiffrierverfahren geht. Wir müssen nicht nur Vermutungen über künftige Entwicklungen anstellen, sondern auch rätseln, welche Entwicklungen bereits gelungen sind. Die Geschichte von James Ellis und des GCHQ lehrt uns, daß es hinter dem Schleier staatlich verordneter Geheimhaltung schon heute verblüffende Entwicklungen gibt.

Es gibt bereits Hoffnungen auf eine sichere Verschlüsselung, falls RSA eines Tages geknackt werden sollte. Im Jahr 1984 entwickelte Charles Bennett, ein Forscher an den Thomas J. Watson Laboratories von IBM in New York, die Idee der Quantenkryptographie, eines Verschlüsselungssystems, das endgültig nicht mehr zu brechen ist. Die Quantenkryptographie beruht auf der Quantenphysik, die erklärt, wie das Universum auf der

Abbildung 51: Charles Bennett.

elementarsten Ebene funktioniert. Bennetts Idee fußt auf einem Grundsatz der Quantenphysik, dem Heisenbergschen Unschärfeprinzip, wonach es unmöglich ist, etwas mit vollkommener Genauigkeit zu messen, weil der Vorgang des Messens selber das gemessene Objekt verändert.

Um beispielsweise die Länge meiner Hand zu messen, muß ich sie sehen können, daher brauche ich eine Lichtquelle, ob nun die Sonne oder eine Glühbirne. Die Lichtwellen treffen auf meine Hand, werden reflektiert und treffen auf meine Augen. Zunächst einmal begrenzt die Wellenlänge des Lichts die Genauigkeit der Längenmessung. Überdies verändert der Aufprall der Lichtwellen tatsächlich auch meine Hand, ebenso wie Meereswellen, die gegen eine Klippe plätschern. Wie die Wasserwellen haben auch die Lichtwellen nur minimale Wirkung, die von einem Tag zum andern überhaupt nicht feststellbar ist. Desgleichen sind einem Ingenieur, der versucht, einen Metallbolzen mit hoher Präzision zu vermessen, zunächst einmal durch die Qualität des Meßgerätes Grenzen gesetzt, lange bevor er auf die vom Unschärfeprinzip postulierten Grenzen trifft. Auf mikroskopischer Ebene ist das Unschärfeprinzip jedoch ein ernstes Problem. Bei den Größenverhältnissen von Protonen und Elektronen können Meßungenauigkeiten so groß werden wie die gemessenen Objekte selber, und die Wirkung des Lichts kann die winzigen Teilchen, die beobachtet werden, beträchtlich verändern.

Bennett hatte nun die Idee, mit Hilfe von Elementarteilchen Nachrichten zu verschicken. Sollte Eve versuchen, sie abzufangen oder zu messen, würde sie die winzigen Teilchen falsch messen und gleichzeitig auch verändern. Kurz, für Eve wäre es in diesem Fall unmöglich, eine Nachricht originalgetreu abzufangen, und selbst wenn sie dies auch nur versuchte,, würde ihr Einfluß auf die Kommunikation für Alice und Bob offensichtlich werden: Sie wüßten dann, daß Eve mithört, und würden ihre Verbindung abbrechen.

Viele werden nun folgende Frage stellen: Wenn Alice an Bob

eine quantenkryptographische Botschaft schickt und Eve sie wegen des Unschärfeprinzips nicht lesen kann, wie sollte dann Bob sie lesen können? Wird nicht auch er vom Unschärfeprinzip daran gehindert? Die Lösung besteht darin, daß Bob eine Nachricht an Alice schicken muß, um zu bestätigen, was er empfangen hat. Weil Alice weiß, was sie ursprünglich an Bob geschickt hat, kann sie anhand dieser Rückmeldung schließlich jegliche Mehrdeutigkeit zwischen sich und Bob ausräumen, während Eve weiterhin außen vor bleibt. Am Ende dieses mehrfachen Austauschs können sich Alice und Bob über eine vollkommen sichere Nachrichtenverbindung freuen.

Allein schon die Idee einer Quantenkryptographie mutet ziemlich überspannt an, doch im Jahr 1988 konnte Bennett in einem erfolgreichen Experiment eine sichere Kommunikation zwischen zwei Computern über eine Entfernung von dreißig Zentimetern aufbauen. Nachrichtenverbindungen über lange Entfernungen sind schwieriger herzustellen, weil die Botschaft von einzelnen Teilchen überbracht wird, die desto eher gestört werden, je länger sie unterwegs sein müssen. Daher stehen die Forscher seit Bennetts Experiment vor der Herausforderung, ein quantenkryptographisches System zu bauen, das über brauchbare Entfernungen hinweg funktioniert. Universitäten, Firmen und Regierungsstellen, darunter Forschungsgruppen an der Universität Oxford, an der Defence Evaluation Agency in Malvern, am Los Alamos National Laboratory und bei der British Telecom schieben die Grenzen dieser Technik immer weiter hinaus. Im Jahr 1995 gelang es Forschern an der Universität Genf, eine quantenkryptographische Verbindung zwischen Genf und Nyon aufzubauen, über eine Entfernung von knapp 23 Kilometern.

Sicherheitsfachleute fragen sich inzwischen, wie lange es noch dauern wird, bis die Quantenkryptographie eine ausgereifte Technik für den Alltag ist. Gegenwärtig brächte deren Nutzung noch keinen Vorteil, weil das RSA-Verfahren bereits eine praktisch nicht zu knackende Verschlüsselung bietet. Sollte jedoch ein Codebrecher eine Schwachstelle in RSA finden, wäre es notwendig, die Quantenkryptographie einzuführen. Das Rennen hat also begonnen. Das Schweizer Experiment hat bereits gezeigt, daß es möglich wäre, eine System zu bauen, das den sicheren Datenverkehr zwischen den Finanzinstituten einer Stadt gewährleistet. Tatsächlich ist es heute schon möglich, eine quantenkryptographische Verbindung zwischen dem Weißen Haus und dem Pentagon zu bauen. Vielleicht gibt es sie sogar schon.

Die Quantenkryptographie würde den Kampf zwischen Verschlüßlern und Entschlüßlern beenden; die Verschlüßler würden den Sieg davontragen. Die Quantenkryptographie ist ein nicht mehr zu überwindendes Verschlüsselungssystem. Das mag übertrieben klingen, besonders im Licht ähnlicher Behauptungen in der Vergangenheit. Die Kryptographen haben zu verschiedenen Zeiten geglaubt, die monoalphabetische, die polyalphabetische oder die maschinelle Verschlüsselung wie beispielsweise Enigma wäre nicht zu brechen. Jedesmal wurden sie eines Besseren belehrt, weil ihre Behauptungen nur auf der Tatsache beruhten, daß die Komplexität der Chiffren den Erfindungsgeist und die technischen Möglichkeiten der Kryptoanalytiker zur fraglichen Zeit in den Schatten stellte. Rückblickend sehen wir, daß die Kryptoanalytiker immer wieder imstande waren, eine Verschlüsselung doch noch zu knacken oder eine Technik zu entwickeln, welche diese Aufgabe für sie erledigte.

Die Behauptung, die Quantenkryptographie sei absolut sicher, unterscheidet sich jedoch qualitativ von allen früheren Behauptungen. Die Quantenkryptographie ist nicht nur aus praktischen Gründen unschlagbar, sie ist absolut unschlagbar. Die Quantentheorie, die erfolgreichste Theorie in der Geschichte der Physik, behauptet, daß es für Eve unmöglich ist, den von Alice und Bob vereinbarten Einmalschlüssel, das One time pad, korrekt aufzuzeichnen. Eve kann nicht einmal den Versuch dazu unternehmen, ohne Alice und Bob auf sich aufmerksam zu machen. Sollte eine quantenkryptographisch geschützte Mitteilung tatsächlich eines Tages entschlüsselt werden, dann wäre die Quantentheorie falsch, was verheerende Folgen für die Physiker hätte; sie müßten ihr Verständnis der Gesetze des Universums auf tiefster Ebene umkrempeln.

Wenn quantenkryptographische Systeme hergestellt werden können, die über große Entfernungen funktionieren, wird die Evolution der Chiffren an ihr Ende gelangen. Das Verlangen nach Geheimhaltung wird erfüllt sein. Diese Technik wird den sicheren Nachrichtenverkehr für Staat, Militär, Wirtschaft und Öffentlichkeit gewährleisten. Offen bliebe einzig die Frage, ob der Staat uns erlauben würde, diese Technik zu verwenden.

Das kleine Kryptorätsel

Das kleine Kryptorätsel besteht aus vier verschlüsselten Texten. Hier könnt Ihr ausprobieren, was Ihr im Buch gelernt habt. Die Aufgaben werden zwar nach und nach schwieriger, dennoch ist es ratsam, einfach die nächste anzupacken, wenn Ihr bei einem Problem stecken bleibt. Die Lösungen sind übrigens nirgendwo nachzulesen, die Verschlüsselungen könnt Ihr also nur mit Grips und Ausdauer knacken. Wie Ihr bei der Auflösung der Kryptogramme vorgehen könnt, erfahrt Ihr im Buch. Viel Glück beim Codeknacken!

Rätsel 1: Caesar-Verschiebung (leicht)

LFK NDQQ QLFKW YRUKHUVDJHQ ZLH UXVVODQG KDQGHOQ
ZLUG HV LVW HLQ UDHWVHO XPKXHOOW YRQ HLQHP
JHKHLPQLV YHUVWHFNW LQ HLQHP HQLJPD
ZLQVWRQ FKXUFKLOO

Rätsel 2: Caesar-Verschiebung (schwieriger)

OXGB OBWB OBV
              CNEBNL VTXLTK

Rätsel 3: Monoalphabetische Substitutionsverschlüsselung

FVA ARVVWGP BENCR TRNZEVA OBC AOR TWRBFVN
SROVRBIRNB BW BGPIORZON IOR RB OPVRV DROU RZBCRV
LTFRGPCONRV FRDRZDTOGSRV ARZ MROGPRV RZBGPROVRV
UEN AORBR MROGPRV DOTARV AEB AFRZLCR LFRZ QRARZUEVV
TROGPC MF RZZECRV BROV ROVR NRPROUBGPZOLC AEB

275

PROBBC BOR RVCPETCRV ROVR UOCCROTFVN AWGP VEGP
ETTRU IEB HWV SOAA DRSEVVC OBC SWVVCR OGP EFGP IORARZ
VOGPC EVVRPURV AEBB RZ BOGP EFL DRBWVARZB
ZELLOVORZCR GPOLLZORZSFRVBCR HRZBCEVARV PEDR OGP
BRCMCR ETBW BWNTROGP HWZEFB AEBB AORBR GPOLLZR
MORUTOGP ROVLEGP BROV UFRBBR BW EVNRTRNC LZROTOGP
AEBB BOR ARV NZWDRV SWRXLRV ARZ UECZWBRV WPVR ARV
BGPTFRBBRT EDBWTFC FVTWRBDEZ HWZSWUURV UFBBCR
RANEZ ETTEV XWR ARZ NWTASERLRZ

Rätsel 4: Vigenère-Verschlüsselung

CZVYPKTRKHGHHWDBEKOAGYEW
FRLMGHNRVCPKXVHLRJCRUOAJP
BQPRQYQLARLHRLARQYFEORUIS
XYEIYUHCZVWUUCSWYAPCGGLRL
ARKYVPMPKLVINFHEEHNNHLRQQ
RQHRLHRJYUHCZQUPKLVFBGLHQ
HHOHMVWTQHLEHAVHLHQATHFN
QAGHQHUXRVCRGYAVYXUYGDYEH
HMXGRQNFFBYXYFVYYQARJYOHHA
LYZDHQGOEINRVCRVNBHLRQUOHL
FLYQXLSWYAGUFEORUINXWUQCP
KNIHLYDMFHHOHPBUMVHXRQNRA
NRQNFFBYXYFVYYWBNWNRQ

Weitere Kryptogramme finden sich im Internet unter
www.simonsingh.com/cryptograms.

Anhang A

Die einleitenden Sätze von Georges Perec, *Anton Voyls Fortgang*, übersetzt von Eugen Helmlé

Kardinal, Rabbi und Admiral, als Führungstrio null und nichtig und darum völlig abhängig vom Ami-Trust, tat durch Rundfunk und Plakatanschlag kund, daß Nahrungsnot und damit Tod aufs Volk zukommt. Zunächst tat man das als Falschinformation ab. Das ist Propagandagift, sagt man. Doch bald schon ward spürbar, was man ursprünglich nicht glaubt. Das Volk griff zu Stock und zu Dolch. »Gib uns das täglich Brot«, hallts durchs Land, und »pfui auf das Patronat, auf Ordnung, Macht und Staat«. Konspiration ward ganz normal, Komplott üblich. Nachts sah man kaum noch Uniform. Angst hält Soldat und Polizist im Haus. In Mâcon griff man das Administrationslokal an. In Rocamadour gabs Mundraub sogar am Tag: man fand dort Thunfisch, Milch und Schokobonbons im Kilopack, Waggons voll Mais, obwohl schon richtig faulig. Im Rathaus von Nancy sahs schlimm aus, fünfundzwanzig Mann schob man dort aufs Schafott, vom Amtsrat bis zum Stadtvorstand, und, ruckzuck, ab war ihr Kopf. Dann kam das Mittagsblatt dran, da allzu autoritätshörig. Antipropaganda warf man ihm vor und Opposition zum Volk, darum brannt das Ding bald licht und loh. Ringsum griff man Docks an, Bootshaus und Munitionsmagazin.

Französische Originalausgabe: *La Disparition*, © by Editions Denoël 1969. Deutsche Ausgabe 1986 © by Zweitausendeins, Frankfurt/M. Taschenbuchausgabe Reinbek 1991.

Anhang B
Eine kleine Anleitung zur Häufigkeitsanalyse

(1) Zählen Sie zunächst die Häufigkeit jedes Buchstabens im Geheimtext aus. Etwa sechs Buchstaben sollten eine Häufigkeit von weniger als 1 Prozent aufweisen, wahrscheinlich p, v, j, y, x und q. Einer der Buchstaben sollte mit einer Häufigkeit von etwa 17 Prozent auftreten und stellt dann sehr wahrscheinlich das e dar. Wenn dies nicht der Fall ist, überlegen Sie, ob es sich um einen nichtdeutschen Text handeln könnte. Sie können die Sprache ausfindig machen, indem Sie die Häufigkeitsverteilung im Geheimtext analysieren. Im Italienischen beispielsweise treten drei Buchstaben mit einer Häufigkeit von mehr als 10 Prozent auf, und neun Buchstaben haben eine Häufigkeit von weniger als 1 Prozent. Im Englischen tritt ebenfalls der Buchstabe e mit etwa 12 Prozent am häufigsten auf, während alle anderen Buchstaben unter dieser Marge bleiben. Wenn Sie die Sprache ausfindig gemacht haben, verwenden Sie die entsprechende Häufigkeitstabelle für die weitere Analyse. Oft lassen sich damit auch Geheimtexte entschlüsseln, mit deren Sprache man weniger vertraut ist.

(2) Wenn die Häufigkeitsverteilung einer bestimmten Sprache entspricht, doch der Geheimtext sich, wie häufig der Fall, nicht sehr schnell aufdröseln läßt, achten Sie auf die Doppelbuchstaben. Im Deutschen sind die häufigsten Doppelbuchstaben ss, nn, ll, ee, rr. Im Englischen sind dies ss, ee, tt, ff, ll, mm und oo. Wenn der Geheimtext Buchstabenpaare enthält, können Sie davon ausgehen, daß es sich um diese handelt.

(3) Wenn der Geheimtext Leerzeichen zwischen den Wörtern enthält, versuchen Sie, die Wörter mit nur einem (für das Englische), zwei oder drei Buchstaben herauszufinden. Die häufigsten zweibuchstabigen Wörter im Deutschen sind am, in, zu, es. Die häufigsten dreibuchstabigen Wörter sind die, der, und, den, daß.

Die einzigen einbuchstabigen Wörter im Englischen sind a und I. Die Häufigkeitsreihenfolge der zweibuchstabigen Wörter im Englischen ist of, to, in, it, is, be, as, at, so, we, he, by, or, on, do, if, me, my, up, an, go, no, us, am. Die häufigsten dreibuchstabigen Wörter sind the und and.

(4) Falls möglich, wählen Sie eine spezielle Häufigkeitstabelle für die Art von Mitteilung, um die es sich handelt. In militärischen Mitteilungen beispielsweise werden Pronomina und Artikel häufig weggelassen, und damit reduziert sich auch die Häufigkeit einiger der gebräuchlichsten Buchstaben. Wenn Sie wissen, daß Sie es mit einer militärischen Mitteilung zu tun haben, sollten Sie eine Häufigkeitstabelle verwenden, die durch Auswertung solcher Texte erstellt wurde.

(5) Eine der nützlichsten Fähigkeiten von Kryptoanalytikern besteht darin, aufgrund von Erfahrung oder schlichter Intuition Wörter oder ganze Sätze zu erraten. Al-Khalīl, ein früher arabischer Kryptoanalytiker, bewies sein Talent, als er einen griechischen Geheimtext knackte. Er vermutete, daß der Text mit der Floskel »Im Namen Gottes« begann. Nachdem er festgestellt hatte, daß diese Buchstaben einem bestimmten Abschnitt des Geheimtextes entsprachen, benutzte er sie als Hebel, um den restlichen Text aufzubrechen. Ein solcher Anhaltspunkt wird als Crib bezeichnet.

(6) In manchen Fällen ist der häufigste Buchstabe E, der nächsthäufige vielleicht N und so weiter. Kurz gesagt, die Häufigkeit der Buchstaben im Geheimtext entspricht der Häufigkeitstabelle. Das E im Geheimtext scheint ein echtes E zu sein, und dasselbe gilt für die anderen Buchstaben, dennoch ist der Text ein einziges Durcheinander. In diesem Falle haben Sie es nicht mit einer Substitution zu tun, sondern mit einer Transposition. Alle Buchstaben stehen für sich selbst, befinden sich jedoch an der falschen Stelle.

Ein gutes weiterführendes Werk ist F. L. Bauer, *Entzifferte Geheimnisse. Methoden und Maximen der Kryptologie,* Berlin und Heidelberg 1997.

Anhang C

Der sogenannte Bibelcode

Im Jahr 1997 erregte das Buch *Der Bibelcode* von Michael Drosnin weltweit Aufsehen. Drosnin behauptet, die Bibel enthalte versteckte Botschaften, die enthüllt werden könnten, wenn man nach sogenannten abstandsgetreuen Buchstabenfolgen (equidistant letter sequences, EDLS) suche. Eine EDLS ergibt sich, wenn man einen beliebigen Text nimmt, einen bestimmten Buchstaben als Startpunkt auswählt und dann jeweils eine bestimmte Zahl von Buchstaben überspringt. In diesem Abschnitt könnte man beispielsweise beim »M« von Michael anfangen und fünf Stellen weiterspringen. Wenn wir jeden fünften Buchstaben notieren, erhalten wir die EDLS meseis...

Diese EDLS bildet kein sinnvolles Wort, doch Drosnin beschreibt die Entdeckung einer erstaunlichen Zahl von biblischen EDLS, die nicht nur sinnvolle Wörter ergeben, sondern vollständige Sätze. Drosnin behauptet nun, diese Sätze seien biblische Vorhersagen. So sollen sich beispielsweise Hinweise auf die Ermordung von John F. Kennedy, Robert Kennedy und Anwar Sadat gefunden haben. In einer EDLS tauche der Name Newton neben dem Begriff der Schwerkraft auf, und in einem anderen werde Edison mit der Glühbirne in Verbindung gebracht. Zwar beruht Drosnins Buch auf einem Artikel von Doron Witzum, Eliyahu Rips und Yoav Rosenberg, doch stellt er weit anspruchsvollere Behauptungen auf und hat sich damit eine Menge Kritik eingehandelt. Der Haupteinwand lautet, daß die Textvorlage gewaltig ist: Bei einem so umfangreichen Text wird es kaum überraschen, daß sinnvolle Sätze erzeugt werden können, wenn man sowohl den Ausgangspunkt als auch die Sprungweite beliebig variieren kann.

Brendan McKay von der Australian National University hat die Schwäche von Drosnins Ansatz demonstriert, indem er in *Moby Dick* nach EDLS gesucht hat. Dabei fanden sich dreizehn Aussagen über Attentate auf berühmte Personen, darunter Trotzki, Gandhi und Robert Kennedy. Zudem sind hebräische Texte besonders reich an EDLS, weil die Vokale weitgehend fehlen. Das heißt, die Deuter können nach Belieben Vokale einfügen, und um so einfacher ist es, Voraussagen in die Texte hineinzulegen.

Anhang D

Die Freimaurerchiffre

Die monoalphabetische Substitution war jahrhundertelang in verschiedenen Varianten gebräuchlich. Beispielsweise verwendeten die Freimaurer im 18. Jahrhundert ein solches Chiffrierverfahren, um ihre Aufzeichnungen geheimzuhalten, und manche Kinder benutzen sie auch heute noch. Bei dieser Chiffre wird nicht ein Buchstabe durch einen anderen ersetzt, sondern ein Wort durch ein Symbol, und zwar nach dem folgenden Muster:

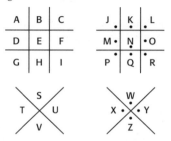

Um einen bestimmten Buchstaben zu verschlüsseln, wird seine Position in einem dieser vier Raster festgestellt und dann der entsprechende Teil des Rasters als Symbol für den Buchstaben verwendet:

a = ⌐

b = ⊔

:
:

z = ⋀

Wenn man den Schlüssel kennt, läßt sich die Freimaurerchiffre leicht auflösen. Wenn nicht, hilft ein gutes Rezept weiter:

⊓ ⌐ ⊐ < ⊏ ⌐ ⌐ ⊔ ⊐ ⌐ > ∨ ⌐ ⊡ ⌐∟ < ∨ ⊐

Anhang E

Die Mathematik von RSA

Es folgt eine rein mathematische Funktionsbeschreibung der Ver- und Entschlüsselung mit dem RSA-Verfahren.

(1) Alice wählt zwei riesige Primzahlen, p und q. Die Primzahlen sollten sehr groß sein, doch der Einfachheit halber nehmen wir an, daß Alice $p = 17$ und $q = 11$ nimmt. Diese Zahlen muß sie geheimhalten.

(2) Alice multipliziert die Primzahlen miteinander und erhält eine weitere Zahl, N. In diesem Fall ist $N = 187$. Jetzt wählt sie eine weitere Zahl, e, nehmen wir an, sie nimmt $e = 7$.
(e und $(p-1) \times (q-1)$ sollten teilerfremd sein, doch das ist ein technisches Detail.)

(3) Jetzt kann Alice e und N in einem öffentlichen Verzeichnis abdrucken lassen. Da diese beiden Zahlen für die Verschlüsselung benötigt werden, müssen sie allen zugänglich sein, die eine Mitteilung an Alice verschlüsseln wollen. Sie bilden den sogenannten öffentlichen Schlüssel. (Die Zahl e ist nicht für Alice reserviert, sie kann auch Bestandteil aller anderen öffentlichen Schlüssel sein. Allerdings müssen sich die Werte von N, die von den jeweils gewählten p und q abhängen, bei allen Schlüsseln unterscheiden.)

(4) Damit eine Mitteilung verschlüsselt werden kann, muß sie zunächst in eine Zahl M verwandelt werden. Beispielsweise kann ein Wort gemäß ASCII in eine binäre Zahl verwandelt werden, die dann zu Verschlüsselungszwecken als Dezimalzahl M betrachtet werden kann. Dieses M wird verschlüsselt und ergibt den Geheimtext C nach folgender Formel:
$C = M^e \pmod{N}$

(5) Nehmen wir an, Bob wolle Alice nichts weiter als einen symbolischen Kuß mit dem Buchstaben X schicken. In ASCII wird er durch 1011000 dargestellt, was der Dezimalzahl 88 entspricht. Daher ist $M = 88$.

(6) Um diese Mitteilung zu verschlüsseln, sucht Bob zunächst Alice' öffentlichen Schlüssel heraus, also $N = 187$ und $e = 7$. Diese Zahlen kann er in die Verschlüsselungsformel für die Mitteilung an Alice einsetzen. Bei $M = 88$ ergibt die Formel
$C = 88^7 \pmod{187}$

(7) Ein Taschenrechner eignet sich für diese Berechnung nicht, denn das Display kann derart astronomische Zahlen nicht anzeigen. Allerdings gibt es einen guten Kniff, um Potenzen in der Modul-Arithmetik zu berechnen. Da $7 = 4 + 2 + 1$, wissen wir, daß:
$88^7 \pmod{187} = [88^4 \pmod{187} \times 88^2 \pmod{187} \times 88^1 \pmod{187}] \pmod{187}$
$\qquad 88^1 = 88 = 88 \pmod{187}$
$\qquad 88^2 = 7744 = 77 \pmod{187}$
$\qquad 88^4 = 59969536 = 132 \pmod{187}$
$\qquad 88^7 = 88^1 \times 88^2 \times 88^4 = 88 \times 77 \times 132 = 894432 = 11 \pmod{187}$
Jetzt schickt Bob den Geheimtext, $C = 11$, an Alice.

(8) Wir wissen, daß die Exponenten in der Modul-Arithmetik Einwegfunktionen sind, es ist also sehr schwer, von $C = 11$ aus den Weg zurückzugehen und die ursprüngliche Botschaft M zu erschließen. Eve kann die Mitteilung also nicht entschlüsseln.

(9) Alice jedoch kann die Botschaft entschlüsseln, weil sie eine bestimmte Information besitzt: die Werte von p und q. Sie berechnet eine besondere Zahl d, den Dechiffrierschlüssel, der als privater Schlüssel bezeichnet wird. Die Zahl d wird mit folgender Formel berechnet:
$e \times d = 1 \pmod{(p-1) \times (q-1)}$
$7 \times d = 1 \pmod{16 \times 10}$
$7 \times d = 1 \pmod{160}$
$\qquad d = 23$
(Den Wert von d bekommt man nicht auf direktem Wege, mit dem sogenannten euklidischen Algorithmus jedoch relativ einfach und schnell.)

(10) Um die Mitteilung zu entschlüsseln, benutzt Alice einfach die folgende Formel:
$M = C^d \pmod{187}$
$M = 11^{23} \pmod{187}$
$M = [11^1 \pmod{187} \times 11^2 \pmod{187} \times 11^4 \pmod{187} \times 11^{16} \pmod{187}] \pmod{187}$
$M = [11 \times 121 \times 55 \times 154] \pmod{187}$.
$M = 88 = X$ in ASCII.

Rivest, Shamir und Adleman haben damit eine spezielle Einwegfunktion geschaffen, die nur umgekehrt werden kann, wenn man die geheimgehaltenen Werte von p und q kennt. Jeder Nutzer dieser Funktion kann sie mit der Wahl von p und q, die multipliziert N ergeben, für sich zurechtschneiden. Mit diesem persönlichen N können Mitteilungen verschlüsselt werden, die einzig der berechtigte Empfänger entschlüsseln kann, weil nur er p und q und daher auch den Dechiffrierschlüssel d kennt.

Glossar

ASCII American Standard Code for Information Interchange. Ein Standard zur Umwandlung von alphabetischen und anderen Zeichen in binäre Zahlen.

asymmetrische Verschlüsselung Eine Form der Kryptographie, bei welcher sich der zur Chiffrierung und der zur Dechiffrierung eingesetzte Schlüssel unterscheiden. RSA ist ein solches Verfahren, das auch als Public-Key-Kryptographie bezeichnet wird.

Caesar-Verschiebung, kurz Caesar. Zu Caesars Zeiten eine Verschlüsselung, bei der jeder Buchstabe der Mitteilung durch den Buchstaben ersetzt wurde, der drei Stellen weiter im Alphabet folgte. Allgemein gefaßt, handelt es sich um ein Substitutionsverfahren, bei dem jeder Buchstabe der Mitteilung durch den Buchstaben ersetzt wird, der x Stellen weiter im Alphabet folgt, wobei x eine Zahl zwischen 1 und 25 darstellt.

chiffrieren Einen Klartext mit einem Verschlüsselungsverfahren in einen Geheimtext verwandeln.

Chiffre Chiffrierter Text, Geheimtext.

Code Ein Verfahren zur Verschleierung des Inhalts einer Mitteilung, bei dem die Wörter oder Sätze des Klartexts durch andere Wörter oder Buchstabenfolgen ersetzt werden. Die Liste der Ersetzungen ist in einem Codebuch enthalten. (Eine andere Definition des Codes wäre: Jede Form der Verschlüsselung, die nicht flexibel ist, bei der also nur ein Schlüssel verwendet wird, nämlich das Codebuch.)

codieren Einen Klartext in einen codierten Text verwandeln (im engeren Sinne, siehe Code).

dechiffrieren Eine chiffrierte Mitteilung in den Klartext verwandeln.

decodieren Eine codierte Mitteilung in die ursprüngliche Mitteilung zurückverwandeln (im engeren Sinne, siehe Code).

DES Data Encryption Standard, ein von IBM entwickeltes Chiffrierverfahren, das 1976 offiziell als US-Standard übernommen wurde.

Diffie-Hellman-Merkle-Schlüsselaustausch Ein Verfahren, bei dem Sender und Empfänger in öffentlichem Gespräch einen geheimen Schlüssel vereinbaren können. Sobald der Schlüssel erstellt ist, kann der Sender ein Verfahren wie DES verwenden, um seine Mitteilung zu verschlüsseln.

digitale (elektronische) Unterschrift Ein Verfahren zum Nachweis der Urheberschaft eines elektronischen Dokuments. Häufig verschlüsselt der Autor das Dokument zu diesem Zweck mit seinem privaten Schlüssel.

entschlüsseln Eine verschlüsselte Mitteilung in die ursprüngliche Gestalt zurückverwandeln. Der Begriff bezeichnet sowohl die Tätigkeit des eigentlichen Empfängers, der den Schlüssel kennt und damit den Klartext wiederherstellt, als auch die Tätigkeit gegenerischer Kryptoanalytiker, die den Text ohne vorgängige Kenntnis des Schlüssels entschlüsseln. Allgemeinbegriff für decodieren und dechiffrieren.
Geheimtext Die Mitteilung (der Klartext) nach der Verschlüsselung.
Geheimtextalphabet Ein umgestelltes gewöhnliches oder Klartextalphabet, mit dem festgelegt wird, wie die Buchstaben der ursprünglichen Mitteilung verschlüsselt werden. Das Geheimtextalphabet kann auch aus Ziffern oder beliebigen anderen Zeichen bestehen.
homophone Substitution Ein Verschlüsselungsverfahren, bei dem für jeden Klarbuchstaben mehrere Ersetzungsmöglichkeiten vorhanden sind. Entscheidend ist jedoch: Zwar mag es beispielsweise sechs mögliche Zeichen für den Buchstaben a geben, doch diese Zeichen sind ausschließlich für diesen Buchstaben vorgesehen. Es handelt sich um eine Form der monoalphabetischen Verschlüsselung.
Klartext Die ursprüngliche Mitteilung vor der Verschlüsselung.
Kryptoanalyse Die Wissenschaft von der Erschließung des Klartextes aus dem Geheimtext ohne Kenntnis des Schlüssels.
Kryptographie Die Wissenschaft von der Verschlüsselung einer Mitteilung oder von der Verschleierung des Inhalts einer Mitteilung. Manchmal wird der Begriff allgemeiner gebraucht im Sinne von Kryptologie und bezeichnet alles, was mit Ver- und Entschlüsselung zu tun hat.
Kryptologie Die Wissenschaft von der Verschlüsselung in allen ihren Formen, Oberbegriff für Kryptographie und Kryptoanalyse.
monoalphabetische Verschlüsselung Ein Substitutionsverfahren, bei dem das Geheimtextalphabet während der Verschlüsselung unverändert bleibt.
National Security Agency (NSA) Eine dem amerikanischen Verteidigungsministerium unterstellte Behörde mit der Aufgabe, den Informationsverkehr in den USA zu sichern und in den Informationsverkehr anderer Länder einzubrechen.
öffentlicher Schlüssel Wird in der Public-Key-Kryptographie vom Sender verwendet, um die Mitteilung zu verschlüsseln. Der öffentliche Schlüssel ist allen zugänglich.
One time pad Die einzige Form der Verschlüsselung, die nicht zu knacken ist. Sie beruht auf einem Zufallsschlüssel, der dieselbe Länge hat wie die Mitteilung selbst. Jeder Schlüssel darf nur ein einziges Mal verwendet werden.
polyalphabetische Verschlüsselung Ein Substitutionsverfahren, bei dem das Geheimtextalphabet während der Verschlüsselung wechselt, wie etwa bei der Vigenère-Verschlüsselung. Der Wechsel wird durch einen Schlüssel festgelegt.
Pretty Good Privacy (PGP) Ein von Phil Zimmermann auf der Basis des RSA-

Verfahrens entwickelter Verschlüsselungsalgorithmus für die computergestützte Verschlüsselung.

privater Schlüssel Wird in der Public-Key-Kryptographie vom Empfänger verwendet, um die Mitteilung zu entschlüsseln. Der private Schlüssel muß geheimgehalten werden.

Public-Key-Kryptographie Mit diesem kryptographischen Verfahren wurde das Problem der Schlüsselverteilung gelöst. Es beruht auf einer asymmetrischen Verschlüsselung, bei der jeder Anwender einen öffentlichen Chiffrier-Schlüssel und einen privaten Dechiffrierschlüssel erzeugt.

Quantencomputer Ein besonders leistungsfähiger Computer, für den quantentheoretische Erkenntnisse genutzt werden sollen, vor allem die Hypothese, daß ein Gegenstand in vielen Zuständen (Superposition) oder aber in verschiedenen Universen zugleich sein kann. Wäre es möglich, einen Quantencomputer von brauchbarer Größe zu bauen, würde er die Sicherheit aller gegenwärtigen Verschlüsselungsverfahren mit Ausnahme des One time pad gefährden.

Quantenkryptographie Ein nicht zu knackendes Verschlüsselungsverfahren, bei dem Erkenntnisse der Quantentheorie genutzt werden, vor allem das Unschärfeprinzip, wonach es unmöglich ist, alle Eigenschaften eines Objekts zugleich mit absoluter Genauigkeit zu messen. Die Quantenkryptographie gewährleistet den sicheren Austausch einer Zufallsfolge aus Bits, die dann als Grundlage für ein One time pad dienen kann.

RSA Das erste Verfahren, das die Anforderungen an die Public-Key-Kryptographie erfüllte. Erfunden wurde es 1977 von Ron Rivest, Adi Shamir und Leonard Adleman.

Schlüssel Dient dazu, den allgemeinen Verschlüsselungsalgorithmus für eine bestimmte Verschlüsselung verwendbar zu machen. Der Gegner kann daher den von Sender und Empfänger gebrauchten Algorithmus erfahren, der Schlüssel jedoch muß geheim bleiben.

Schlüsselhinterlegung Ein Verfahren, bei dem die Nutzer Kopien ihrer privaten Schlüssel bei einer vertrauenswürdigen dritten Partei hinterlegen, die den Schlüssel nur unter bestimmten Bedingungen, beispielsweise bei richterlicher Anordnung, einer Ermittlungsbehörde aushändigt.

Schlüssellänge Bei der computergestützten Verschlüsselung werden Zahlenschlüssel verwendet. Die Anzahl der Nullen und Einsen, also der Bits, bestimmt die Schlüssellänge. Damit ist zugleich die größte Zahl festgelegt, die als Schlüssel verwendet werden kann, und auch die Zahl der möglichen Schlüssel. Je länger der Schlüssel (bzw. je größer die Zahl der möglichen Schlüssel), desto länger dauert es, bis ein Kryptoanalytiker alle Schlüssel durchgetestet hat.

Schlüsselverteilung Der Vorgang, der gewährleistet, daß Sender und Empfänger den Schlüssel zur Verfügung haben und damit überhaupt arbeiten können. Dabei muß sichergestellt sein, daß der Schlüssel nicht in gegnerische Hände gelangt. Die Schlüsselverteilung war vor der Erfindung der Public-Key-Kryptographie ein ernstes logistisches und Sicherheitsproblem.

Steganographie In dieser Disziplin geht es um die Frage, wie eine Mitteilung als solche versteckt werden kann, im Gegensatz zur Kryptographie, der Wissenschaft von der Verschleierung des Inhalts einer Mitteilung.

Substitutionsverfahren Ein Verschlüsselungsverfahren, bei dem jeder Buchstabe der Mitteilung durch einen anderen Buchstaben (oder ein anderes Zeichen) ersetzt wird, bei dem die Buchstaben jedoch ihre Position in der Mitteilung behalten.

symmetrische Kryptographie Eine Form der Kryptographie, bei der zur Ver- und Entschlüsselung derselbe Schlüssel verwendet wird. Der Begriff umfaßt alle traditionellen Verschlüsselungsverfahren, die bis zu den siebziger Jahren in Gebrauch waren.

Transposition Ein Verschlüsselungsverfahren, bei dem jeder Buchstabe innerhalb der Mitteilung seinen Platz wechselt, doch selbst unverändert bleibt.

verschlüsseln Einen Klartext in einen Geheimtext verwandeln, allgemein gebräuchlich für chiffrieren und codieren.

Verschlüsselungsalgorithmus Jeder allgemeine Verschlüsselungsprozeß, der durch die Wahl eines Schlüssel spezifiziert werden kann.

Verschlüsselungsverfahren (Chiffrierverfahren) Ein System zur Verschleierung des Inhalts einer Mitteilung, bei dem jeder Buchstabe der ursprünglichen Mitteilung durch einen anderen Buchstaben ersetzt wird. Das System sollte eine gewisse Flexibilität besitzen, für die der veränderliche Schlüssel sorgt.

Vigenère-Verschlüsselung Eine um 1500 entwickelte polyalphabetische Verschlüsselung. Das Vigenère-Quadrat enthält 26 verschiedene Geheimtextalphabete, die gegeneinander caesar-verschoben sind. Mit einem Schlüsselwort wird festgelegt, welches Geheimtextalphabet für den jeweiligen Buchstaben des Klartextes verwendet wird.

Danksagung

Während der Arbeit an diesem Buch hatte ich das Vergnügen, viele der besten lebenden Kryptographen und Kryptoanalytiker der Welt kennenlernen zu dürfen, angefangen bei jenen, die einst in Bletchley Park gearbeitet haben, bis hin zu den Entwicklern der neuen Chiffrierverfahren, die das Informationszeitalter bereichern werden. Ich möchte Whitfield Diffie und Martin Hellman danken, die sich während meines Aufenthalts im sonnigen Kalifornien die Zeit genommen haben, mir ihre Arbeit zu erläutern. Auch Clifford Cocks, Malcolm Williamson und Richard Walton haben mir bei meinem Besuch im wolkenverhangenen Cheltenham großzügig geholfen. Besonders dankbar bin ich Professor Fred Piper von der Information Security Group am Londoner Royal Holloway College, die es mir gestattete, am Master of Science-Kurs zur Informationssicherheit teilzunehmen.

Während meines Aufenthalts in Virginia hatte ich das Glück, von dem Experten Peter Viemeister persönlich auf dem Beale-Schatz-Pfad begleitet zu werden. Auch das Bedford County Museum und Stephen Cowart von der Beale Cypher and Treasure Association haben mir bei meinen Forschungen zu diesem Thema geholfen. Ich danke auch David Deutsch und Michele Mosca vom Oxford Centre for Quantum Computation, Charles Bennett und seiner Forschungsgruppe an den Thomas J. Watson Laboratories der IBM, Stephen Wiesner, Leonard Adleman, Ronald Rivest, Paul Rothemund, Jim Gillogly, Paul Leyland und Neil Barrett.

Derek Taunt, Alan Stripp und Donald Davies waren so freundlich, mir zu erklären, wie Bletchley Park die Enigma geknackt hat. Unterstützung fand ich auch beim Bletchley Park Trust, dessen Mitglieder regelmäßig interessante Vorträge zu verschiedenen Themen halten. Dr. Mohammed Mrayati und Dr. Ibrahim Kadi waren an der Entdeckung früher Erfolge der arabischen Kryptoanalyse beteiligt und waren so freundlich, mir einschlägige Dokumente zu schicken. Die Zeitschrift *Cryptologia* brachte ebenfalls Artikel über die arabischen Kryptoanalytiker sowie über viele andere einschlägige Themen, und ich bin Brian Winkel dafür dankbar, daß er mir ältere Hefte dieser Zeitschrift zugeschickt hat.

Ich kann den Leserinnen und Lesern nur empfehlen, das National Cryptologic Museum in der Nähe von Washington und die Cabinet War Rooms in London zu besuchen, und ich hoffe, sie werden es dort genauso spannend finden wie ich. Mein Dank gilt den Kuratoren und Bibliothekaren dieser Museen, die mir bei meinen Recherchen geholfen haben. (Auch das Deutsche Museum in München zeigt in der Abteilung Informatik eine Sammlung kryptographischer Geräte, Anm. d. Übers.)

Ich habe nicht nur mit Fachleuten gesprochen, sondern auch aus zahlreichen Büchern und Artikeln Nutzen gezogen. Die Liste der weiterführenden Literatur nennt einige dieser Quellen, doch ist sie weder ein vollständiger Literaturnachweis noch eine umfassende Bibliographie zum Thema. Sie enthält nur Empfehlungen für näher interessierte Leser.

Verschiedene Bibliotheken, Institutionen und Personen haben mir Fotos zur Verfügung gestellt. Im Fotonachweis sind alle Quellen genannt, doch besonders danken möchte ich Sally McClain, die mir Fotos von den Navajo-Codesprechern geschickt hat; und Brenda Ellis, die mir freundlicherweise Fotos von James Ellis geliehen hat. Ich danke auch Hugh Whitemore für die Erlaubnis, ein Zitat aus seinem Stück *Breaking the Code* zu verwenden, das auf Andrew Hodges' Buch *Alan Turing, The Enigma* beruht.

Schließlich hatte ich das gewaltige Glück, mit einigen der Besten im Verlagswesen zusammenzuarbeiten. Patrick Walsh ist ein Agent, der die Naturwissenschaften liebt, sich um seine Autoren kümmert und unerschöpfliche Begeisterung versprüht. Last not least haben mir meine Lektoren Christopher Potter, Leo Hollis und Peternelle van Arsdale geholfen, Licht in ein Thema zu bringen, das sich auf verschlungenen Pfaden durch drei Jahrtausende windet. Dafür bin ich ihnen grenzenlos dankbar.

Weiterführende Literatur

Diese Liste ist für Leserinnen und Leser bestimmt, die sich noch intensiver mit der Kryptographie befassen möchten. Es sind dabei auch Titel aufgeführt, die unersetzliche Standardwerke sind, aber leider nicht in deutscher Sprache vorliegen.

Auch im Internet findet sich eine Menge interessantes Material zum Thema Kryptographie. Neben den Büchern habe ich deshalb auch einige der Webseiten aufgelistet, die einen Besuch lohnen. (Mit * gekennzeichnete Titel wurden für die deutsche Ausgabe hinzugefügt.)

Allgemeine Einführungen

*Bauer, Friedrich L., *Entzifferte Geheimnisse*. Berlin und Hamburg 1995.

Beutelspacher, Albrecht, *Kryptologie*. Braunschweig und Wiesbaden 1993.

Eine vorzügliche Einführung in das Thema von der Caesar-Verschiebung bis zur Public-Key-Kryptographie, mit eher mathematischem als historischem Schwerpunkt. Dies ist auch das Kryptographiebuch mit dem besten Untertitel: *Eine Einführung in die Wissenschaft vom Verschlüsseln, Verbergen und Verheimlichen. Ohne alle Geheimniskrämerei, aber nicht ohne hinterlistigen Schalk, dargestellt zum Nutzen und Ergötzen des allgemeinen Publikums.*

Kahn, David, *The Codebreakers*. New York 1996.

Eine 1200seitige Geschichte der Verschlüsselung. Das Standardwerk in Sachen Kryptologie bis in die fünfziger Jahre.

*Kippenhahn, Rudolf, *Verschlüsselte Botschaften*. Reinbek 1997.

Smith, Lawrence Dwight, *Cryptography*. New York 1943.

Eine exzellente Einführung in die Kryptographie mit mehr als 150 Problemstellungen. Der Verlag (Dover) bringt viele Bücher zum Thema Kryptographie heraus.

Kapitel 1

Gaines, Helen Fouché, *Cryptanalysis*. New York 1956.

Eine Untersuchung von Geheimschriften und deren Entschlüsselung. Eine hervorragende Einführung in die Kryptoanalyse mit vielen nützlichen Häufigkeitstabellen im Anhang.

Fraser, Lady Antonia, *Maria Stuart, Königin der Schotten*. Herrsching 1989.

Eine gut lesbare Darstellung des Lebens der Maria Stuart.

Kapitel 2

Standage, Tom, *The Victorian Internet*. London 1998.
Die erstaunliche Geschichte der Entwicklung des elektrischen Telegrafen.

Poe, Edgar Allan, *Werke I*. Olten 1966 (und weitere Ausgaben).
Enthält »Der Goldkäfer« in der Übersetzung von Hans Wollschläger.

Viemeister, Peter, *The Beale Treasure: History of a Mystery*. Bedford, Virginia, 1997.
Eine ausführliche Darstellung der Beale-Chiffren von einem angesehenen Lokalhistoriker. Enthält den gesamten Text der Beale-Schrift und ist am einfachsten direkt von den Herausgebern zu beziehen: Hamilton's, P.O. Box 932, Bedford, VA, 24523, USA.

Kapitel 3

Tuchman, Barbara W., *Die Zimmermann-Depesche*. Bergisch Gladbach 1982.
Spannende Schilderung der folgenreichsten Entschlüsselung im Ersten Weltkrieg.

Hodges, Andrew, *Alan Turing, Enigma*. Wien 1994.
Leben und Werk von Alan Turing. Eine der besten wissenschaftlichen Biographien überhaupt.

Smith, Michael, *Station X*. London 1999.
Das Buch beruht auf einer gleichnamigen Fernsehserie und erzählt von den Menschen in Bletchley Park, auch als Station X bekannt.

Harris, Robert, *Enigma*. München 1995.
Ein Roman um die Codeknacker von Bletchley Park.

Kapitel 4

McClain, S., *The Navajo Weapon*. Boulder 1994.
Eine packende und umfassende Darstellung der Geschichte der Codesprecher, geschrieben von einer Frau, die lange Gespräche mit den Männern geführt hat, die den Navajo-Code entwickelt und eingesetzt haben.

Pope, Maurice, *Das Rätsel der alten Schriften*. Herrsching 1990.
Eine allgemeinverständliche Darstellung verschiedener Schriftentzifferungen von den hethitischen Hieroglyphen bis zur ugaritischen Keilschrift.

Davies, W.V., *Reading the Past: Egyptian Hieroglyphs*. London 1997.
Aus einer Reihe mit vorzüglichen einführenden Schriften, die das Britische Museum herausgibt. Andere Autoren haben für diese Serie Arbeiten über die Keilschrift, das Etruskische, griechische Inschriften, Linear B, Maya-Hieroglyphen und Runen vorgelegt.

*Haarmann, Harald, *Universalgeschichte der Schrift*. Frankfurt/Main und New York 1991.

Kapitel 5

Gardner, Martin, »A new kind of cipher that would take millions of years to break«, in: *Scientific American* 23/7 (August 1997), S. 120–24.
Gardner stellt mit diesem Artikel RSA der Öffentlichkeit vor.

Hellman, M.E., »The mathematics of public-key cryptography«, in: *Scientific American* 24/1 (August 1979), S. 130–39.
Eine exzellente Darstellung der verschiedenen Formen der Public-Key-Kryptographie.

Schneier, Bruce, *Angewandte Kryptographie*, München 1996.
Ein exzellenter Überblick über die moderne Kryptographie, die beste und kompakteste Einführung in das Gebiet, allerdings für eher fortgeschrittene Interessierte.

Kapitel 6

Zimmermann, Philipp R., *Pretty Good Privacy: Das Verschlüsselungsprogramm für Ihre private Post*. Bielefeld 1997.
Eine gute Einführung in PGP vom Entwickler selbst.

Garfinkel, Simson, *PGP: Pretty Good Privacy*. Bonn 1996.
Eine sehr gute Einführung in PGP und die Probleme im Umfeld der modernen Kryptographie.

Bamford, James, *The Puzzle Palace*. London 1983.
Im Innern der National Security Agency, des geheimsten Geheimdienstes der USA.

Bennett, C. H., Brassard, C., und Ekert, A., »Quantum Cryptography«, in: *Scientific American* 269 (Oktober 1992), S. 26–33.
Eine klare Erläuterung der Entwicklung der Quantenkryptographie.

Webseiten im Internet

Bletchley Park:
http://www.cranfield.ac.uk/ccc/bpark/
Die offizielle Webseite mit Öffnungszeiten und Informationen.

The Alan Turing Homepage:
http://www.turing.org.uk/turing/

Enigma-Emulatoren:
http://www.attlabs.att.co.uk/andyc/enigma/enigma_j.html
http://www.izzy.net/~ian/enigma/applet/index.html
Zwei vorzügliche Emulatoren, die zeigen, wie die Enigma-Maschine arbeitet. Der erste ermöglicht die Änderung der Maschineneinstellung, doch es ist nicht möglich, den Weg des elektrischen Stroms durch die Walzen zu verfolgen. Der zweite hat nur eine Einstellung, doch ein zweites Fenster, das die Walzen in Bewegung zeigt und die entsprechende Wirkung auf den Weg des Stroms.
*ftp://ftp.informatik.uni-hamburg.de/pub/virus/crypt/enigma/simulators/enigma22.exe

Phil Zimmermann und PGP:
http://www.nai.com/products/security/phil/phil.asp

Electronic Frontier Foundation:
http://www.eff.org/
Eine Organisation zum Schutz der Rechte und zur Verteidigung der Freiheit im Internet.
Centre for Quantum Computation:
http://www.qubit.org/
Information Security Group, Royal Holloway College:
http://isg.rhbnc.ac.uk/
National Cryptologic Museum:
http://www.nsa.gov:8080/museum/
American Cryptogram Association (ACA):
http://www.und.nodak.edu/org/crypto/crypto/
Ein Verein, der sich mit der Entwicklung und Lösung von Krypto-Rätseln befaßt.

Cryptologia:
http://www.dean.usma.edu/math/resource/pubs/cryptolo/index.htm
Eine vierteljährlich erscheinende Zeitschrift, die sich allen Aspekten der Kryptographie widmet.
Cryptography, Frequently Asked Questions:
http://www.cis.ohio-state.edu/hypertext/faq/usenet/cryptography-faq/top.html
RSA Laboratories' Frequently Asked Questions About Today's Cryptography:
http://www.rsa.com/rsalabs/faq/html/questions.html
Yahoo! Security and Encryption Page:
http://www.yahoo.co.uk/Computers_and_Internet/Security_and_Encryption/
Krypto-Links:
http://www.ftech.net/~monark/crypto/web.htm
Simon Singh:
www.SimonSingh.com

Bildnachweis

Zeichnungen von Miles Smith-Morris.
Abdruck der Hieroglyphen mit freundlicher Erlaubnis von British Museum Press.

Abbildung 1 Scottish National Portrait Gallery, Edinburgh; Abbildung 8 Public Record Office, London; Abbildung 9 Scottish National Portrait Gallery, Edinburgh; Abbildung 10 Cliché Bibliothèque Nationale de France, Paris, France; Abbildung 11 Science and Society Picture Library, London; Abbildung 18 *The Beale Treasure – History of a Mystery* von Peter Viemeister; Abbildung 23 National Archive, Washington DC; Abbildung 24 Louis Kruh Collection, New York; Abbildung 30 David Kahn Collection, New York; Abbildungen 31 und 32 Science and Society Picture Library, London; Abbildungen 33 und 34 David Kahn Collection, New York; Abbildung 35 Imperial War Museum, London; Abbildung 36 Privatsammlung Barbara Eachus; Abbildung 37 Godfrey Argent Agency, London; Abbildung 38 Imperial War Museum, London; Abbildungen 39 und 40 National Archive, Washington DC; Abbildungen 41 und 42 British Museum Press, London; Abbildung 43 Louvre, Paris © Photo RMN; Abbildung 44 Sun Microsystems; Abbildung 45 Stanford University of California; Abbildung 47 RSA Data Security, Inc.; Abbildung 48 Privatsammlung Brenda Ellis; Abbildung 49 Privatsammlung Malcolm Williamson; Abbildung 50 Network Associates, Inc.; Abbildung 51 Thomas J. Watson Laboratories, IBM.

Personen- und Sachregister

Siehe zu den Sachbegriffen auch das Glossar

Adleman, Leonard 231-233, 238f., 244, 247, 284
Aeneas der Taktiker 91
Alberti, Leon Battista 64f., 67, 120, 122f.
Algorithmus einer Verschlüsselung 27f.
American Escrowed Encryption Standard 265
Arisue, Seizo 185
ARPA (Advanced Research Projects Agency), ARPAnet 214f.
ASCII (American Standard Code for Information Interchange) 208-210
asymmetrische Verschlüsselung 222-239, 244, 255-257

Babbage, Charles 72-76, 78, 89-91, 108, 112, 122, 248, 269
Babington, Anthony 54-61
Bakr, Abū 31
Balfour, Arthur 119
Bankes, W. J. 199
Beale, Thomas J. 93-98, 102, 106, 108-111
Beale-Chiffren 93-111
Beker, H. 36
Benally, John 180
Bennett, Charles 270-272
Bernstorff, Johann Heinrich von 115
Beutelspacher, Albrecht 36
Bibel 43, 117
Bibelcode 280
Bigramm 39-41
Biuro Szyfrów 139, 143, 146f., 152, 156f., 159, 162

Bletchley Park 161-174, 205f.
Bombe (englische Dechiffriermaschine) 167-169, 206
Bombe (polnische Dechiffriermaschine) 155-157
Buch-Verschlüsselung 103
Bureau du Chiffre 143

Caesar, Julius 25f.
Caesar-Verschiebung 26, 28, 67, 120f.
Capstone-Verschlüsselung 265f.
Champollion, Jean-François 197-204
Chiffre 26f., 45-47
Chiffrierscheibe 120-122
Ciezki, Maximilian 139
Clipper-Verschlüsselung 265f.
Cocks, Clifford 243-248
Code 45-47
Codebuch 47
Colossus 205f.
Computer 75, 174, 206-212, 214f., 236, 245, 250-255, 269
computergestützte Verschlüsselung 207-212, 215, 225
Crib 167-170
Crowell, William 269
Cukier, Kenneth Neil 266

Dato, Leonardo 65
de Grey, Nigel 118
Demaratos 19
Demotisch 187
Denniston, Alastair 162
DES (Data Encryption Standard) 211
»Differenz-Maschine« 74f.

Diffie, Whitfield 212-230, 239, 243, 246f.
Doyle, Arthur Conan 92
Drosnin, Michael 280

Echelon-System 261-263
Eckert, J. Presper 207
Einwegfunktionen 225-230, 234f.
Elisabeth I. 15-17, 48, 51-55, 57, 62
Ellis, James 240-249, 270
E-Mail 215, 250, 253-255, 261
ENIAC (Electronic Numerical Integrator And Calculator) 207
Enigma 123-135, 137-174

Flowers, Tommy 206f.
Fourier, Jean-Baptiste 197
Freimaurerchiffre 281
Friedman, William 107
Füller 44f.
Funkgerät 112-114

Gardner, Martin 238f.
Garfinkel, Simson 236
»Gartenzaun«-Verschlüsselung 23
GC&CS (Government Code and Cypher School) 161, 163
GCHQ (Government Communications Headquarters) 14, 240, 243-248, 270
Geheimschrift 21-27, 38-42, 45
Geheimtextalphabet 26-28, 65, 67, 77-83, 122-130
Gifford, Gilbert 53-57

Hall, Admiral Sir William 118f.
Hammer, Carl 108
Hardy, G. H. 213
Hart, Clayton *und* George 107
Häufigkeitsanalyse 33-39, 46f., 64, 83-87, 135, 278f.
Heisenbergsches Unschärfeprinzip 270f.

Hellman, Martin 216-230, 239, 243, 246f.
Helmlé, Eugen 37, 277
Herodot 18-20
Herschel, John 74
Hieratisch 187
Hieroglyphen 187-204
Histiaeus 20
Hitler, Adolf 158f., 205f.
Horner, Hauptmann E. W. 178

IDEA-Verschlüsselung 257
Internet 214f., 250-255, 260f., 264

Johnston, Philip 176f.
Jones, Oberstleutnant James E. 177
Jones, Sir Henry 116f.

Kasiski, Friedrich Wilhelm 89, 108, 112, 122, 248
Kasiski-Test 89
Kerckhoff von Nieuwenhof, Auguste 28
Kerckhoffs Prinzip 28
al-Kindī, Abū Yūsūf 34f., 43
King, Admiral Ernest 181
King, Martin Luther 262
Kircher, Athanasius 189
Klartextalphabet 26-28, 65, 67, 77-83, 122-125
Konheim, Alan 216
Koptisch 188, 201-203
Kruh, Louis 110
Kryptoanalyse 32-34, 43f., 71f., 75-89, 132, 135, 142-159, 162-174, 238f.
Kryptographie 21f.

Langer, Major Gwido 156f., 159
Lenoir, Alexandre 199
Lorenz-Chiffre 205f.

Manuelito, Johnny 180
Marconi, Guglielmo 112-114
Maria Stuart 15-18, 48-63

Mauchly, John W. 207
McCabe, William 180
McKay, Brendan 280
Merkle, Ralph 217-230, 239, 243, 246f.
Modul-Arithmetik 226-229
Mohammed 31, 33f.
monoalphabetische Verschlüsselung 32, 72, 76, 82-87, 122, 124, 135
Montgomery, William 116, 118
Morriss, Robert 94, 96-102

Nadelstich-Verschlüsselung 91
Napoleon Bonaparte 189
Navajo-Code 177-185
Newman, Max 206
Nimitz, Admiral Chester 175
Nomenklator 47
NSA (National Security Agency) 14, 109, 216, 252, 261

One time pad 131, 273

Page, Walter 119
Patterson, Nick 243f.
Paul, Doris 184
Perec, Georges 37, 277
PGP-Schlüssel (Pretty Good Privacy) 256-259, 268f.
Phelippes, Thomas 18, 58f.
Piper, F. 36
Playfair, Baron Lyon 91
Playfair-Verschlüsselung 91
Plinius der Ältere 21
Poe, Edgar Allan 93, 109
polyalphabetische Verschlüsselung 72, 76, 122, 125
Pope, Maurice 186
Porta, Giovanni 21
Public-Key-Kryptographie 236f., 239-249, 252
Purple-Verschlüsselung 175

Quantenkryptographie 270-273

Rejewski, Marian 147-159, 166
Rips, Eliyahu 280
Ritter, Richard 123
Rivest, Ron 231-239, 244, 247, 263, 284
»Room 40« 116-119, 137, 161
Rosenberg, Yoav 280
RSA-Verschlüsselung 233-239, 244, 248, 252, 255-257, 272, 282-284

Scherbius, Arthur 123-129, 132f., 135-137
Schlüssel 27-29
 öffentlicher Schlüssel 223, 236f., 243, 245, 255f., 265, 282f.
 privater Schlüssel 223, 236f., 243, 255f., 265, 283
 Spruchschlüssel 145-150, 164, 167, 169
 Tagesschlüssel 131, 144-147, 150-155, 167, 169
Schlüsselbuch 131f.,156, 211
Schlüsselhinterlegung 265-267
Schlüsselverteilung 211f., 214-230, 240-246, 252
Schlüsselwort 29, 76-87, 122
Schlüsselzusatz 205
Schmidt, Hans-Thilo 141-143, 152, 155-158
Shamir, Adi 231-233, 238f., 244, 247, 284
Sicherheit einer Verschlüsselung 28f., 46, 235-237, 270-273
Skytale 23f.
Soro, Giovanni 44
Steganographie 20f.
Stein von Rosette 190-192, 194f.
Substitution 22, 24-30, 45, 82-86, 209f., 279, 281
Sueton 25f.
SWIFT (Society of Worldwide International Financial Telecommunication) 250
symmetrische Verschlüsselung 222-224, 255-257

Taunt, Derek 173
Teiler 80-82
Tennyson, Alfred 89
Thwaites, John Hall Brock 76, 89
Tiltman, John 205
Tinte, unsichtbare 21
Transposition 22-25, 209, 279
Trigramm 40
Tuchman, Barbara 119f.
Turing, Alan 164-168, 174, 205f., 248
Tutte, Bill 205

Ultra-Aufklärung 170f.

Verne, Jules 92
Viemeister, Peter 110
Vigenère, Blaise de 67-72
Vigenère-Verschlüsselung 67-72, 75-89, 122, 269

Walsingham, Sir Francis 15-17, 57-59, 62
Welchman, Gordon 173
Wheatstone, Sir Charles 91
Williamson, Malcolm 245-248
Wilson, Woodrow 118f.
Winterbotham, Captain F. W. 173
Witzum, Doron 280

Xerxes 18f.

Yardley, Herbert O. 107
Young, Thomas 192-197, 204

Zimmermann, Arthur 115-119
Zimmermann, Phil 251-260, 268f.
Zimmermann-Telegramm 115-119

Simon Singh, 1964 in Wellington Somerset (England) geboren, studierte Physik, war bei der BBC beschäftigt und arbeitet seit 1997 als freier Wissenschaftsjournalist, Fernsehproduzent und Autor. Seine Bücher *Fermats letzter Satz* und *Geheime Botschaften* wurden Weltbestseller. Mit *CODES* legt er zum ersten Mal die Jugendfassung eines seiner Erwachsenenbücher vor.

Bei Hanser ist außerdem erschienen:

Gerhard Staguhn
Die Jagd nach dem kleinsten Baustein der Welt
248 Seiten
ISBN 3-446-19902-0

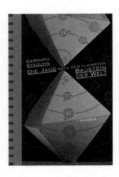

Wer hat sie nicht, Schwierigkeiten in Physik und Chemie? Mit diesem Buch wird alles anders. Gerhard Staguhn beschreibt all die winzigen Vorgänge, die sich im Unsichtbaren des Mikrokosmos abspielen. Von der Atomspaltung über die Entdeckung der Quarks bis hin zu den gefährlichen Reaktionen in einem Kernkraftwerk: spannend und leicht verständlich erzählt.

»Gerhard Staguhns Buch macht Naturwissenschaft in klarer Sprache verständlich. Das ist nicht nur spannend zu lesen, nach der Lektüre darf man sich rühmen, sich in Physik und Chemie auf der Höhe der Zeit zu befinden. Staguhn sei Dank – das ist des Schülers Seufzer nach dem Test.«
Salzburger Nachrichten

»Anschaulich und fesselnd erzählt Staguhn die Geschichte der Chemie und Atomphysik, vor allem die rasante Entwicklung der Forschung in den letzten hundert Jahren. Ein Buch, das zeigt, wie spannend Chemie und Physik sein können.«
Wiesbadener Anzeiger

Bei Hanser ist außerdem erschienen:

Gerhard Staguhn
Die Suche nach dem Bauplan des Lebens
232 Seiten
ISBN 3-446-20047-9

Evolutionsgeschichte, Entschlüsselung der Gene und Erforschung des Gehirns – drei brisante Wissenschaftsbereiche stehen im Zentrum des neuen Buchs von Gerhard Staguhn. In letzter Zeit überschlagen sich die Nachrichten aus der Forschung über den Bauplan und die Entwicklung unseres Lebens. Mal geht es um die Entdeckung frühester Lebensspuren, mal um die Frage, wann der erste Mensch geklont wird. Das menschliche Genom ist weitgehend entziffert. Neueste Nachrichten vermelden, dass wir nur doppelt so viele Gene besitzen wie eine Fliege. Nicht weniger aufregend: die jüngsten Ergebnisse auf dem Gebiet der modernen Gehirnforschung mit dem Ziel, unser Denken und unsere Gefühle zu erkunden. Spannend und einleuchtend beschreibt Staguhn die Ergebnisse der heutigen Bio-Wissenschaften und erklärt, wie es um die Vorteile und Gefahren für den Menschen steht.

»Staguhn vermittelt wie beiläufig Grundprinzipien der Evolutionsgeschichte, der Gentechnik und der Gehirnforschung. In wohl keinem anderen Buch, das sich an ein breites Publikum richtet, bekommt man solche Fragen besser beantwortet: Was ist Leben? Was ist eine Aminosäure? Wie sprang vor Milliarden Jahren der Lebensmotor an? Was ist ein Gen? Was ist Bewußtsein? Was ist Klonen? Niemand, der dieses Buch ohne Vorkenntnisse liest, muß sich dumm vorkommen, doch jeder wird auf unterhaltsame Weise klüger.« FAZ

»Gerhard Staguhn ist ein Glücksfall auf dem Jugendbuchmarkt.«
Salzburger Nachrichten

Bei Hanser ist außerdem erschienen:

Eirik Newth
Abenteuer Zukunft

Projekte und Visionen für das 3. Jahrtausend
312 Seiten
ISBN 3-446-19831-8

Wie wird die Zukunft der Menschheit im 3. Jahrtausend aussehen? Eirik Newth geht den großen Fragen der Zukunftsforschung nach: Wird es gelingen, die künftige Energiegewinnung durch Sonne und Wind zu sichern? Ist es tatsächlich möglich, mit Hilfe der Genmanipulation unsere Nahrungsressourcen zu vergrößern? Dieses Buch erzählt spannend auf jeder Seite von den vielen faszinierenden Ideen und Modellen, die unser Leben verändern könnten: intelligente Roboter, Computer, die das Fassungsvermögen des menschlichen Gehirns erweitern oder virengroße Nanomaschinen, die den Müll der Menschheit vollständig in wieder verwertbare Atome zerlegen.

Newth nimmt den Leser mit über die Brücke, auf Entdeckungsreise hinein in die Zukunft – im Handgepäck nicht vage Prophetien, sondern eine ordentliche Portion Fantasie und eine Menge Prognosen. Seine für den Laien gut verständliche Darstellungsweise wurzelt auf dem Boden moderner Wissenschaft. Auf diese Weise schafft Newth den Sprung vom Sciene-fiction-Roman zur fundierten, gleichwohl spannenden Sacherzählung. Marginalien am Rand jeder Buchseite, eine Zeittafel sowie ein Zukunftslexikon helfen dem Leser selbst zu entscheiden, in welches Zukunftsland der Weg der Menschheit führen könnte. Und das sind doch die besten Bücher, die genügend Spielraum lassen für die Fantasie. Süddeutsche Zeitung

Nominiert für den Deutschen Jugendliteraturpreis 2001 (Sparte Sachbuch).